数据对比图表部分案例展示：

"风险分散"应作为理财学习班的重要招生点
在 4 个地区的随机调查人群中，大多数人表示对风险管理知识有学习兴趣

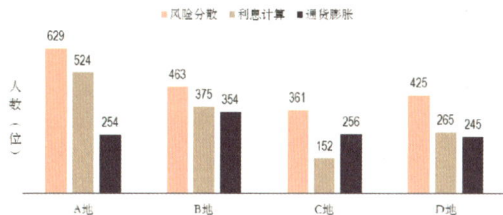

图例：风险分散　利息计算　通货膨胀

人数（位）

- A地：629　524　254
- B地：463　375　354
- C地：361　152　256
- D地：425　265　245

2020年3月各部门目标完成对比
玫瑰部连续半年的目标完成度最高，值得其他部门学习

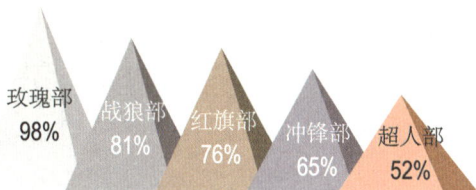

- 玫瑰部 98%
- 战狼部 81%
- 红旗部 76%
- 冲锋部 65%
- 超人部 52%

2019年上半年电子产品销量
2月和4月从自媒体平台引入流量后，销量明显高于平均水平

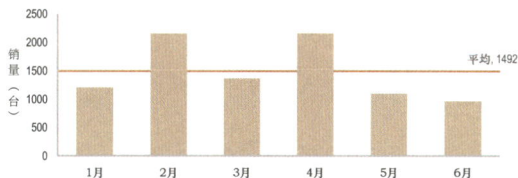

销量（台）　平均，1492
1月～6月

2019年前3个季度利润分析
7~9月主推新品，利润下降，说明新品不受市场欢迎

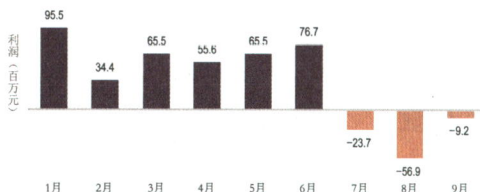

利润（百万元）

- 1月：95.5
- 2月：34.4
- 3月：65.5
- 4月：55.6
- 5月：65.5
- 6月：76.7
- 7月：-23.7
- 8月：-56.9
- 9月：-9.2

2019年销售额
2019年销售额基本平稳，2月开展"买一送一"活动，销售额明显高于其他各月

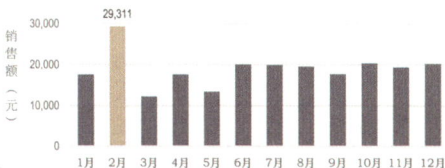

销售额（元）
2月：29,311
1月~12月

2019年销售额
2019年销售额基本平稳，2~5月进行销售方案调整，波动较大

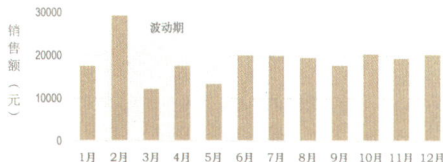

销售额（元）
波动期
1月~12月

2019年前4个月的事业部销售额对比
事业部A的同事的工作年限均大于事业部B，销售额也高于事业部B

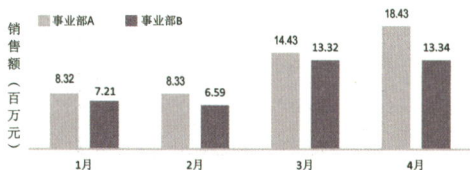

销售额（百万元）
图例：事业部A　事业部B

- 1月：8.32　7.21
- 2月：8.33　6.59
- 3月：14.43　13.32
- 4月：18.43　13.34

男性/女性消费者购物时最关心的事项调查
女性消费者比男性消费者更关注价格和品牌，男性消费者更关注实用性

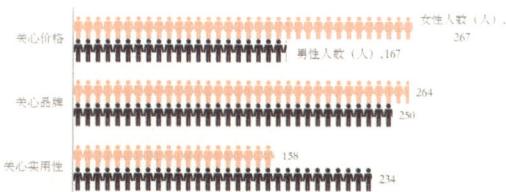

女性人数（人）　男性人数（人）

- 关心价格：267　167
- 关心品牌：264　250
- 关心实用性：158　234

年度目标、半年目标、当前完成对比图

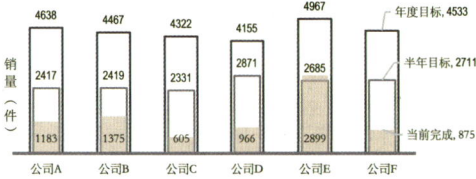

销量（件）

4638 2417 1183
4467 2419 1375
4322 2331 605
4155 2871 966
4967 2685 2899
875

年度目标，4533
半年目标，2711
当前完成，875

公司A 公司B 公司C 公司D 公司E 公司F

各平台粉丝增量最近两年的第1季度变化情况

第1季度的粉丝增量受线下开课数量影响，均呈下降趋势

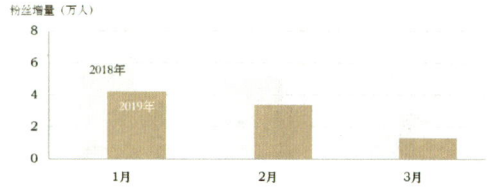

粉丝增量（万人）

8
6
4
2
0

2018年
2019年

1月 2月 3月

本周各分店啤酒销售进度

玉双店开展老客户享受9折优惠的活动后，销量遥遥领先

■ 目标800瓶 ■ 实际

240 310 450 670

胜利店 大宁店 双龙店 玉双店

2位候选人的能力对比图

虽然李齐在数据、形象、合作性方面特别突出，但是综合能力不如王鸿

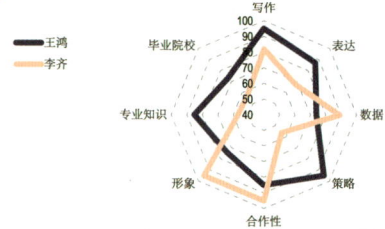

— 王鸿
— 李齐

写作
毕业院校 表达
专业知识 数据
形象 策略
合作性

100 90 80 70 60 50 40

2020年不同分店4个季度的销售额

销售额（万元）

分店	第1季度	第2季度	第3季度	第4季度
双龙店	125	41	74	42
堂会店	84	52	85	95
大成店	52	65	95	85
芙蓉店	56	74	74	74
麒麟店	52	85	85	85
胜利店	15	95	65	65

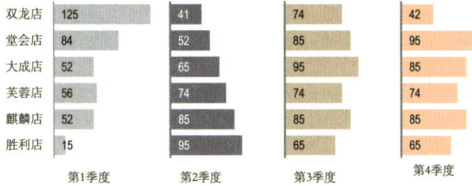

2020年各城市仓库货量对比图

各城市仓库状态良好，采购部能及时补货

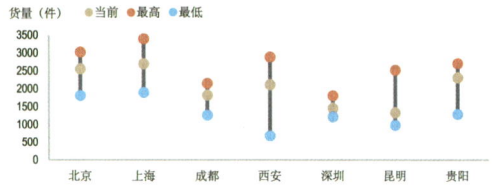

货量（件） ● 当前 ● 最高 ● 最低

3500 3000 2500 2000 1500 1000 500 0

北京 上海 成都 西安 深圳 昆明 贵阳

2020年第1季度各公司业绩对比图

销售额（万元） ● 1月 ● 2月 ● 3月

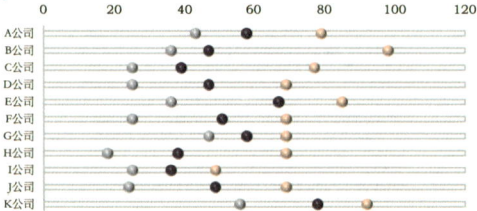

0 20 40 60 80 100 120

A公司 B公司 C公司 D公司 E公司 F公司 G公司 H公司 I公司 J公司 K公司

不同产品进行线上推广后的市场占有率变化

除了C产品外，其他产品的推广效果均不明显

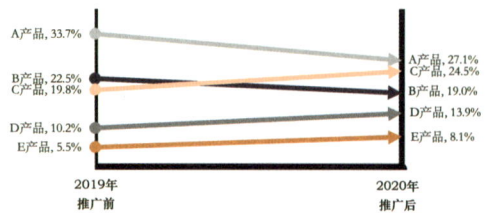

A产品，33.7%
B产品，22.5%
C产品，19.8%
D产品，10.2%
E产品，5.5%

A产品，27.1%
C产品，24.5%
B产品，19.0%
D产品，13.9%
E产品，8.1%

2019年 推广前
2020年 推广后

3个分店1~3月的销量对比

随着3月销量旺季的到来，店铺销量均有所增长

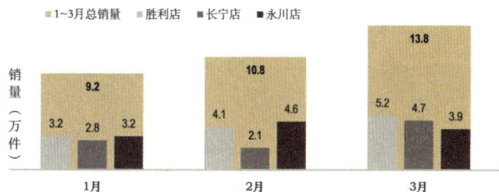

图例：1~3月总销量 ■ 胜利店 ■ 长宁店 ■ 永川店

销量（万件）

1月：3.2 2.8 3.2，总销量 9.2
2月：4.1 2.1 4.6，总销量 10.8
3月：5.2 4.7 3.9，总销量 13.8

2019年各事业部业绩完成情况

除了事业部C，其他事业部均在上半年超额完成业绩

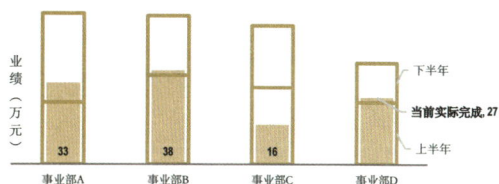

业绩（万元）

下半年 / 上半年

事业部A：33
事业部B：38
事业部C：16
事业部D：当前实际完成，27

3个分店1~5月销量对比

每年3月是销售旺季，随后销量便下降，符合市场规律

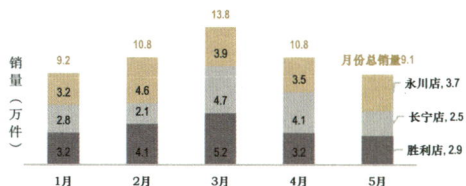

销量（万件）

1月：3.2 2.8 3.2，9.2
2月：4.1 2.1 4.6，10.8
3月：5.2 4.7 3.9，13.8
4月：3.2 4.1 3.5，10.8
5月：月份总销量9.1

永川店, 3.7
长宁店, 2.5
胜利店, 2.9

2019年、2020年销售收入同期对比

2020年建立差异化营销后，同期收入有所提升

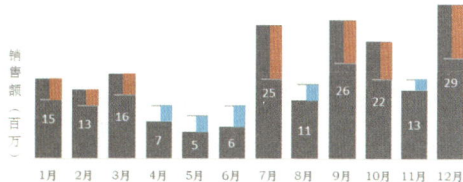

销售额（百万）

1月：15
2月：13
3月：16
4月：7
5月：5
6月：6
7月：25
8月：11
9月：26
10月：22
11月：13
12月：29

数据趋势图表部分案例展示：

2019年和2020年各仓库的库存量变化对比

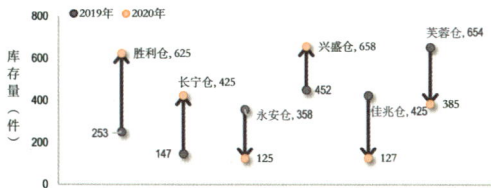

图例：● 2019年 ● 2020年

库存量（件）

胜利仓, 625 (253)
长宁仓, 425 (147)
永安仓, 358 (125)
兴盛仓, 658 (452)
佳兆仓, 425 (127)
芙蓉仓, 654 (385)

2019年2个分店的营业额变化图

胜利店业务部门换人，导致销售环节配合度较差，营业额不够理想

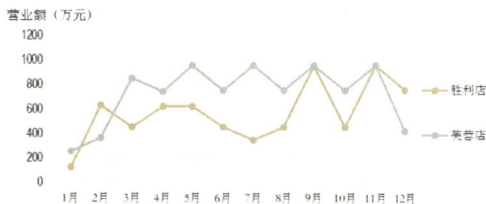

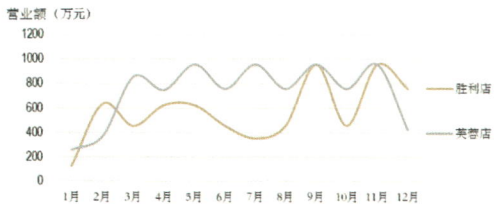

营业额（万元）

图例：胜利店 / 芙蓉店

2019年2个分店的营业额变化图

胜利店业务部门换人，导致销售环节配合度较差，营业额不够理想

营业额（万元）

图例：胜利店 / 芙蓉店

上半年商品产量趋势图

上半年商品产量稳步增长，车间B的工人数量最多，贡献了最大产量

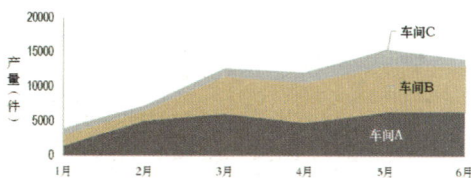

产量（件）

车间C / 车间B / 车间A

2020年上半年销售收入与销售成本的变化图
第2季度推行成本管控措施后，实现销售收入与产品毛利的双增长

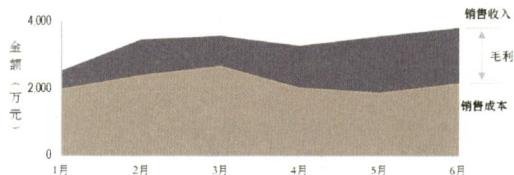

销售收入
毛利
销售成本

金额（万元）
4 000
2 000
0
1月 2月 3月 4月 5月 6月

2020年上半年自媒体平台粉丝增长量变化图
由于微信和今日头条前期积累了较好口碑，其粉丝增长量比简书更大

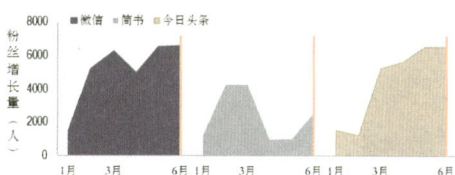

粉丝增长量（人）
8000
6000
4000
2000
0
微信　简书　今日头条
1月 3月 6月　1月 3月 6月　1月 3月 6月

2020年产品售价趋势图
全年价格波动强烈，6月处于价格低谷，8月价格最高

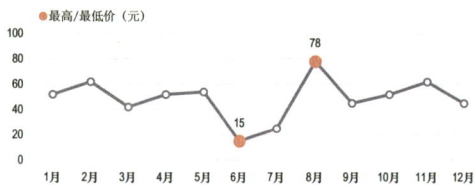

●最高/最低价（元）
100
80
78
60
40
20
15
0
1月 2月 3月 4月 5月 6月 7月 8月 9月 10月 11月 12月

2020年售价趋势图
7月售价达到顶峰，由于遇到强大竞品，所以价格持续走低

售价（元）
120
100
99
80
60
40
20
0
1月 2月 3月 4月 5月 6月 7月 8月 9月 10月 11月 12月

产品销量增长趋势预测
随着消费者回归理性，从2019年开始，销售量将进入平稳期

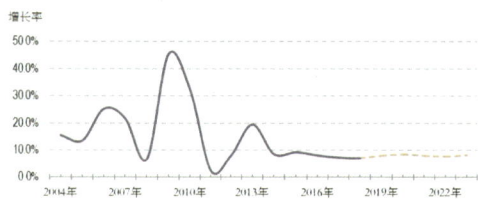

增长率
50.0%
40.0%
30.0%
20.0%
10.0%
0.0%
2004年 2007年 2010年 2013年 2016年 2019年 2022年

2020年1月销量趋势图
在自媒体平台投放广告后，销量明显增长

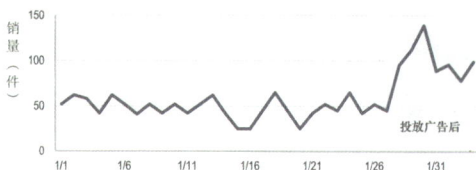

销量（件）
150
100
50
0
投放广告后
1/1 1/6 1/11 1/16 1/21 1/26 1/31

1月销售价格走势图

危险　警示　安全　价格

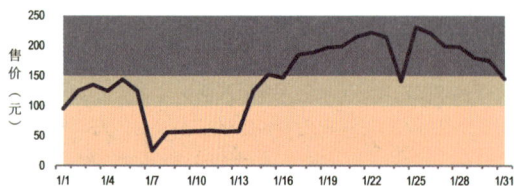

售价（元）
250
200
150
100
50
0
1/1 1/4 1/7 1/10 1/13 1/16 1/19 1/22 1/25 1/28 1/31

2019年销量趋势图
上半年布局抖音营销，下半年销量增长趋势明显

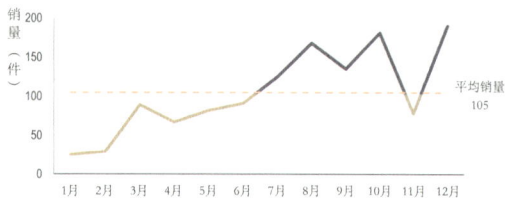

销量（件）
200
150
100
50
0
平均销量
105
1月 2月 3月 4月 5月 6月 7月 8月 9月 10月 11月 12月

2019年销量趋势图

上半年布局抖音营销，下半年销量增长趋势明显

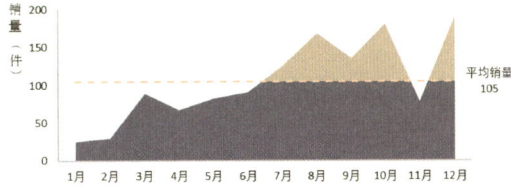

销量（件） 200 150 100 50 0

1月 2月 3月 4月 5月 6月 7月 8月 9月 10月 11月 12月

平均销量 105

组成结构、百分比图表部分案例展示：

2018年产品市场份额

产品初步进入市场，取得不错的成绩

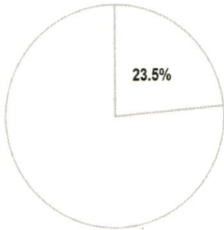

23.5%

2019产品市场份额

产品上市2年，赢得广大客户认可

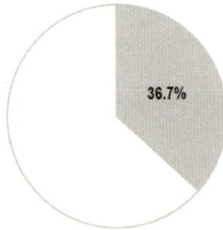

36.7%

2020年产品市场份额

产品的销售策略调整后，其份额有所增加

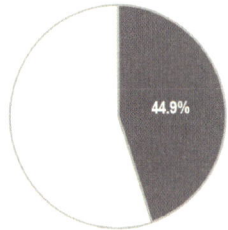

44.9%

7月各分公司的业绩百分比图

中胜公司拥有50%的客户资源，业绩远超其他分公司

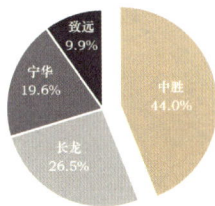

致远 9.9%
宁华 19.6%
长龙 26.5%
中胜 44.0%

2020年公司电子产品的市场份额

经过一年的努力，本公司的电子产品占了大部分市场份额

市场份额 61%

2020年新产品市场份额

新品上市一年后，市场份额达24%，是不错的开端

市场份额 24%

比萨饼店铺季度营业额比例

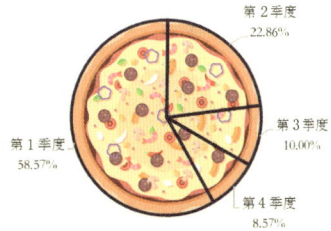

第2季度 22.86%
第3季度 10.00%
第1季度 58.57%
第4季度 8.57%

产品消费者职业分析图
工作稳定、规律的上班族是产品的消费主力

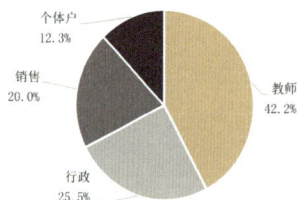

个体户 12.3%
销售 20.0%
行政 25.5%
教师 42.2%

2020年7月的商品销量比例图
随着气温升高，购买裙子的消费者越来越多

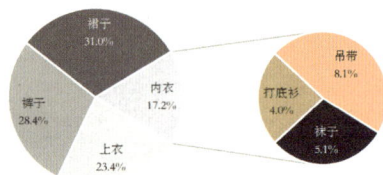

裙子 31.0%
裤子 28.4%
内衣 17.2%
上衣 23.4%

吊带 8.1%
打底衫 4.0%
袜子 5.1%

1季度各电子产品销量情况
预计未来3个月，手机和iPad产品将持续受市场欢迎

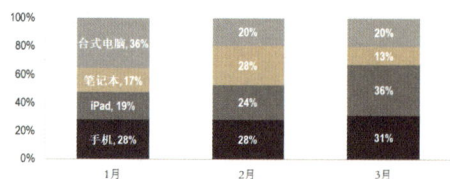

	1月	2月	3月
台式电脑	36%	20%	20%
笔记本	17%	28%	13%
iPad	19%	24%	36%
手机	28%	28%	31%

两年内不同季度的店铺营业额百分比图
店铺营业额主要集中在前2个季度，第3季度、第4季度的市场整体情况不乐观

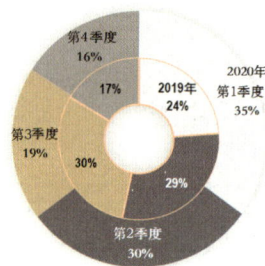

第4季度 16%
2019年 24%
2020年 第1季度 35%
第3季度 19%
17%
30%
29%
第2季度 30%

2020年第1季度分公司业绩图
永庆公司开拓三四线城市客户，业绩领先

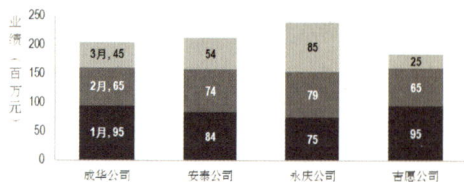

业绩（一百万元）

	成华公司	安泰公司	永庆公司	吉愿公司
3月	45	54	85	25
2月	65	74	79	65
1月	95	84	75	95

2021年各组销售目标分解图
销售额（万元） A组 B组 C组

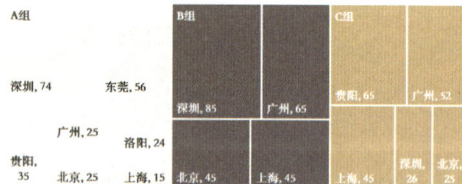

A组
深圳,74 东莞,56
广州,25
贵阳,35
北京,25

B组
深圳,85 广州,65
洛阳,24
北京,45 上海,45
上海,15

C组
贵阳,65 广州,52
上海,45 深圳,26 北京,25

公司各部门组成结构图

新媒体项目规划图

种子用户引入及多平台用户引入是基础阶段，耗时较长

变现
用户互动
多平台用户引入
种子用户引入

影响因素、数据间的关系图表部分案例展示：

A产品、B产品的售价与销量关系图

B产品属于炫耀性消费商品，其价格越高，销量越高

B产品
A产品

销量（件）

售价（元）

草莓、橙子消费人群收入及消费水平调查

选购草莓的人群月收入及月消费水平更高

月消费（元）

草莓
橙子

月收入（元）

2020年3月的网店商品数据分布

网店商品整体比较健康，流量越大，收藏量和销量就越大

收藏量（个）

气泡大小：销量（件）

流量（个）

不同地区每一百万人中有多少家足球俱乐部

俱乐部数量/人口

人口（二百万人）

山东，25
河北，19
吉林，9
北京，6
上海，5
江苏，16
辽宁，7
广东，16

足球俱乐部数量（家）

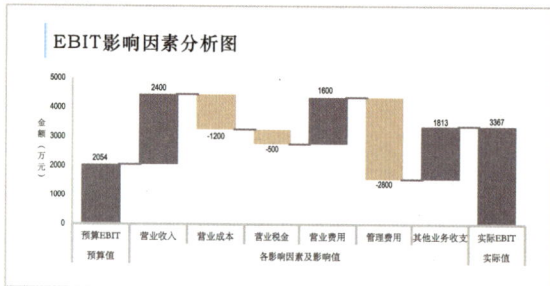

EBIT影响因素分析图

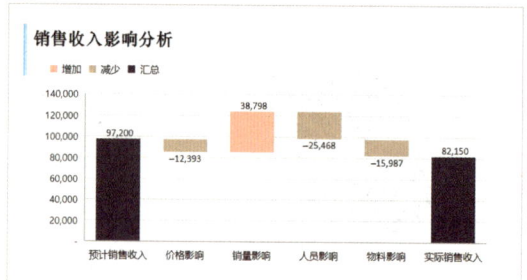

销售收入影响分析

数据分布、频率图表部分案例展示：

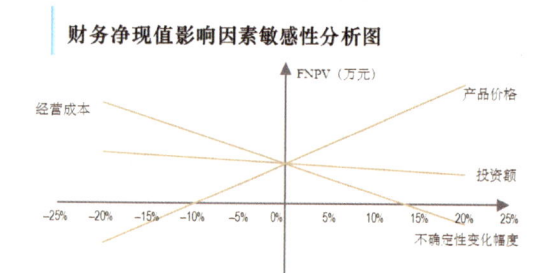

财务净现值影响因素敏感性分析图

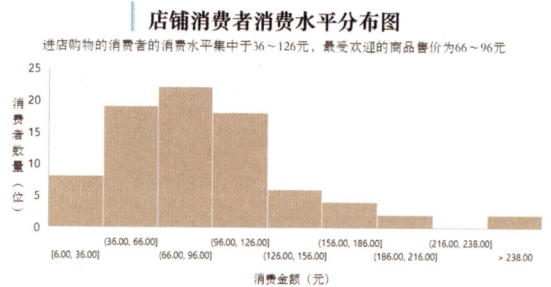

店铺消费者消费水平分布图

进店购物的消费者的消费水平集中于36～126元，最受欢迎的商品售价为66～96元

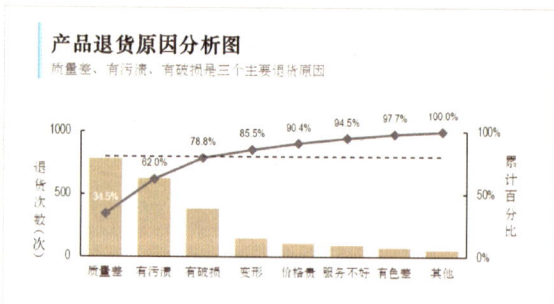

产品退货原因分析图

质量差、有污渍、有破损是三个主要退货原因

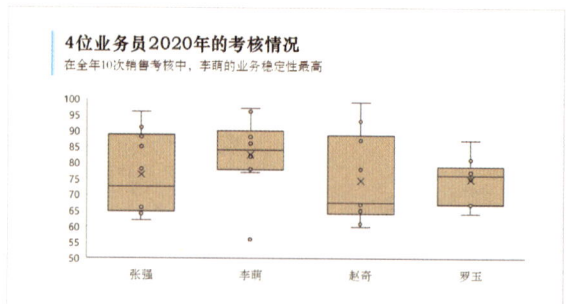

4位业务员2020年的考核情况

在全年10次销售考核中，李萌的业务稳定性最高

企业员工能力分析图

大部分员工执行力较好，针对这部分员工未来应进行创新能力培养

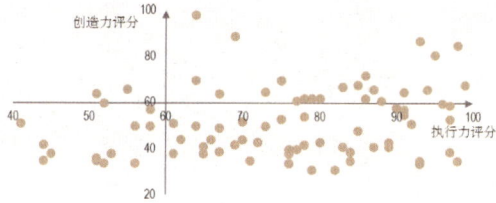

2020年3月的17件竞争产品数据调查 气泡大小：卖家数量

竞争产品主要集中在低价、高销量区域，如果采用价格战，那么竞争环境将会恶化

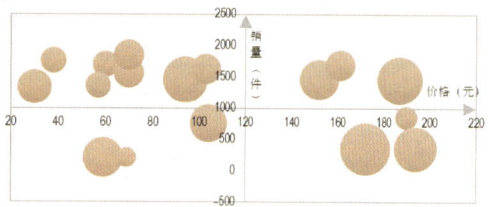

进度分析图表部分案例展示：

项目完成进度图

已完成
61%

还剩30%的时间

各部门销售额完成进度图

大宁分部开展回馈老客户活动，超额完成月度目标

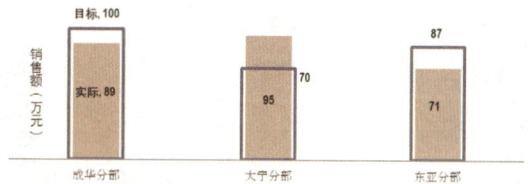

各部门销售任务完成进度图

5部还未招聘到合适的人员，业绩完成度明显受到影响

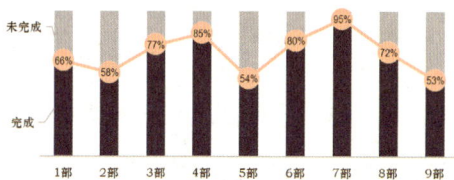

各自媒体平台涨粉进度图

平台文章的性质更适合用头条号、简书传播，所以这两个平台涨粉最快

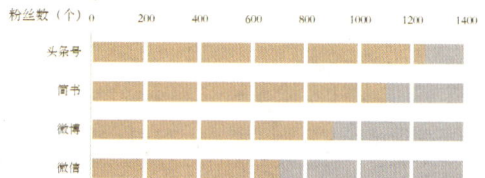

动态图表、Dashboard仪表盘图表部分案例展示:

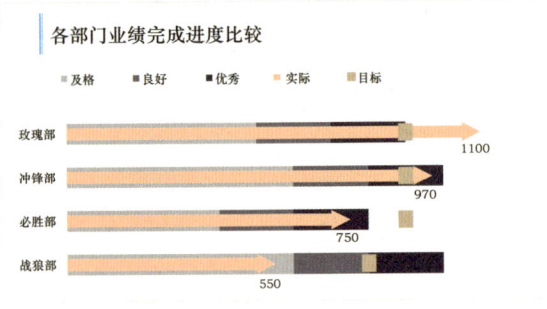

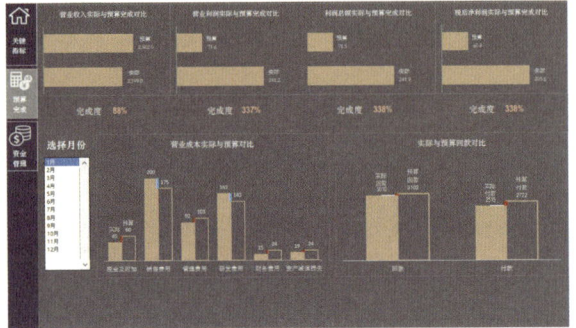

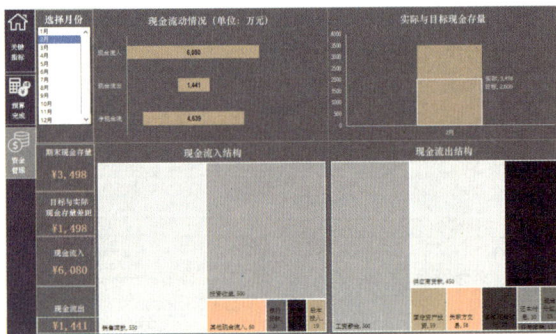

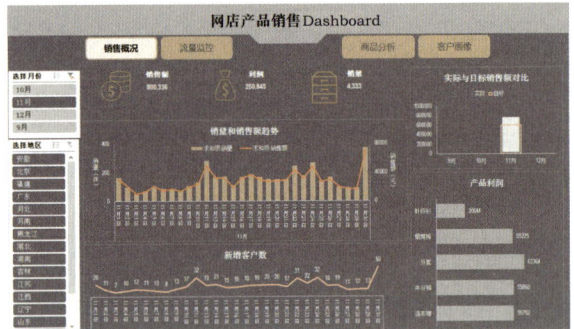

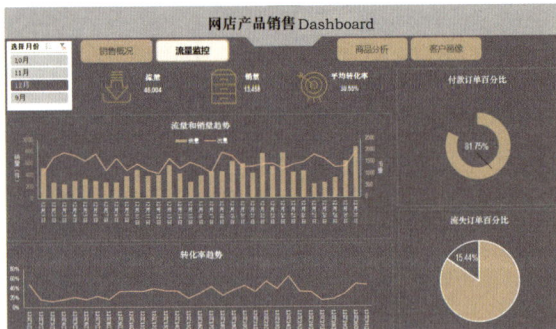

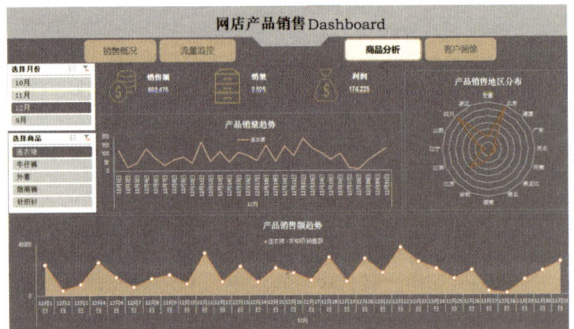

打造 Excel 商务图表达人

龙逸凡　王冰雪　著

电子工业出版社·

Publishing House of Electronics Industry

北京·BEIJING

内 容 简 介

本书致力于解决读者选择图表、制作专业商务图表两大难题，帮助读者学会用图表提升数据分析的能力，以及用图表在工作汇报和交流过程中提升自己的说服力。

全书共 10 章，第 1～3 章的内容是理念导入，先介绍了图表制作的常见错误，帮助读者避开雷区；然后着重讲解了如何正确地选择图表；还讲解了制作商务图表的必备知识，包括布局、配色、文字设计、IBCS 规范，以及如何提升图表制作效率等。第 4～9 章的内容是各类图表的详细讲解，分别讲解了对比类、趋势类、组成结构类、影响因素类、数据分布、进度分析类图表的使用场景、制表目标、制作和设计方法，这六大类图表囊括了 Excel 中的各类图表，可满足工作中 95%以上的应用需求。第 10 章的内容是高端图表制作，讲解了动态图表和商务智能仪表盘 Dashboard 的制作方法，可以帮助读者提高图表制作水平，使他们能在重大场合使用高级联动图表演示数据。

本书适合经常用图表做数据分析、汇报演示的商务人士。书中的主要案例都有详细操作讲解和配套视频讲解。

图书在版编目（CIP）数据

打造 Excel 商务图表达人 / 龙逸凡，王冰雪著. —北京：电子工业出版社，2020.7

ISBN 978-7-121-39241-2

Ⅰ. ①打… Ⅱ. ①龙… ②王… Ⅲ. ①表处理软件－应用－商务－数据处理 Ⅳ. ①F7-39

中国版本图书馆 CIP 数据核字（2020）第 122714 号

责任编辑：张慧敏　　　　特约编辑：田学清

印　　刷：中国电影出版社印刷厂

装　　订：中国电影出版社印刷厂

出版发行：电子工业出版社

　　　　　北京市海淀区万寿路 173 信箱　　　邮编：100036

开　　本：787×1092　　1/16　　印张：18　　　字数：409 千字　　　彩插：1

版　　次：2020 年 7 月第 1 版

印　　次：2020 年 10 月第 3 次印刷

定　　价：109.00 元

凡所购买电子工业出版社图书有缺损问题，请向购买书店调换。若书店售缺，请与本社发行部联系，联系及邮购电话：（010）88254888，88258888。

质量投诉请发邮件至 zlts@phei.com.cn，盗版侵权举报请发邮件到 dbqq@phei.com.cn。

本书咨询联系方式：010-51260888-819，faq@phei.com.cn。

序 言 1

在信息时代，人们对"大数据"一词不再陌生。数据是这个时代的重要产物，已经渗透到各行各业的每一个角落。对于任何工作岗位的工作人员，数据分析都是基础能力，用数据说服他人、汇报工作更是必备能力。

但是，笔者在多年的财务工作和培训过程中，发现很多人被数据"折磨"，他们不知道如何选用正确的图表来表达数据，也不知道如何制作一些较复杂的图表。另外，一些财经媒体制作的图表也存在错误，要么选用的图表类型不能准确地表达数据分析的结果，要么为了酷炫的效果制作过于花哨的图表。

为了更好地帮助大家解决工作中遇到的图表难题，笔者在出版第一本书《偷懒的技术：打造财务 Excel 达人》后，将经营分析、财务分析中常用的图表整理成了《财务分析经典图表模板》，并将其免费分享给大家，很受大家的欢迎，因此有不少朋友来询问有没有更多的模板。也有一些基础不好的朋友来询问图表的制作方法。基于此，笔者与本书的另一位作者王冰雪经过交流，决定合作写这本有关商务图表的书。

本书有以下几个目的。

❶ 帮助读者解决如何选择图表的问题。

本书从目录到内容都进行了认真设计，为了方便读者在工作时翻阅查找，本书目录展示出了每种图表的核心作用。本书还提供了图表选择工具，让初学者也能快速选择图表；在介绍每种图表时，还列明了应用场景，目的是将图表设计与实际工作深度结合，使读者能直接将书中的案例应用到工作中。

❷ 以丰富的案例教会读者制作专业的商务图表。

书中的案例均与职场高度结合，不仅介绍了图表制作的思路和方法，还介绍了图表制作的步骤，并搭配了视频教程讲解；书中配套的案例素材也是专业的商务图表，读者直接修改其原始数据，即可快速得到一张可用在工作中的专业图表。

❸ 使图表重点突出、目标鲜明，达到事半功倍的学习效果。

本书在介绍每种图表时，都会列出"制表目标""重点速记"，使读者带着目标学习，从而学以致用；如果读者时间紧张，那么可以直接看重点。

❹ 使读者花一份时间，学三份内容。

本书帮助读者以一种图表为中心，掌握其他相关类型的图表，利用"拓展"部分，让读者趁热打铁，进行图表类型、制表思路的延伸。

❺ 让读者学会制作高端动态汇报图表——Dashboard。

初学者直接展示数据，普通人用单张图表展示结论，擅长制作图表的人则将多张图表联合起来进行动态演示，从而提高自己的说服力。

本书的完成过程耗费了较长时间。笔者从产生想法到进行系统研究就花费了两年，下笔写作则花费了一年，并在写作过程中反复思考如何让读者在阅读本书后既懂理念，又能动手进行实际操作。经过不断修改、完善，笔者最终完成了本书，希望本书能帮助大家成为 Excel 图表达人。

龙逸凡

读者服务

微信扫码获取如下内容：

· 本书案例数据源文件下载
· 添加博文小橘子客服微信（微信号：broadview001），发送购书凭证，免费获取本书案例讲解视频
· 加入本书读者交流群，与本书作者互动
· 获取博文视点学院 20 元付费内容抵扣券
· 获取更多技术专家分享资源

说明：本书个别案例文件用到了 Excel 2016 或 2019 中的最新图表类型，建议安装 Excel 2019 后进行学习。

序 言 2

　　图表是强大的数据图形化表达工具，其设计过程并不难，人们只要从制表目标出发，理解设计思路，就能通过图表在职场中加分。

　　近年来，随着对办公软件的研究深入，我陆续写作并出版了十余本书籍，其中至少有三本书销量可喜。在一次偶然的机会中，我认识了资深财务达人龙逸凡老师，他不仅对图表颇有研究，还有丰富的财务经验和培训经验，经过简单交流后，我们发现双方对图表都很感兴趣，也都有自己的见解。我们的合作比较互补，龙逸凡老师具有实际操作的经验，知道什么图表更符合实际工作需求；我更擅长写作，知道如何安排书籍内容更容易让人看懂。

　　在确定内容框架时，我们对本书是否根据图表类型来规划进行了讨论。图表的类型从Excel 的"插入图表"对话框中就可以看出，真正能让初学者变成高手的关键是将图表与实际工作需求结合，从制表目的出发，深度理解图表的作用。事实也是如此，操作步骤容易学，制作思路却很难掌握。

　　在后期工作中，龙逸凡老师对待书籍内容极为严谨，大到目录、章节内容，小到每个案例、配色、字体，我们都进行了多次沟通讨论。每部分的内容有了初稿后，老师也会再三进行调整修改。

　　本书虽然是在最近的两年里完成的，却包含了我们过去多年的研究心得。整个成书过程让我想起那句话——认真走过的每一步都算数！如果没有无数日夜的积累和思考，没有写作过程中字字句句的斟酌，没有电子工业出版社张慧敏老师的支持，这本书无法出版。我也将这句话送给每一位亲爱的读者，相信你们在花一些时间、多一些耐心阅读此书后，一定能精进图表技能，让图表成为你工作中有用的工具。

王冰雪

目　录

第1章

重构认知：90%的人都会犯的错

人们在前进的路上，如果方向错误，那么再努力也无法
到达终点。

图表学习也是如此，我们需要学习的知识点很多，而专
业图表的标准却很统一。

在学习具体的知识点前，我们应该明确努力的方向、避
开不能踏入的陷阱。

我们重构认知就是为了找准目标，并稳定、高效、持
续地学习图表。

我们用 Excel 收集数据、整理数据，然后分析数据，最后得出并展示分析结果。展示分析结果的方式有三种，一是用文字来描述，二是用表格来展示，三是用图表来呈现。如果分析结果是大量的数字，那么该结果是不适合用文字来描述的，否则这种展示会很啰唆且不专业。例如，图 1-1 是某图书对 1999—2010 年广义货币供应量余额的文字描述。

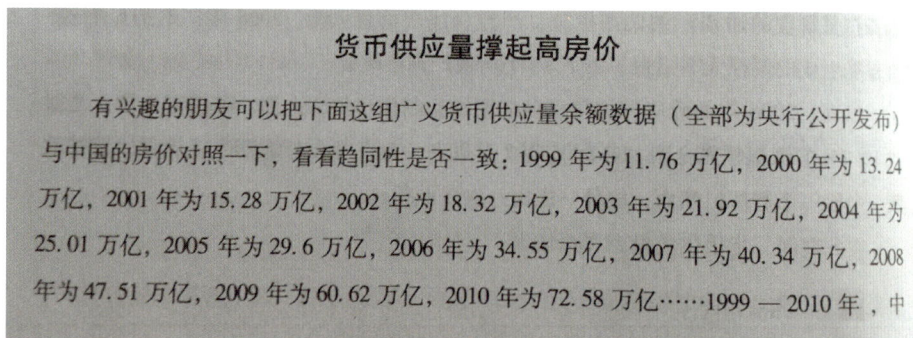

货币供应量撑起高房价

有兴趣的朋友可以把下面这组广义货币供应量余额数据（全部为央行公开发布）与中国的房价对照一下，看看趋同性是否一致：1999 年为 11.76 万亿，2000 年为 13.24 万亿，2001 年为 15.28 万亿，2002 年为 18.32 万亿，2003 年为 21.92 万亿，2004 年为 25.01 万亿，2005 年为 29.6 万亿，2006 年为 34.55 万亿，2007 年为 40.34 万亿，2008 年为 47.51 万亿，2009 年为 60.62 万亿，2010 年为 72.58 万亿……1999 — 2010 年，中

图 1-1 某图书对 1999—2010 年广义货币供应量余额的文字描述

这样的数字用表格来呈现会简洁得多，如图 1-2 所示。

年份	货币供应量余额	当年增加额	增幅
1999 年	11.76		
2000 年	13.24	1.48	12.6%
2001 年	15.28	2.04	15.4%
2002 年	18.32	3.04	19.9%
2003 年	21.92	3.60	19.7%
2004 年	25.01	3.09	14.1%
2005 年	29.60	4.59	18.4%
2006 年	34.55	4.95	16.7%
2007 年	40.34	5.79	16.8%
2008 年	47.51	7.17	17.8%
2009 年	60.62	13.10	27.6%
2010 年	72.58	11.97	19.7%

图 1-2 1999—2010 年广义货币供应量余额（表格）

实际上，作为数据的载体，表格擅长展示精确数值，图表擅长将抽象的数据进行形象的表达。在展示分析结果时，除了必须展示精确数值的情况和某些无法用图表展示的信息，我们一般使用图表。这是因为表格有两个缺点，一是不直观，不能使人一眼看出数据的趋势或特点；二是没有分析结果，只是数据的原始呈现。

我们不能直接将报表拿给领导，让领导自己去理清数据的逻辑关系、比较数据的大小、分析因果关系、发现问题所在。我们进行分析的目的是说明结果、分析问题、给出方案，并让领导清楚地看到分析的结论及问题的原因，为他们提供若干个解决方案，以供他们选择。

因此，我们进行分析时应精简、高效，在报告中应尽量将不重要的信息砍掉，只展示重要的数据，直观地反映数据的结构、差异、趋势，而这些都不是文字和表格擅长的。展示大量数据的大小、对比、趋势、结构是图表的特长，因此我们可以用图表来展示数据，将数据形象直观地呈现出来。例如，图 1-1 及图 1-2 的内容用图表来展示会更直观，如图 1-3 所示。

图 1-3　1999—2010 年广义货币供应量余额（图表）

虽然图表可以非常直观地展示数据的结构和特点，而且能清晰地印证分析的结果，但是在实践中，我们对图表的使用还存在很多问题，下面一一进行阐述。

1.1　原始数据太随意

图表就是图+表，二者缺一不可。在设计图表时，应先设计数据再设计图表，它们的顺序不可颠倒。遗憾的是，很多人在设计图表时，将 99% 的精力放在图形设计、色彩搭配等视觉层面的问题上，忽视了原始数据的合理性，导致图表缺乏深度，甚至成为错误图表。

1.1.1　如何通过 4 步找出数据问题

对于一张优秀的图表而言，其数据一定是"量身定制"的，即改变数据的任何细节都会降低图表的含义表达。一般来说，在制表时，如果按照下面 4 个步骤进行数据审视，那么数据的合理性将大大提高。

第 1 步：检查数据是否存在问题。

图表是图形信息，图形中的每一个元素都对应一个原始数据。因此，图表原始数据的最基本的要求是，不存在有问题的数据。典型的数据问题包括数据缺失、数据错误、数据异常。

（1）检查数据完整性。

初步获得要制作图表的原始数据时，首先要思考数据是否完整、有没有缺失的数据。

图 1-4 由于缺少 2 项原始数据，所以出现缺口、不完整的现象。

另外，有一种较常见的情况需要注意，即每月更新数据后，人们只在数据表中添加了当前月份的数据，而图表并没有包含新增的数据，因此图表数据不完整。

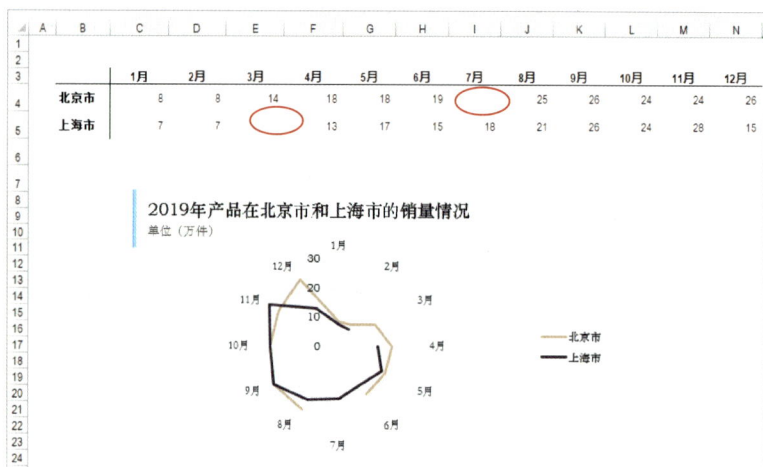

图 1-4　数据缺失导致图表不完整

（2）检查数据正确性。

在数据无缺失的前提下，检查是否每个数据都正确无误，必要情况下应追溯数据出处，以便核实数据。

图 1-5 中的原始数据存在两个错误值，"#N/A"是明显的数据错误的显示，而业务员小李 7 月的业绩为"-3"，这也不符合常理。通常情况下，业绩可能会低至"0"，但是不可能为负数，因此负数业绩应该是错误的数据。这两个错误使图表成为一张错误的图表。

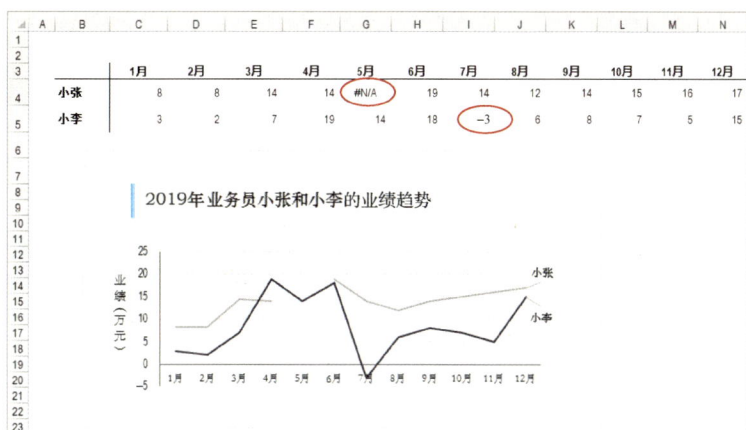

图 1-5　数据错误导致图表错误

（3）检查数据异常性。

最后要检查数据是否存在异常值。异常值是指与平均值的偏差超过标准差的两倍及以上的值。

发现异常值后，先思考数据是否正确，再思考如何在图表中表现异常值。

在图 1-6 中，除了 4 月，两个分店的月销量均为 20 箱以下。而兴盛店在 4 月的销量高达 180 箱。如果确定这个数据不是错误的统计，那么就要设计原始数据，从而改变图表的表现形式，不能像图 1-6 那样直接将数据做成图表，导致其他月份的柱形难以辨认，从而让柱形图失去比较数据大小的意义。

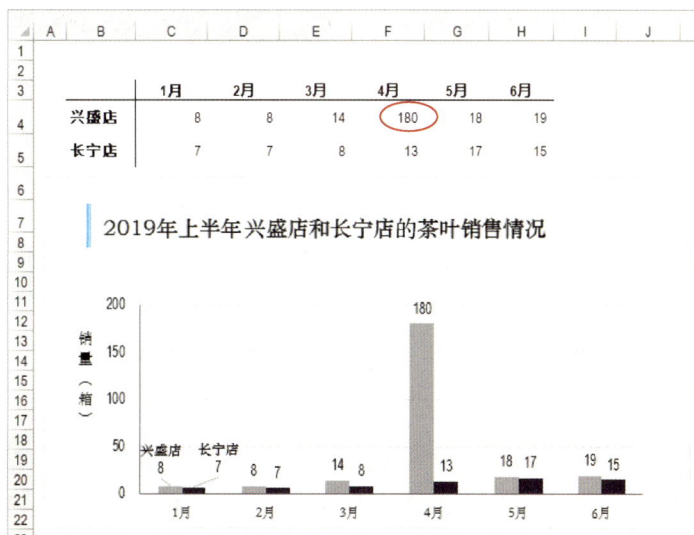

图 1-6　数据异常导致图表失去意义

▶ **制表小技巧——正确处理空值、0 值**

在特殊情况下，图表原始数据不可避免地存在空值或 0 值，我们可以通过设置数据的显示方式来处理它们。具体方法为按顺序单击功能按钮，即"图表工具-设计"➜"选择数据"➜"隐藏的单元格和空单元格"，并在打开的"隐藏和空单元格设置"对话框中，选择空单元格的显示方式，如用直线将空值左右的数据点连接起来。

第 2 步：检查数据范围是否合理。

图表数据范围的合理性不仅关系到图表与表达目标是否一致，还关系到图表意义能否得到最好的体现。

（1）检查数据范围与主题范围是否一致。

为了避免出现数据范围与主题范围不一致的情况，我们在审视原始数据时，应该先思考图表要展示什么范围的数据，以及原始数据是否符合表达要求。

图表标题往往就是图表的主题。例如，一张展示全国不同省份的人均消费水平的图表的标题可以是"全国 34 省人均消费水平比较"，那么我们从主题出发，可以通过如图 1-7 所示的思路来检查数据范围是否合理。

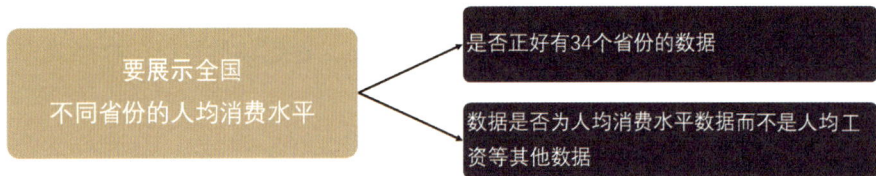

图 1-7　通过主题检查数据范围的思路

（2）审视数据量是否符合所选图表的要求。

图表是体现数据特征的工具，若数据量不符合要求，则图表难以体现数据特征。图 1-8 是常见的 4 类图表对数据量的要求。例如，折线图在数据超过 6 项时才能反映发展趋势，若数据少于 6 项，则它难以客观反映事物发展规律；直方图、散点图的数据量都应超过 50，否则数据量不够会导致图表的可信度低、误差较大；散点图和气泡图对数据维度也有要求，其中气泡图的 x 轴坐标、y 轴坐标、气泡大小分别对应一个维度的数据。

第 3 步：检查数据格式。

制表时要尤其注意数据格式，如"数值"格式、"百分比"格式、"日期"格式。

虽然我们在图表中可以设置数据的显示格式，但是最好在一开始就尽量让原始数据格式符合图表要求。这样能避免后期重复设置数据格式，从而提高制表效率。

此外，数字格式不正确可能导致图表错误。例如，若"日期"数据设置成"文本"格式或其他格式，则图表无法识别"日期"数据，从而不能正确显示数据。

在图 1-9 中，百分比堆积柱形图体现了第 1 季度的 XP-6 产品在三个分店的销量比例。如果原始数据是"数值"格式，那么我们在后期需要分别设置纵坐标轴、图例的数字格式，这样既麻烦又容易出错。

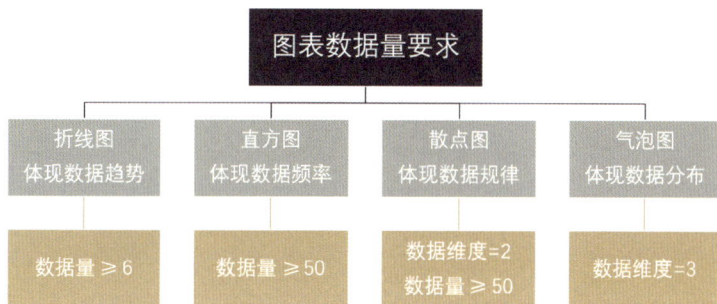

图 1-8 常见的 4 类图表对数据量的要求

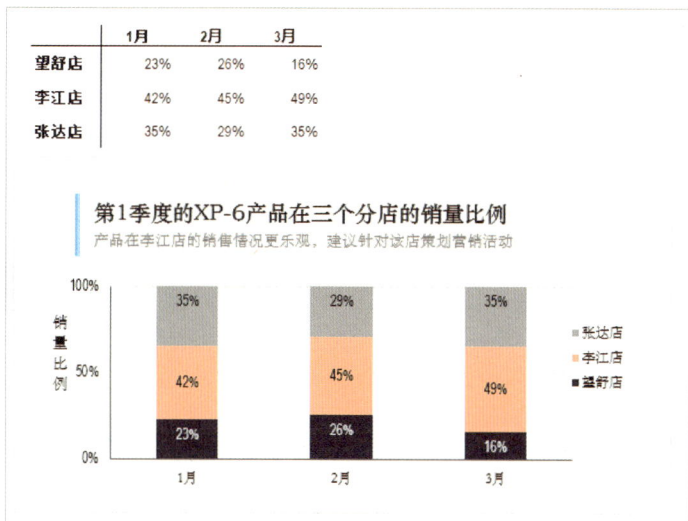

图 1-9 数据格式符合图表需求

▶ 制表小技巧——一键设置单元格格式

Excel 是人性化工具，我们在规范原始数据的格式时，没必要手动输入不同数字格式，如手动输入"%"来设置"百分比"格式。我们可以选中相同格式的单元格区域，直接单击"开始"选项卡，在"数字"组中，单击"常规"后的下拉按钮▼，然后选择需要的格式。例如，在选择了"百分比"格式后，我们在单元格中输入"52"，该数字会自动变成"52%"，这样可以有效防止格式出错。

第 4 步：检查数据形式。

在 Excel 中制作图表时，应先在单元格中输入数据，再选中数据创建表格。不同类型的图表对原始数据的形式有不同的要求，这导致初学者在制表时往往在选中数据后无法创建理想图表。图 1-10、图 1-11、图 1-12 和图 1-13 是 4 种不同类型的图表的原始数据形式，它们之间有较大差异。初学者若不熟悉每种图表的原始数据形式，可以使用第 3 章的"工具妙用"介绍的方法，利用 PowerPoint 快速制表，或者快速了解每种图表的原始数据写法。

	A	B	C	D
1		系列 1	系列 2	系列 3
2	类别 1	4.3	2.4	2
3	类别 2	2.5	4.4	2
4	类别 3	3.5	1.8	3
5	类别 4	4.5	2.8	5

图 1-10　常规柱形图原始数据形式

	A	B
1		销售额
2	第 1 季度	8.2
3	第 2 季度	3.2
4	第 3 季度	1.4
5	第 4 季度	1.2

图 1-11　常规饼图原始数据形式

	A	B	C	D
1				系列 1
2	分支 1	茎 1	叶子 1	22
3	分支 1	茎 1	叶子 2	12
4	分支 1	茎 1	叶子 3	18
5	分支 1	茎 2	叶子 4	87
6	分支 1	茎 2	叶子 5	88
7	分支 1	茎 2	叶子 6	17
8	分支 1	茎 2	叶子 7	9
9	分支 2	茎 3	叶子 8	25
10	分支 2	茎 3	叶子 9	23
11	分支 2	茎 4	叶子 10	24
12	分支 2	茎 4	叶子 11	89
13	分支 3	茎 5	叶子 12	16
14	分支 3	茎 5	叶子 13	19
15	分支 3	茎 6	叶子 14	86
16	分支 3	茎 6	叶子 15	10
17	分支 3	茎 6	叶子 16	11

图 1-12　常规树状图原始数据形式

	A	B
1	X 值	Y 值
2	0.7	2.7
3	1.8	3.2
4	2.6	0.8
5	1.5	2.5
6	1.6	3.6
7	2.5	5.5
8	2.2	6.9
9	1.9	8.5
10	1.9	8.5
11	1.8	9.7
12	1.9	10.5
13	1.9	14.5
14	2.3	16.3

图 1-13　常规散点图原始数据形式

初学者至少要使数据的基本形式无误，若想制作更高级、表现力更丰富的图表，则需要具备数据"变形"设计思维。这种思维将在本书后面的案例中频繁使用，读者只要稍加应用，就能有所感悟。

在设计一些特殊图表时，我们需要对原始数据进行精心设计，通过"变形"来实现不寻常的图表效果。例如，在常规情况下，柱形图不会分组显示，但是我们通过研究图表与数据表形式的规律，并巧妙地让数据分列排布，可以实现柱形分组，如图 1-14 所示。

图 1-14　"变形"原始得到特殊图表效果

1.1.2　如何整理、规范原始数据

最原始的数据存在很多问题，如太杂乱、有多余数据、不够精练。此时我们可以通过 Excel 的功能快速对数据进行处理，这个过程便是数据加工过程。加工后的数据能让图表的重点更加明确。下面来看看使用频率较高且简单易学的数据处理方法。

1. 数据排序——有利于数据对比

在制作柱形图、条形图、饼图这类数据对比型图表时，应事先对数据进行排序。这可以使图表更加清晰、有规律地显示数据特征，让读图者一目了然地看懂数据，实现信息的高效传递。不过也有例外情况，当对分类名称有特殊顺序要求时，如固定的职位顺序、商品名称顺序，制作者不应对数据进行排序处理。

在 Excel 中进行数据排序的方法主要有两种，即简单排序及自定义排序。

（1）简单排序是指根据单一条件对数据进行排序的方法，如图 1-15 所示。

❶ 选中需要排序的数据字段。

❷ 单击"数据"选项卡下"排序和筛选"组中需要的排序方式，如单击"降序"按钮 ，该操作可快速让销量数据从大到小进行排序。

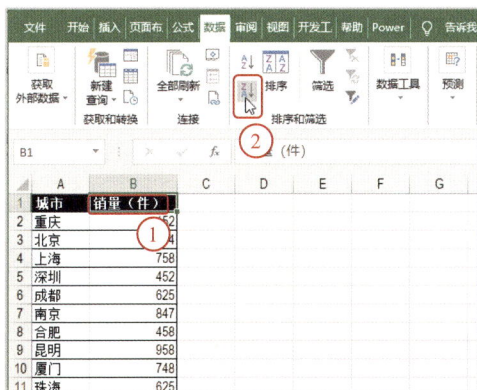

图 1-15　简单排序

（2）自定义排序是指按照特定的条件对数据进行排序的方法，可实现多条件排序、特定文字顺序排序等效果，该方法如图 1-16 所示。

❶ 选中需要排序的数据区域的任意单元格。

❷ 单击"数据"选项卡下的"排序"按钮。

❸ 在"排序"对话框中设置条件。图 1-16 中设置的条件是，先按照"李红，张强，赵奇"这样的业务员顺序排序，然后再对每个业务的销量进行"升序"排序。

❹ 单击"确定"按钮，数据就能按设置的条件进行排序了。

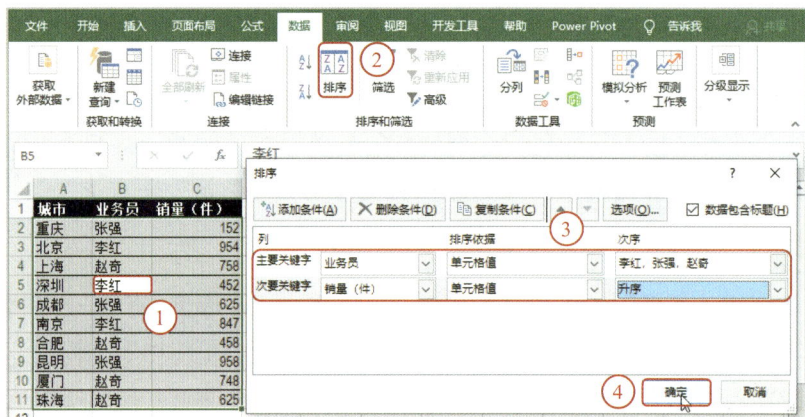

图 1-16　自定义排序

2. 数据筛选——去掉多余数据

一张图表最好只体现一个重点，制作者应围绕这个重点，将不需要的数据去掉，仅留下与图表所要表达的主题相关的数据。在 Excel 中筛选数据的方法有三种，分别是简单筛选、自定义筛选、高级筛选。

（1）简单筛选只需要添加"筛选"按钮，就可以通过选择筛选条件来快速实现数据筛选。

选中任意数据单元格，单击"开始"选项卡下"编辑"组中的"排序和筛选"按钮，选择"筛选"选项，就能添加"筛选"按钮。简单筛选如图 1-17 所示。

❶ 单击需要筛选的数据列的"筛选"按钮。

❷ 选择筛选条件。图中选择了"否"。

❸ 单击"确定"按钮。这样就能将所有打折情况为"否"（没有打折）的商品数据筛选出来。

图 1-17　简单筛选

（2）自定义筛选通过设置两个筛选条件来对数据进行筛选，方法如下。

Step01：打开"自定义自动筛选"对话框，如图 1-18 所示。

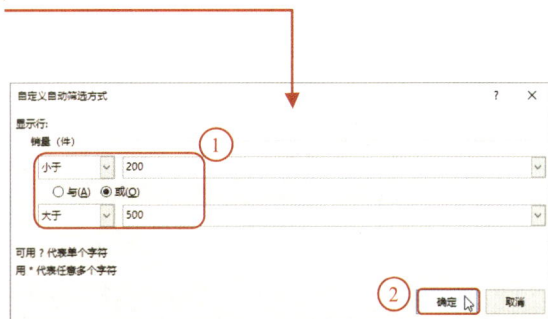

❶ 单击"销量（件）"单元格的"筛选"按钮。

❷ 因为销量是数据，所以下拉菜单中会出现"数字筛选"选项，单击这个选项。

❸ 选择级联菜单中的"自定义筛选"选项。

Step02：设置筛选条件，如图 1-19 所示。

❶ 在对话框中设置筛选条件，图 1-19 中的条件表示"筛选出销量小于 200 或大于 500 的数据"。

❷ 单击"确定"按钮。这样就能将符合条件的销量数据筛选出来了。

图 1-18　打开"自定义自动筛选"对话框　　　图 1-19　设置筛选条件

（3）当简单筛选和自定义筛选不能满足需求时，我们需要用到高级筛选。这种筛选方法可以在空白单元格中灵活设置筛选条件，然后根据条件进行筛选，方法如下。

Step01：打开"高级筛选"对话框，如图 1-20 所示。

❶ 在空白的单元格区域中输入筛选条件，图 1-20 中的条件表示"筛选出销量大于 400 且没有打折的连衣裙商品数据"。

❷ 单击"数据"选项卡下的"高级"按钮。

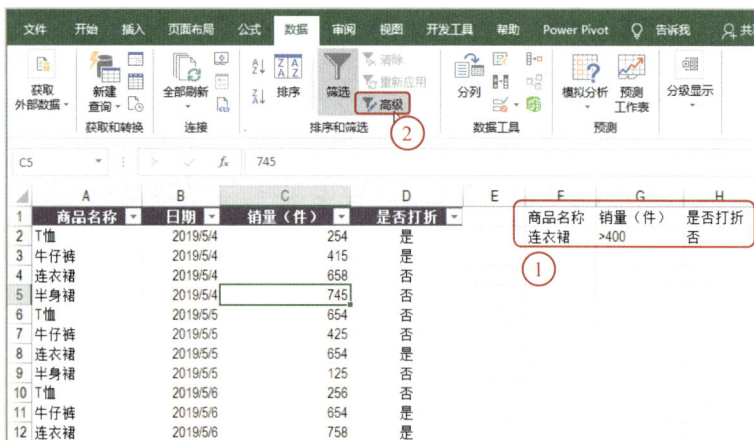

图 1-20　打开"高级筛选"对话框

Step02：完成高级筛选，如图 1-21 所示。

❶ 在打开的"高级筛选"对话框中，设置"列表区域"为要筛选的数据区域，设置"条件区域"为事先录入的条件区域。

❷ 单击"确定"按钮。这样就可以将符合这三个条件的数据筛选出来了。

图 1-21　完成高级筛选

▶ **制表小技巧——玩转高级筛选**

Excel 数据的高级筛选的关键在于条件设置。条件可以在任意空白的单元格中输入，但是输入时要注意以下事项。

❶ 条件的数据名称一定要和原始表格一模一样。例如，原始表格中的数据名称是"销量（件）"，那么条件的数据名称就不能是"销量"，一字之差，对 Excel 而言就是不同数据。

❷ 在数据名称下方，条件在同一行表示"与"，即要筛选出所有满足条件的数据；条件在不同行表示"或"，即要筛选出满足其中一个条件的数据。

3. 数据统计——让数据更精练

原始数据往往比较冗杂，直接用这样的原始数据制表会使图表因信息太多而无法体现重点。面对较多的数据，我们可以先对数据进行汇总统计，让数据更精练。

我们在统计数据时，如果只需要对数据进行简单汇总，那么可以用"分类汇总"功能；如果需要统计比较复杂的数据，则需要用到数据透视表。

（1）"分类汇总"功能可以按照指定的关键字对数据进行汇总。例如，原始数据包括不同商品在不同日期下的销量数据，现在我们需要用图表体现这几种商品在相同日期内的总销量对比，应对销量数据进行汇总，方法如下。

Step01：对数据进行排序。这是分类汇总前的关键操作，目的是将相同的关键字排列到一起，避免产生多个分类结果，如图 1-22 所示。

❶ 选中要排序的数据名称，即 A1 单元格，单击鼠标右键。

❷ 选择"排序"选项。

❸ 选择任何一种排序方式都可将关键字排列到一起。

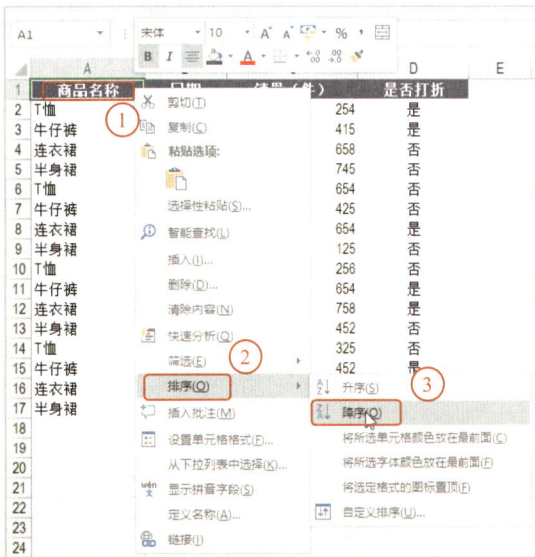

图 1-22　对数据进行排序

Step02：打开"分类汇总"对话框，如
图 1-23 所示。

❶ 选择任意一个单元格。

❷ 单击"数据"选项卡下的"分级显
示"组中的"分类汇总"按钮。

图 1-23 打开"分类汇总"对话框

Step03：设置汇总条件，如图 1-24 所示。

❶ 选择"分类字段"，这里选择"商品
名称"，表示要以"商品名称"为关键词进
行分类汇总。

❷ 汇总方式设置为"求和"。

❸ 汇总项设置为"销量（件）"，表示
要对销量进行求和汇总。

❹ 单击"确定"按钮。

图 1-24 设置汇总条件

最终的汇总效果如图 1-25 所示。我们
可通过该方法快速得到不同商品的总销量
数据，而且在制作图表时只需要取这几项
汇总结果数据。

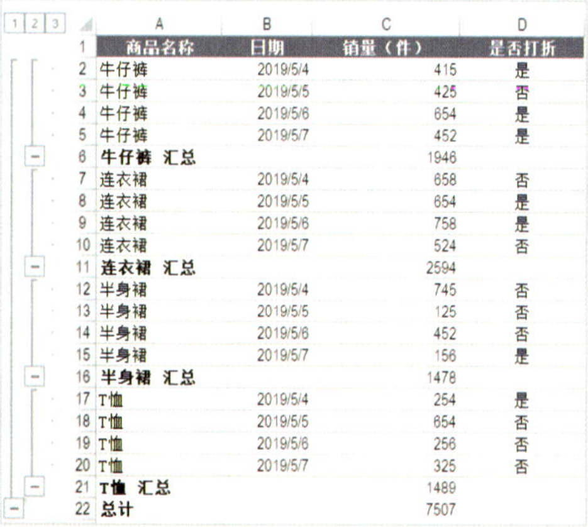

图 1-25 最终的汇总效果

（2）数据透视表是一种强大的统计工具，可以实现灵活、复杂的数据统计。其使用方法如下。

Step01：创建数据透视表，如图1-26所示。

❶ 选中任意单元格。

❷ 单击"插入"选项卡下的"数据透视表"按钮。

❸ 在"创建数据透视表"对话框中选择要统计的数据区域和放置数据透视表的位置。当数据比较复杂时，建议选择在新工作表中创建数据透视表，这里的数据简单，因此选择在现有工作表中的G1单元格开始显示数据透视表。

❹ 单击"确定"按钮。

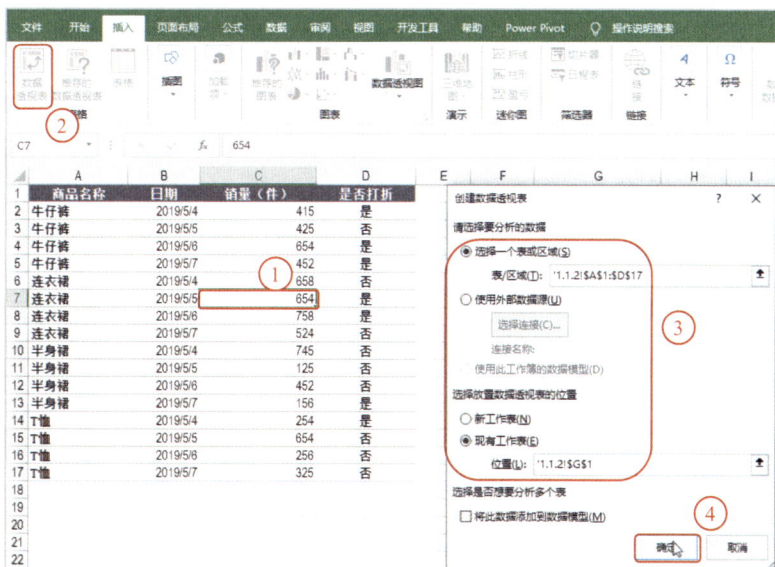

图 1-26　创建数据透视表

Step02：设置数据透视表字段。在数据透视表创建好后，应选择要统计的数据项目，并设置统计方式，如图1-27所示。

❶ 选择要统计的数据项目。图1-27表示要根据商品名称统计不同打折情况下的销量。

❷ 设置字段位置，即设置统计方式。在图1-27中，字段位置设置为"求和项"，即统计方式为求和统计。

图 1-27　设置数据透视表字段

当数据透视表的设置完成后，统计结果就出来了，如图 1-28 所示。此时，数据透视表已快速统计出不同商品在不同打折情况下的销量。利用这样简洁的数据制作图表，可直观体现打折对商品销量的影响。

行标签	求和项:销量（件）
⊟T恤	**1489**
否	1235
是	254
⊟半身裙	**1478**
否	1322
是	156
⊟连衣裙	**2594**
否	1182
是	1412
⊟牛仔裤	**1946**
否	425
是	1521
总计	**7507**

图 1-28　统计结果

Step03：重新设置数据透视表字段。如果不需要前面步骤中的统计结果，那么可通过重新设置数据透视表字段来得到新的统计结果，如图 1-29 所示。

❶ 选择要统计的数据项目。

❷ 设置统计方式，表示要按日期统计不同商品的销量。

图 1-29　重新设置数据透视表字段

完成数据透视表设置后，新的统计结果如图 1-30 所示，快速得到不同日期下的不同商品的销量及总销量数据。利用第 7 行的总计数据，可制作出相同时间段内不同商品的总销量对比图；利用 L 列的总计数据，可制作出不同日期下所有商品的总销量对比图。

	G	H	I	J	K	L
1	求和项:销量（件）	列标签				
2	行标签	T恤	半身裙	连衣裙	牛仔裤	总计
3	2019/5/4	254	745	658	415	2072
4	2019/5/5	654	125	654	425	1858
5	2019/5/6	256	452	758	654	2120
6	2019/5/7	325	156	524	452	1457
7	总计	1489	1478	2594	1946	7507

图 1-30　新的统计结果

1.2 制作图表的出发点错误

一张图表是否优秀，往往取决于制表立意。好的出发点、明确的制表初衷像指南针，决定了图表数据的处理方式、图表选择、图表细节设计。只有让所有制表工作都紧紧围绕一个目的，图表才能体现价值。

1.2.1 为了作图而作图

在这个信息爆炸、用数据说话的时代，类似于"字不如表"的言论层出不穷。最常见的两种思维误区是"与数据相关的内容一定要使用图表""汇报页数不够，做个图表来凑"。

在特定场合下，纯数字的信息传达效率确实不如图表高效，但这并不代表所有情况都要使用图表来展示数据。那么图表和数字究竟应如何取舍？

1. 选用数字的 2 种情况

（1）当数据间的差异较小时，图表无法直观体现特征，此时可以选择用数字来传达信息。

图 1-31 中的各类产品在 1 月的利润相差不大，其在 2 月增加的利润更少，少到有些产品增加的利润几乎看不出来。此时，数据表格反而更能体现数据差异。我们可以通过"条件格式"下拉菜单中的"数据条"功能来强调 2 月利润增加了多少，如图 1-32 所示。

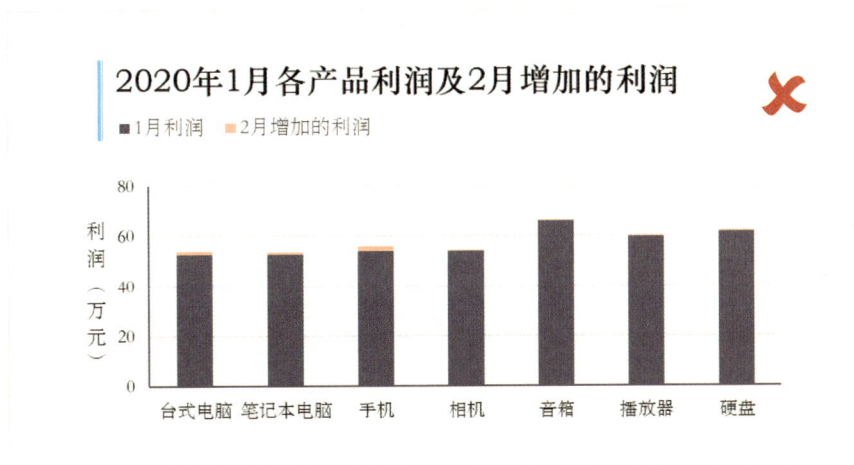

图 1-31　数据差异较小时的图表

	A	B	C
1	产品名称	1月利润（万元）	2月增加的利润（万元）
2	台式电脑	52.6	1.2
3	笔记本电脑	52.7	0.7
4	手机	53.9	2.1
5	相机	53.9	0.4
6	音箱	65.8	0.1
7	播放器	59.6	0.3
8	硬盘	61.8	0.2

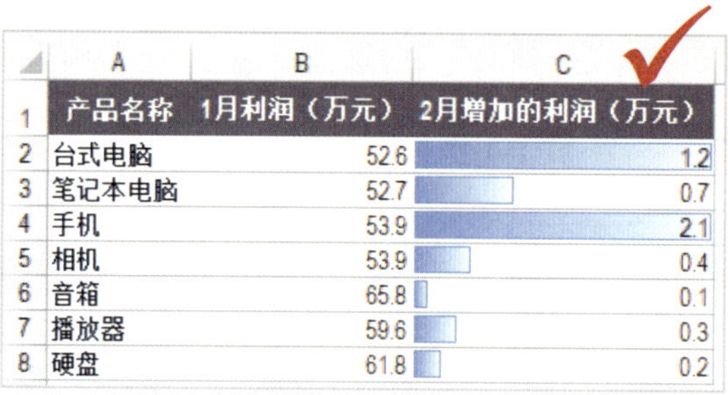

图 1-32 在表格中使用条件格式辅助

（2）当需要特别强调数据指标，即让他人清楚地知道具体的数据量大小时，应使用数字而非图表来传达信息。图 1-33 中的《经济学人》杂志中的数据直接用放大的数字而非图表来展示，这种醒目的大字号的数字让人印象深刻，并使人将注意力放在数字本身。

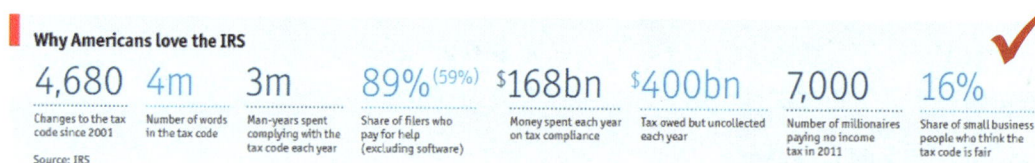

图 1-33 一组《经济学人》杂志中的数据

2. 选用图表的 3 种情况

（1）当数据间的逻辑关系需要展示时，应使用图表来传达信息。

麦肯锡工作法倡导人们使用图表来阐述复杂的事情，因为图表可以体现数据间的逻辑关系，并且可以有条理地将复杂的数据展示出来，从而使人们发现问题、提出建议。

如果原始数据表中的数据比较大，那么人们在阅读数据时就需要花费一定精力，更不要说从多项数据中发现逻辑关系了，如图 1-34 所示。但是人们将数据制作成堆积柱形图后，可快速分析出结论，即随着年份的变化，公司自媒体平台的粉丝增长量越来越大，而且在 2016 年到 2018 年之间，今日头条的粉丝增长量较大，而 2019 年的总体的粉丝增长量则主要依靠微博的粉丝增长量。

（2）当数据特征需要直观体现时，应使用图表来传达信息。

“用数据说话”指的是将数据作为论据来证明观点。要想向他人证明观点，引导他人发现数据特征是关键。如果一份数据中的单独的数值是森林中的树，那么数据中的所有数值便是一片森林。人们只有站在更高的位置上俯瞰整片森林，才能发现森林的形状、颜色、树木分布。图表就是将帮助人们俯瞰数据的重要工具。

例如，一家战略咨询公司需要通过一份数据来说明他们提供的战略咨询是有效果的。

如果他们直接将数据表给客户看，那么客户需要一定时间才能发现数据的规律及特征，而且很难有直观感受。但是当他们将数据转化成折线图后，客户可直观地发现三家企业在2019年的客户量呈增长趋势，而且图形化信息可放大数据特征，极具视觉冲击力，如图1-35所示。

平台/日期	2015	2016	2017	2018	2019
微信	24,562	25,458	35,648	45,689	56,487
微博	12,456	8,597	12,456	12,456	132,456
今日头条	5,642	32,465	36,957	45,265	12,456

图 1-34 通过图表来展示数据间的逻辑

时间	1月	2月	3月	4月	5月	6月	7月	8月	9月	10月	11月	12月
通华公司	457	564	425	325	687	789	968	789	939	1022	1542	1965
天得公司	124	236	152	184	354	425	458	475	485	497	524	539
罗义公司	245	354	365	275	425	576	615	513	612	674	742	798

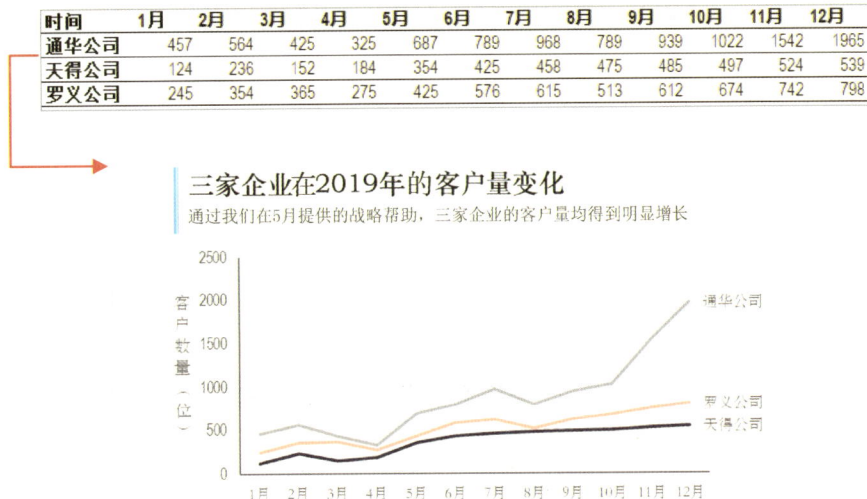

图 1-35 通过图表来体现数据特征

（3）当数据重点或结论需要展示时，应使用图表来传达信息。

人们在表格中强调数据时，主要通过改变字体格式来实现目的，如增大字号、改变字体颜色等；而用图表强调数据时，往往在细节上进行设计，即通过颜色、形状等细节强调数据。用图表强调数据还有一个好处，即能在强调数据的同时，让读图者发现这个重点数据所在的位置及它与其他数据间的关系等信息。

在图 1-36 中，当表格转化成重点突出的折线图后，人们能一眼看到 7 月营业额最高点的数据，而且能对时间节点产生具体概念，也能通过折线高低来判断 7 月营业额与其他几个月的营业额的差距。

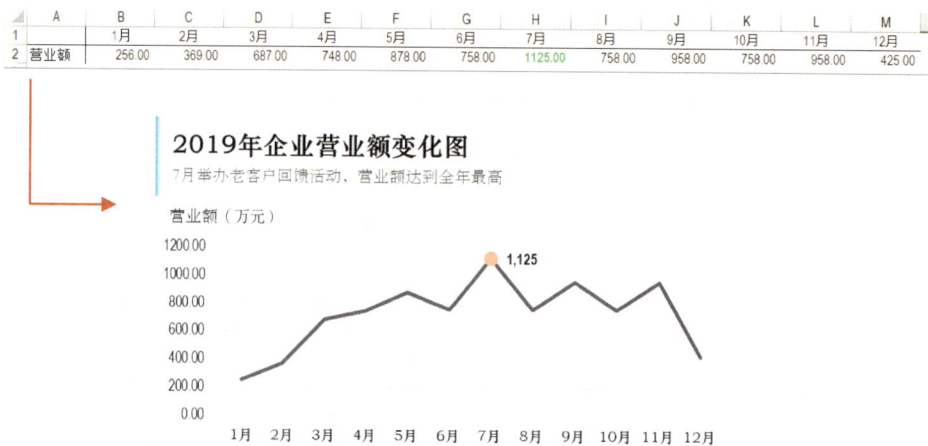

图 1-36　通过图表来强调数据

图表能体现数据间的逻辑关系和数据特征，在此基础上，还可进一步体现出数据规律，使人得出结论。图 1-37 中的原始数据是售价和销量，人们从中难以看出数据规律，更难以得到结论。但是当我们将数据制作成散点图并添加趋势线后，趋势线能充分说明这组数据的分析结论——产品售价越高，产品销量越低。

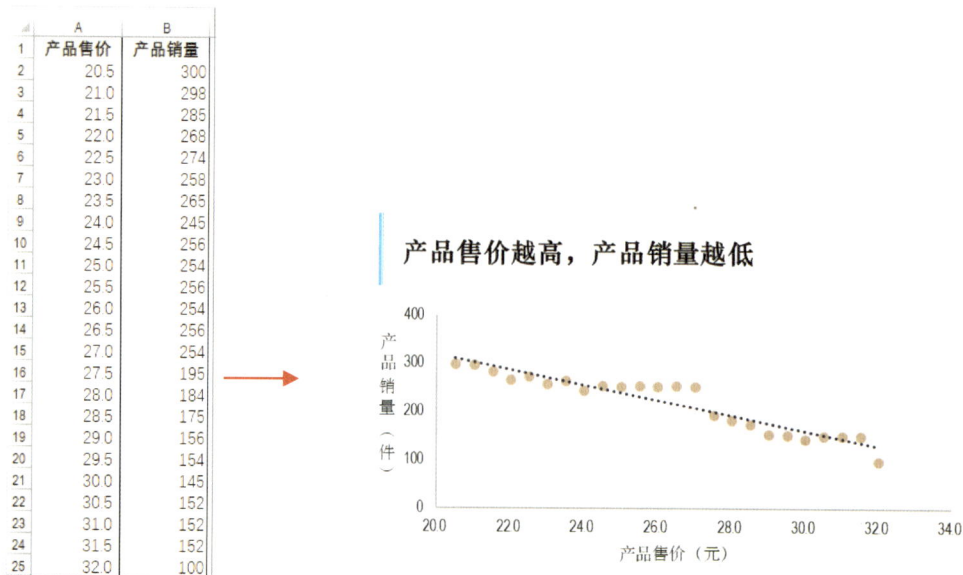

图 1-37　通过图表来展示数据结论

1.2.2 追求制作与众不同的图表

Excel 是通用工具，利用软件提供的图表样式，可快速美化图表。也正是因为这个原因，很多人制作的图表十分相似。为了避免图表"撞衫"，有人会想办法让图表看起来与众不同，如让图表颜色更鲜艳夸张、设置立体三维效果、对图表元素进行特殊设计。这会导致图表读数困难，甚至传递错误信息及误导性信息。

事实上，图表的首要作用是严谨地体现数据，美观性是次要的，下面这 3 种典型的错误思维应尽量避免。

1. 过于追求图表的酷炫效果

制作图表时不要为了追求与众不同去选择与普通图表不同的标新立异的图表样式。这类图表虽然够新颖，但是可能不够有内涵，初看令人惊艳，细看却让人糊涂。

南丁格尔玫瑰图如图 1-38 所示，这种图表实质上是饼图。饼图是通过扇区大小来体现比例的，而在这张图中，左边的扇区进行了分层，实在让人摸不着头脑。

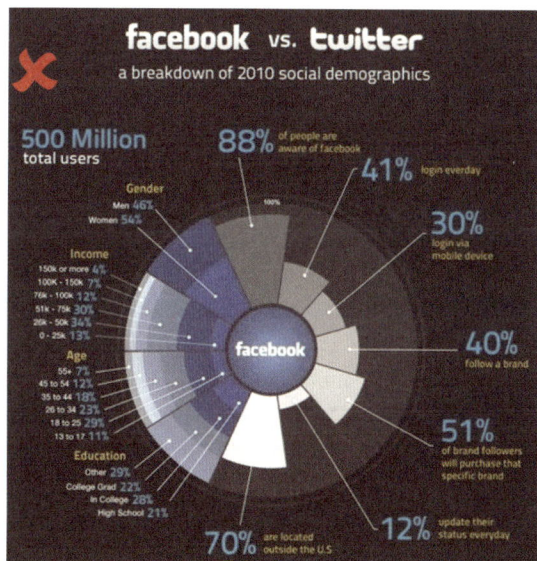

图 1-38 南丁格尔玫瑰图

2. 使用复杂设计

制作图表时最好选择二维图表而非三维图表，二维图表更加直观且方便阅读，而且应避免使用太多对比鲜明的颜色。

三维图表的倾斜角度让人的视线难以保持平衡，使人无法清晰对比各项数据，而且立体的柱形容易造成视觉上的误差，导致错误解读，如图 1-39 所示。

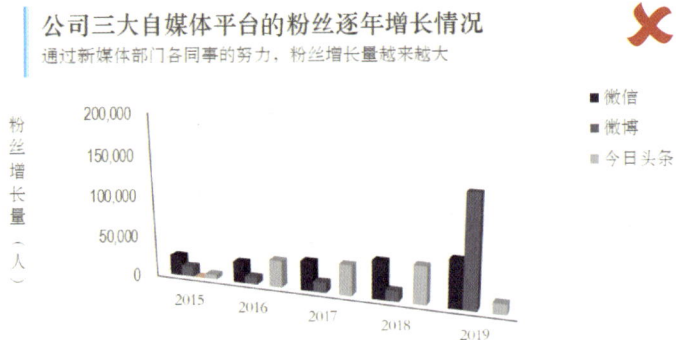

图 1-39　三维图表

3. 使用误导性设置

Excel 图表的不同布局元素都可以进行属性设置，人们通过设置布局元素的属性能实现与众不同的图表效果。但属性设置的原则是，让图表清晰、正确地传递信息，不能误导读图者。

图 1-40 是之前很受欢迎的一种图表，这种图表的制作者认为可以用一样的数据展示不一样的结果。这种图表的本质是通过错误的视觉引导，让读图者产生错误结论。这种图表由于各项数据相差不大，为了体现差异，便将 y 轴数据范围设置成从 50 万元开始，造成音箱的利润远高于其他商品的利润的错觉。坐标轴从 0 开始是一项基本制表规范。

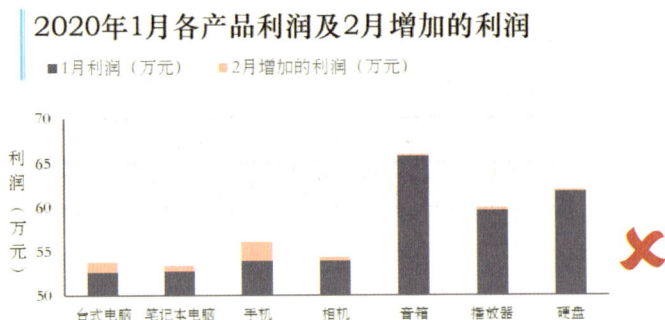

图 1-40　y 轴不从 0 开始显示的图表

图 1-41 是《经济学人》编辑总结出的一项图表错误，即通过截断来体现图中较大的数据。这样做的问题是截断改变了比例，容易给人造成错觉，使人无法直观对比数据的大小。

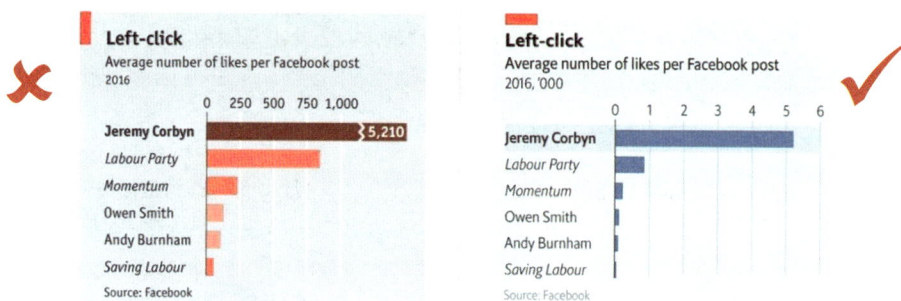

图 1-41　《经济学人》编辑总结出的一项图表错误

1.3　图表类型选择错误

Excel 提供了 15 种类型的图表，每种类型又细分为 1～7 种类型。如此多的图表类型让人难以抉择。更何况有些图表有类似之处，如柱形图和条形图，这实在让人困惑。

1.3.1　这 2 种低级错误不要犯

图表类型选择错误会导致图表无法有效传达信息，或者让读图者看不懂。

1. 选择无法清楚表达数据含义的图表类型

其实不要说初学者，就连制表风格严谨的《经济学人》编辑也犯过图表类型选择错误，如图 1-42 所示。该编辑最开始选择了折线图来体现人们对欧盟公投结果的态度，上下不断波动的图形让读图者觉得人们的态度摇摆不定。但是将图表类型换成带趋势的散点图后，读图者就可以发现人们态度变化的趋势了。

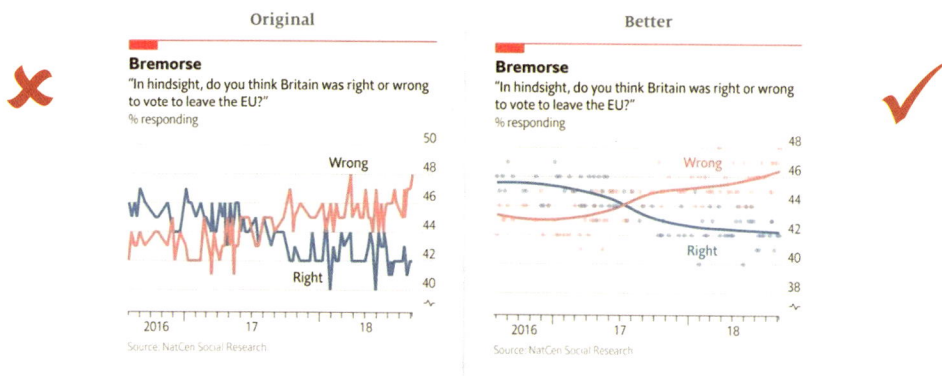

图 1-42　折线图和散点图的效果对比

和专业图表编辑一样,普通人选择图表,也容易犯类似的错误,如图 1-43 所示。制表者想体现各产品销量比例的对比,但是各产品销量比例相当,饼图很难体现出它们的对比。将饼图换成柱形图后,比例对比更加直观、明显。

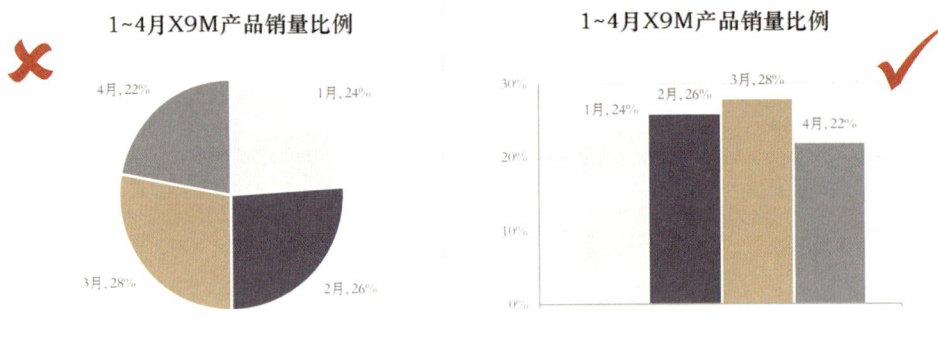

图 1-43 比例相近且需要对比的数据不适合用饼图

2. 选择数据与图表脱节的类型

除了上面这种降低数据意义的图表类型选择,人们还可能在不考虑数据的前提下直接选择一种看起来可以"放上文字"的图表,导致图表与数据脱节。

虽然图 1-44 中的饼图体现了职业角度和行业角度下的高薪职位,但是各职位的扇区角度相同,而饼图是通过扇区角度来体现比例大小的,各职位的月薪又是不相同的,因此各职位的月薪不能用相同的扇区角度来表示。

需要强调的是,很多人认为 SmartArt 图是一种图表,其实不然。图表必须有数据作为支撑,而 SmartArt 图可以没有数据,人们一般倾向于用它来体现文字信息的逻辑关系。

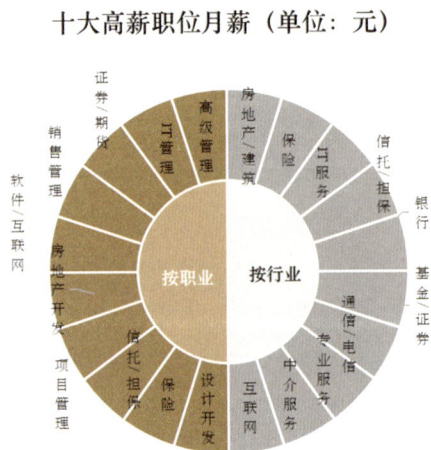

图 1-44 不考虑数据选择的图表类型

1.3.2 如何正确地选择图表

无论是专业图表编辑还是普通人都会选错图表类型，那么如何才能正确选择图表类型呢？这也是本书所要解决的问题，其核心思路是从图表的本质出发来选择图表。读者可以先了解如图 1-45 所示的思路，然后带着这样的思路阅读本书后面的内容，学习起来一定会事半功倍。

若要正确选择图表，则需要了解各类图表的作用。但是 Excel 有几十种图表，若要一一了解它们，则要花费较多时间，而且学完后可能很快就会忘记。如果我们从图表的本质出发，对图表进行大致划分，就可以在短时间内掌握图表选择基本理念。

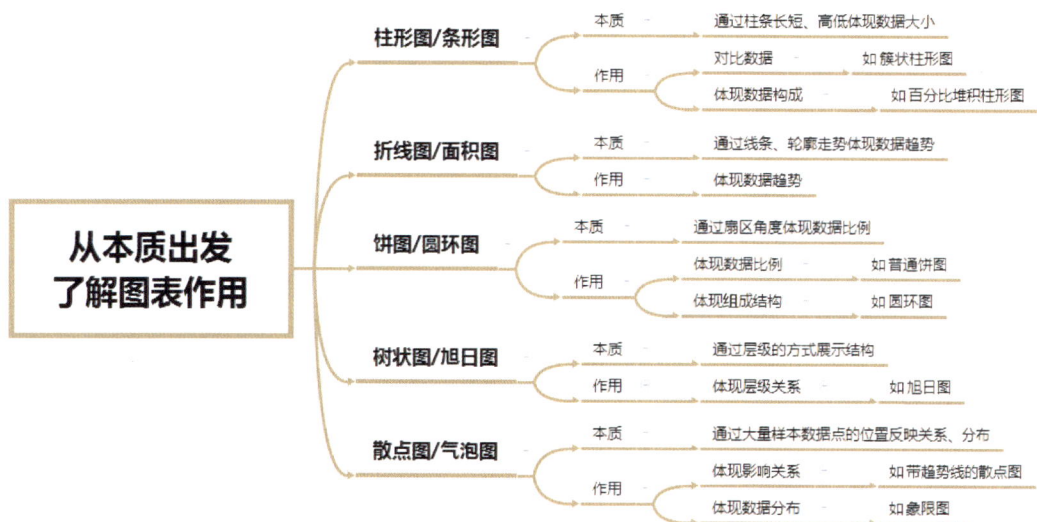

图 1-45　选择图表的基本思路

1.4　图表的表现形式错误

同类图表可细分为不同的图表类型，完全相同的图表类型可以通过细节设计来实现不同的效果。图表设计的多样性导致很多人在选择图表的表现形式时出现错误。

比较典型的图表的表现形式错误的情况是选用不利于表达目的的图表，如图 1-46 所示，图表的表达目的是体现两款产品的销售趋势，三维效果的表现形式让销售趋势变得难以辨认、比较。

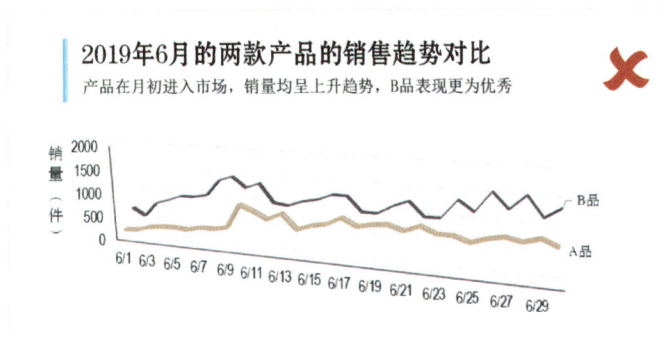

图 1-46　表现形式错误的图表

同一份数据由于表达的侧重点不同，可以制作成不同的表现形式。

我们通过对比图 1-47 至图 1-52 可以发现，同样的一份销量数据制作成折线图时，能制作出不同的表现形式。而不同表现形式的图表的侧重点和表达目的是不同的。

图 1-47 的表达目的在于体现两款产品的销售趋势，并对比销售趋势的高低；图 1-48 弱化了两款产品的销售趋势对比，其侧重点在于单独分析产品的销售趋势。

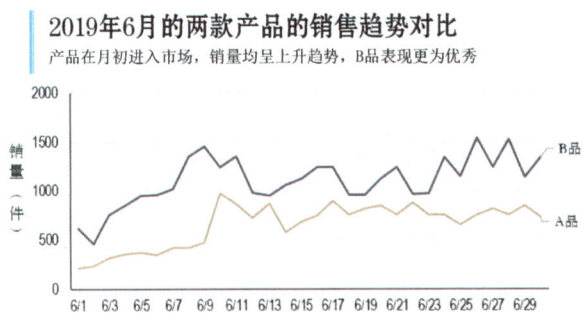

图 1-47　体现 A 品、B 品销售趋势的折线图

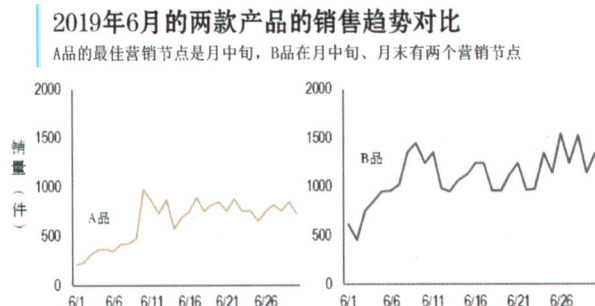

图 1-48　单独分析 A 品、B 品销售趋势的折线图

图 1-49 的表达目的在于体现两款产品的销售趋势并强调产品销售峰值；图 1-50 强化了产品的销售趋势对比，通过添加平均线，使人一目了然地看出 B 品销量几乎都位于平均线以上，而 A 品销量几乎都位于平均线以下。

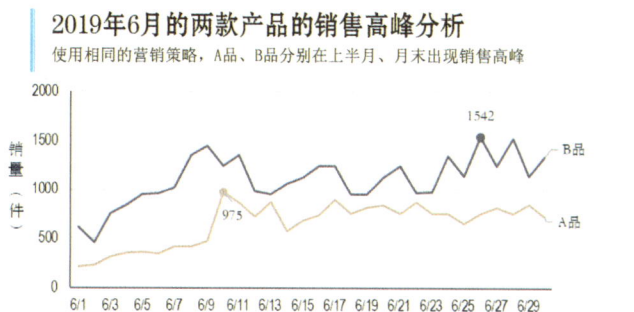

图 1-49　强调 A 品、B 品销量峰值的折线图

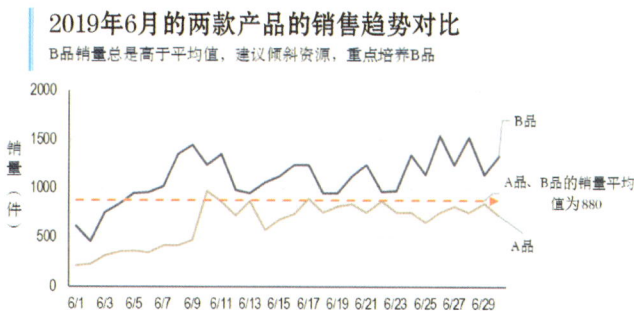

图 1-50　加强 A 品、B 品的销售趋势对比的折线图

图 1-51 体现了两款产品的销售趋势并强调 A 品销售趋势；图 1-52 利用了百分比的表现形式，侧重于展示 A 品的销售趋势。

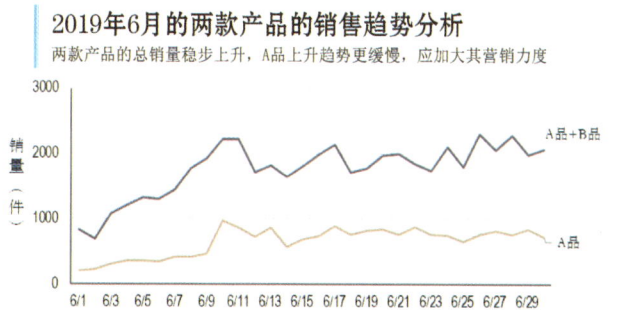

图 1-51　体现 A 品、A 品+B 品的销售趋势的折线图

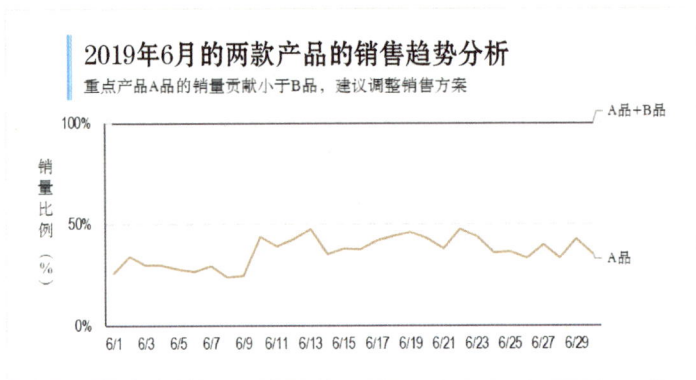

图 1-52　突出 A 品的销售趋势的折线图

上面的例子充分说明了图表是千变万化的，但是不要被图表的形式多变吓到。要想制作出精准表达数据的图表，核心要点是让图表的每一个细节与表达目标均保持一致。这个思路也贯穿了本书后面的案例讲解。

1.5　图表的细节不严谨

随着 Excel 版本的迭代，图表功能越来越强大。人们在轻松制作图表的同时，也制作出了很多不合格的图表。在网络中，缺乏专业性的图表随处可见。

让图表具备专业性并不难。其实，图表是由一项又一项的布局元素构成的。图表进行拆分后，最多可以有 11 种布局元素，如标题、坐标轴、数据标签等。不同的图表可以进行相应布局元素的增减及属性设置。换句话说，让图表具备专业性，需要在细节上下功夫，并让布局元素在严谨的前提下保持美感。

1.5.1　缺少必要元素

图表的布局元素是图表编辑的最小单位，对布局元素的选择反映了图表的严谨性。布局元素的完整可以让他人读懂图表，不产生误会。

某公司第一季度产品的销售情况图如图 1-53 所示，它存在以下问题。

（1）没有单位，如 1 月的"食品"数据为"5"，该数字究竟是"5 万元"还是"5 箱"呢？

（2）每个月最右边的柱条没有图例，虽然经过仔细分析可知这代表当月所有产品的总销售数据，但是图表没有对此进行说明。

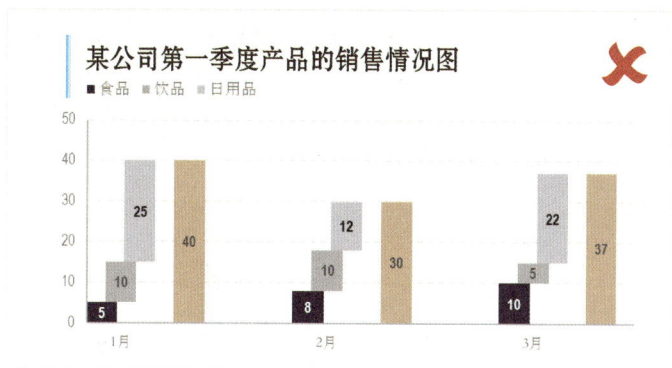

图 1-53　缺少布局元素的图表

不同图表由于侧重点不同，选择的布局元素也不同。图 1-54 是折线图可添加的图表元素，其中灰色元素不可添加。

图表必备元素如图 1-55 所示。其中，数据单位可以在标题中注明、使用坐标轴标题说明或使用图例说明；项目说明的作用是说明图表中的图形分别代表什么数据，可以用图例来说明，也可以用数据标签来说明；数据大小可以通过数据标签来注明，也可以通过 y 轴刻度+网格线辅助来体现；通常情况下，人们应注明图表的数据来源，以增强图表说服力（本书图表数据均为虚构的，故省略数据来源说明）。

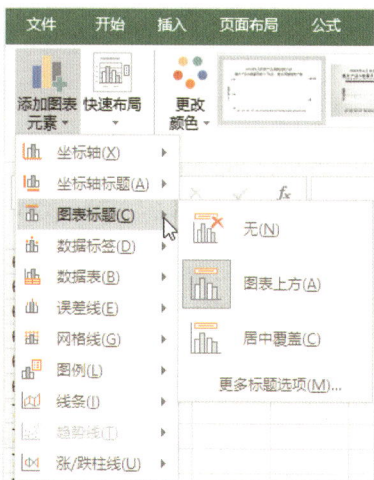

图 1-54　折线图可添加的图表元素

图 1-55　图表必备元素

1.5.2　缺乏简约高级感

专业的图表不能缺少必要的布局元素，但这并不代表图表的布局元素越多越好。图表的布局元素以能清晰说明数据为标准，超出此标准的内容都可能让图表变得冗杂。

删减图表中不必要的布局元素，仅留下必要的布局元素，可使图表变得更具高级感，如图 1-56 所示。

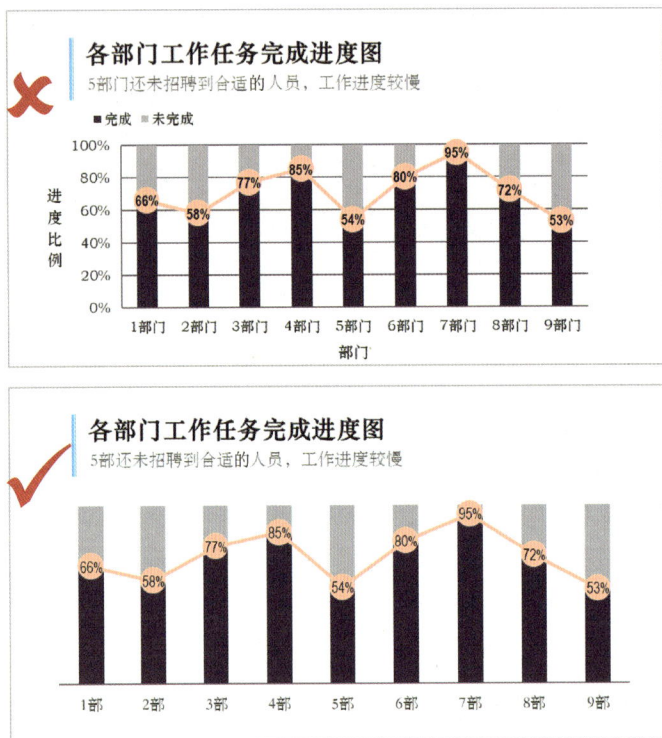

图 1-56　冗杂图表与简约图表对比

专业的商务图表在细节处理上可以达到完美，无论是布局选择还是文字描述均呈简约之美。图表设计越简约，给人的视觉信息就越清晰，因为它抛开了冗杂元素，将最核心的信息呈现出来。

专业的商务图表在年份写法上很简洁，如图 1-57 和图 1-58 所示，其横坐标轴的年份除了第一个或整数年份，均采用 "'08" 或 "90" 这样的简写方式。

使专业的商务图表呈现简约感时，除了简化文字，还应注意不能使用功能重复的布局元素。

图 1-58 在折线附近使用数据标签注明了折线代表的数据项目，因此不需要用图例来说明折线对应的数据。

图 1-59 没有横坐标轴刻度不影响人们阅读图表，因为其每段条形上均有标明数据大小的数据标签。

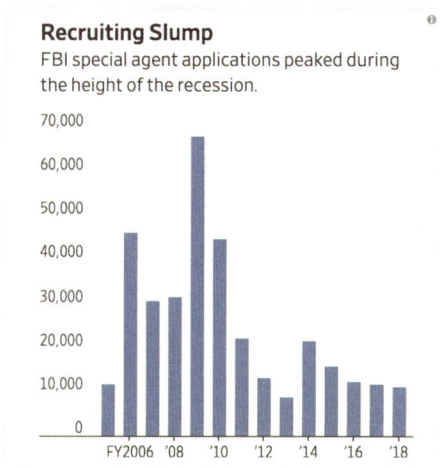

图 1-57 横坐标轴年份写法简洁

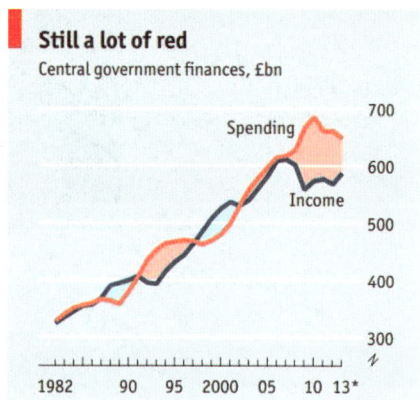

图 1-58 在折线附近添加数据标签，
取消图例

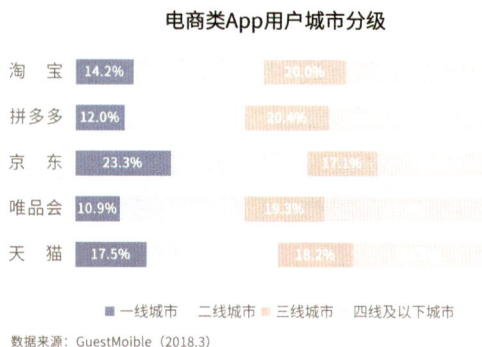

图 1-59 添加了数据标签，取消横坐标轴

1.5.3 标题拟定太随意

图表标题说明了这是一张什么数据的图表、表达了什么内容。图表标题必不可少，而且应完整、表意明确。严格来说，图表标题就是图表主题，图表的每个元素都是为主题服务的，一旦图表标题存在问题，读图者就无法带着目的读图。

人们在制表时，往往将太多精力放在图表数据的体现上，而几乎不去注意标题应该如何拟定。表意不明的标题如图 1-60 所示，类似的含糊不清的标题比比皆是。这个标题没有说明这是什么东西的业绩图，以及这是什么时候的业绩图。完整明确的标题如图 1-61所示。

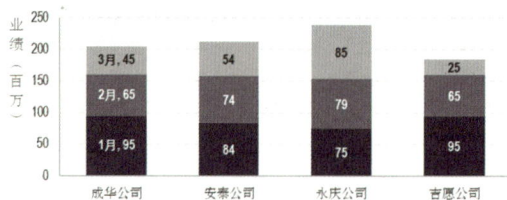

图 1-60　表意不明的标题

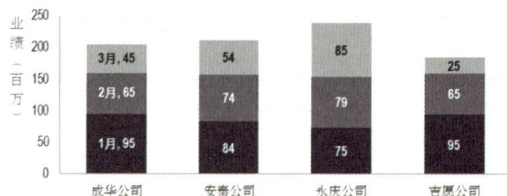

图 1-61　完整明确的标题

　　拟定图表标题的两个思路如图 1-62 所示。人们在通常情况下可以对图表内容进行概括总结，之后拟定标题。如果图表作用很明确，如项目提案时，制表者要通过图表告诉客户某个观点，那么这个观点就可以作为图表标题。

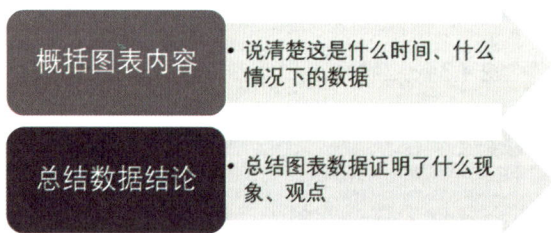

图 1-62　拟定图表标题的两个思路

1.5.4　坐标轴刻度随意定

　　图表坐标轴刻度能体现数据大小，是十分重要的布局元素。然而坐标轴的增量刻度至少被 99%的人忽视。

　　图 1-63 中的 y 轴以 8 为单位进行刻度递增，但是这样既无法让人快速估计增量，也不符合阅读习惯。我们可将刻度改成以 10 为单位递增的形式，这样可以使图表更顺眼、读数更轻松，因为以 10 为单位的数据递增是人们所熟悉的，如图 1-64 所示。

运营部在2019年第1季度的活动花费情况
1月和3月增加新品推广费用，均超出预算

单位（万元）■实际 ■预算
40
32
24
16
8
0
1月　2月　3月

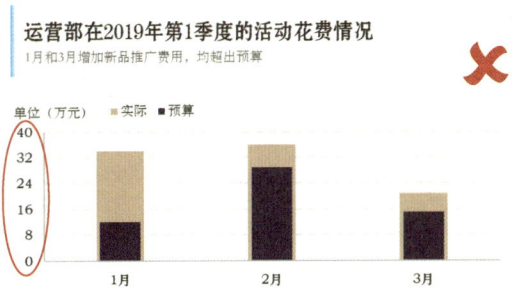

图 1-63　读数困难的增量刻度

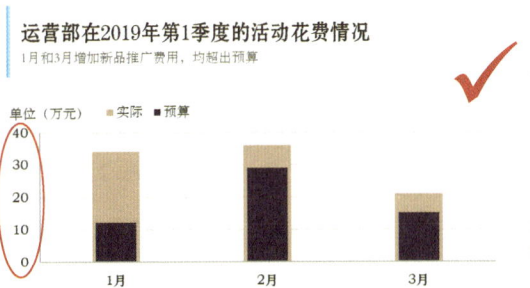

运营部在2019年第1季度的活动花费情况
1月和3月增加新品推广费用，均超出预算

单位（万元）■实际 ■预算
40
30
20
10
0
1月　2月　3月

图 1-64　读数轻松的增量刻度

　　一般来说，坐标轴刻度以 5 或 10 的倍数递增最好，以 2 的倍数递增也可以。如果数据较小，那么坐标轴刻度以 1 的倍数递增也是可以的。

　　当数据的范围较小时，坐标轴以如下单位进行递增。

- 0，0.2，0.4，0.6……

- 0，1，2，3……

- 0，5，10，15……

- 0，10，20，30……

　　当数据范围较大时，坐标轴数字应以千分位的形式显示，如用"50,000"代替"50000"的显示方式，坐标轴刻度应以 50、100 这样的倍数进行递增。

- 0，500，1,000，1,500……

- 1,000，2,000，3,000……

工具妙用：用"艾瑞网"中的数据报告学习图表之道

　　站在巨人的肩上可以走得更快、更远。在图表学习中，要想快速精进，分析专业图表的细节、进行模仿练习是一条捷径。优秀的图表网站有很多，如经济学人网站、华尔街日报网站、商业周刊网站。但是这些优秀的图表网站在国内很有可能无法打开，因此这里推荐一个能快速打开且有大量图表的数据网站——艾瑞网的数据报告专栏。

在浏览其他专业网站的图表或艾瑞网的数据报告时，应通过提问来学习图表制作方法。面对如图 1-65 所示的数据图表，人们可以通过如下三个问题来提升制表水平。

- 问题 1：为什么左半部分使用数字而非图表来进行表达？

    答：因为这里需要具体说明付费接受指标大小，不需要形象地进行对比。

- 问题 2：为什么右边图表的标题要这样拟定？

    答：标题说明了时间和数据对象，概括了图表所有内容，是符合规范的标题。

- 问题 3：右边的图表有什么布局特点？

    答：图表数据从大到小排序，方便阅读；图表没有横坐标轴，因为它已经用数据标签标出了每个条形的数据大小，所以不需要横坐标轴；每两个条形之间的宽度约为条形宽度的一半，这样既保持了条形间的距离，也不会使条形分布得太宽或太拥挤。

图 1-65　学习艾瑞网的数据图表

第 2 章

稳、准、狠地选择图表的套路

　　许许多多的图表选择指南都在告诉大家什么是柱形图、条形图、饼图……这会让大家越听越糊涂。其实，图表类型动辄几十种，若以类型来区分图表，确实容易混淆。

　　如果根据制表目的来区分，那么图表的区分会比较清晰、简单。毕竟图表的基本作用是放大数据特征，使人从特征中发现规律、关系、重点等。因此，人们在制图前应先确定图表需要体现数据的哪种特征，这样从作用出发，使图表选择变得容易。

2.1 图表再多也不犯选择困难症

正确选择图表类型是制作数据图表时至关重要的第一步。Excel 提供了常用的 15 种图表类型，包括柱形图、折线图等，如图 2-1 所示。

每种类型的图表都有不同的表现形式，如柱形图类型的图表有簇状柱形图、堆积柱形图等 7 种表现形式。

面对这几十种图表，人们难免晕头转向。我们不妨抛开图表类型，专注于使用图表的目的，从图表作用出发来辨别图表、选择图表。例如，我们需要体现数据的对比，此时应据此目的选择图表。

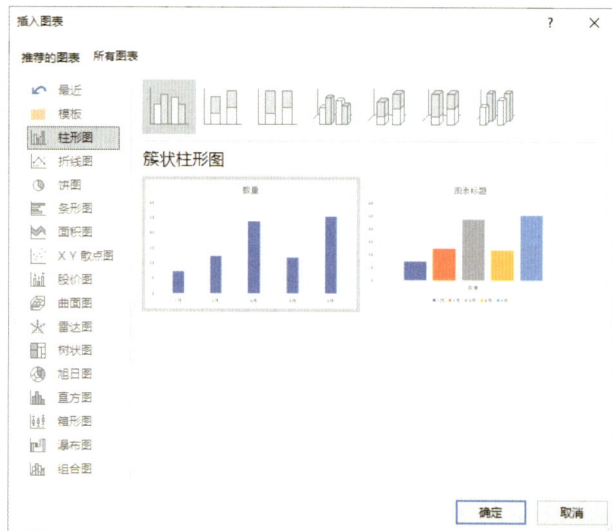

图 2-1　图表类型

2.1.1　对比数据时，选这些图表

对比数据是图表的常用功能之一。人们在通过图表来呈现数据特征时，可根据形状的长度、宽度、位置、颜色、面积等图表形态来发现项目的相同与不同之处。下面介绍对比数据时选择数据对比图表的方法。将基本理念装入脑海后，再学习第 4 章的数据对比图表的具体制作方法，会使效率倍增。

1. 单纯对比不同数据的大小

在图表大类中，簇状柱形图和簇状条形图是对比数据大小时的首选。这两类图表通过水平或垂直的矩形长短直观地体现数据大小。平时人们所说的柱形图和条形图往往指的也是这两种图表。

簇状柱形图和簇状条形图可以轻松体现一组、两组或三组数据的大小对比，如图 2-2

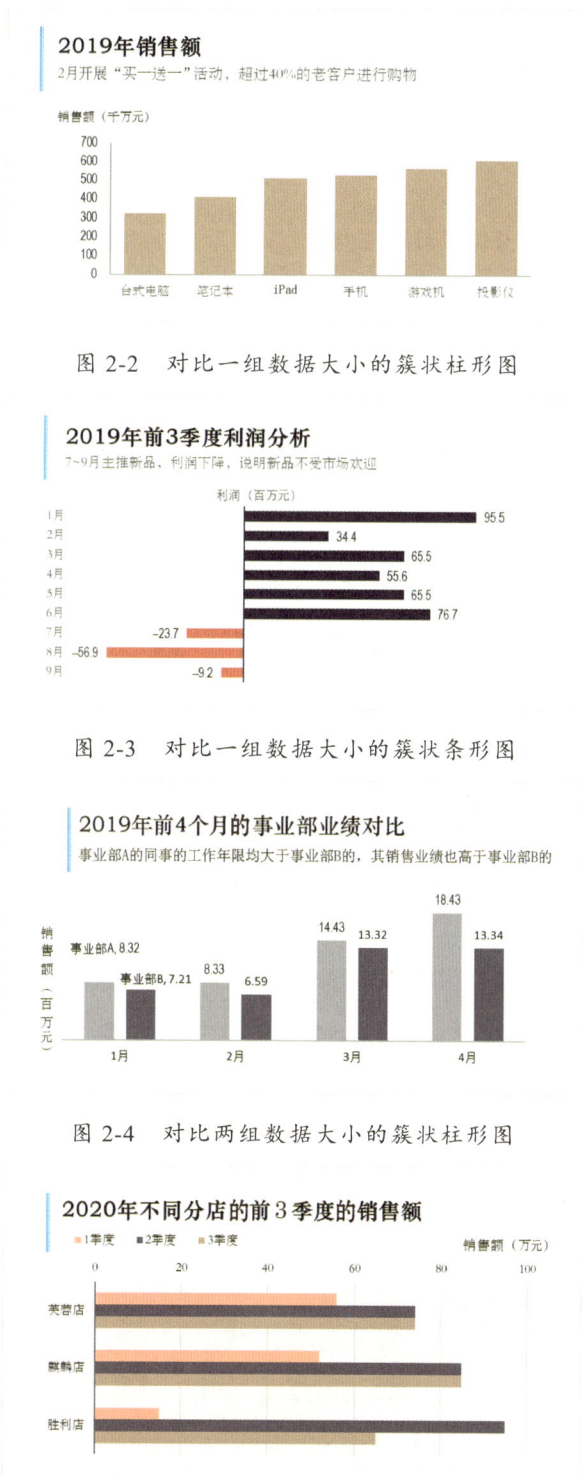

到图 2-5 所示。

2019年销售额
2月开展"买一送一"活动，超过40%的老客户进行购物

图 2-2　对比一组数据大小的簇状柱形图

2019年前3季度利润分析
7~9月主推新品，利润下降，说明新品不受市场欢迎

图 2-3　对比一组数据大小的簇状条形图

2019年前4个月的事业部业绩对比
事业部A的同事的工作年限均大于事业部B的，其销售业绩也高于事业部B的

图 2-4　对比两组数据大小的簇状柱形图

2020年不同分店的前3季度的销售额

图 2-5　对比三组数据大小的簇状条形图

2. 对比数据大小时需要体现总量与分量

在实际工作中体现数据对比时，常常需要同时对比总量与分量。此时可以选择常规的柱形图或条形图，但是需要用图例标注清楚哪根柱条代表总量、哪根柱条代表分量，如图 2-6 所示。如果想让总量与分量的区分更明显、对比效果更直观，如图 2-7 所示的柱形图是不错的选择。

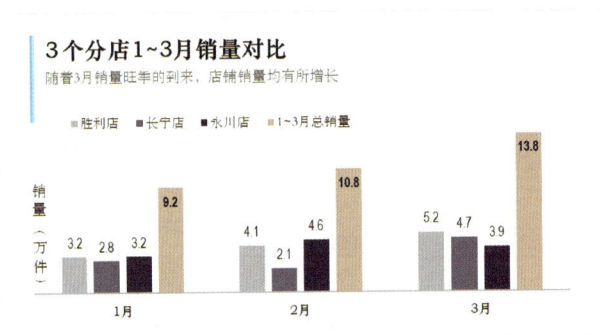

图 2-6　直接在柱形图中添加总量柱形

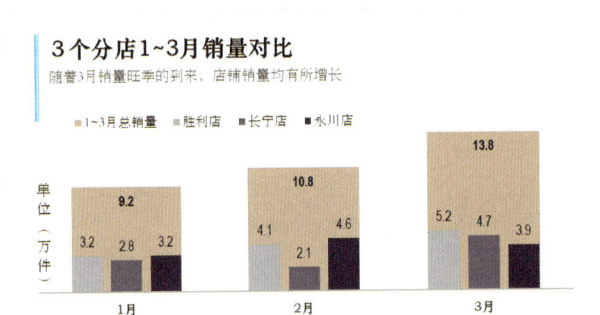

图 2-7　将总量柱形加宽，放到分量柱形后面

如果在体现数据的总量与分量对比的同时，还想进一步展示这些分量是如何堆积、累加形成总量的，如图 2-8 所示的堆积柱形图或如图 2-9 所示的混合堆积柱形图是不错的选择。

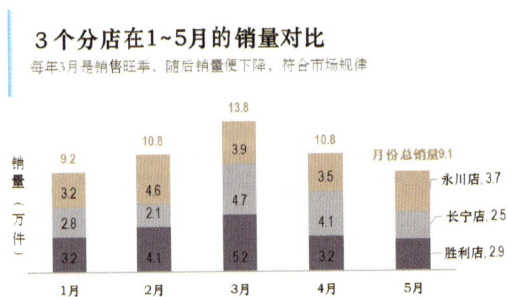

图 2-8　对比总量与分量的堆积柱形图

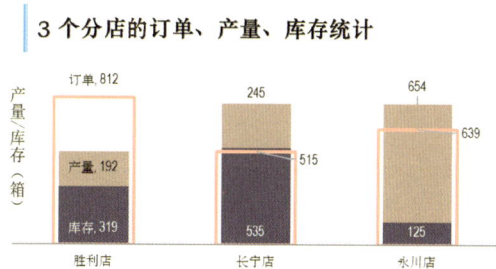

图 2-9　对比总量与分量的混合堆积柱形图

3. 对比数据的不同维度

当数据对比的重点为不同维度时，直观体现数据大小已经不再是图表的首要表达目标，在这种情况下，雷达图是不错的选择，如图 2-10 和图 2-11 所示，2 位候选人在不同能力上的评分对比可通过雷达图来体现。后者由于填充了面积颜色，所以更强调综合水平的对比。

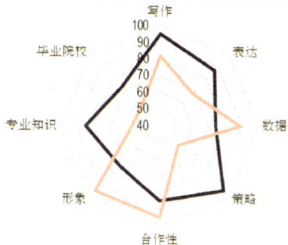

图 2-10　体现数据维度对比的无填充雷达图

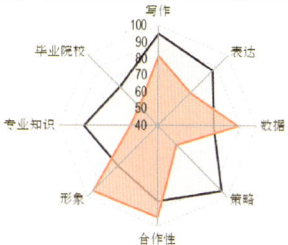

图 2-11　体现数据维度对比的填充雷达图

2.1.2　分析趋势时，选这些图表

人们通过分析数据趋势可了解项目在连续时间段内的发展趋势，并推测出未来规律。

基于此目的，人们需要制作图表，并通过图表线段走势、面积走势来体现数据趋势。下面介绍趋势类图表的选择方法，更多内容请参阅第 5 章。

1. 单纯体现数据趋势

折线图是用来体现数据趋势的最好的图表，它通过线条的走势来直观地体现项目数据的波动规律。图 2-12 中的折线图体现了 2 个店铺的营业额变化趋势。当项目超过 3 项时，折线图中的折线可以分开来体现不同项目的趋势，如图 2-13 所示。

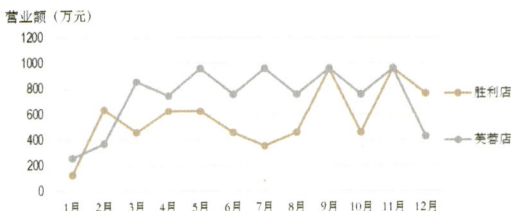

图 2-12　体现数据趋势的折线图

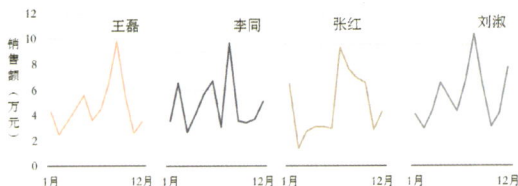

图 2-13　体现数据趋势的折线分开的折线图

2. 体现平均值的趋势图

当趋势图需要体现平均数据的平均水平时，人们可在图中增加平均线，效果如图 2-14 和图 2-15 所示。

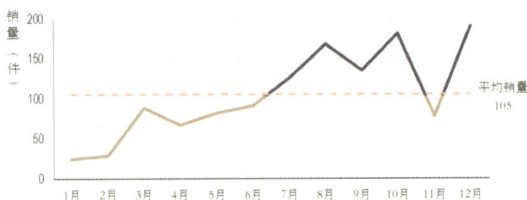

图 2-14　体现平均值的折线图

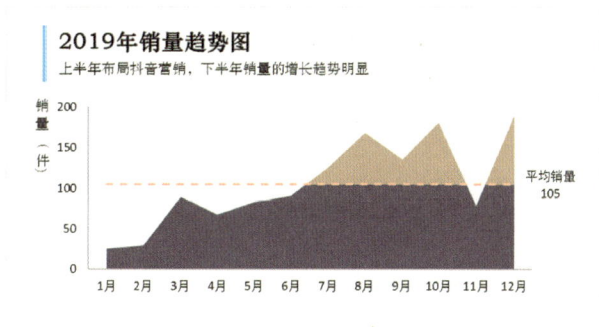

图 2-15　体现平均值的面积图

2.1.3　分析组成结构时，选这些图表

体现数据的组成结构的重点在于分析整体是由哪些个体构成的，以及不同的个体占整体的百分比是多少。下面介绍组成结构类图表的选择方法，更具体的内容请参阅第 6 章。

1. 体现一组数据的百分比

饼图和圆环图都是体现数据百分比结构的首选。它们的特点是用首尾相连的圆圈代表100%的含义，整体性非常强。它们通过切片的大小来直观地体现这组数据中不同项目的百分比，如图 2-16 和图 2-17 所示。

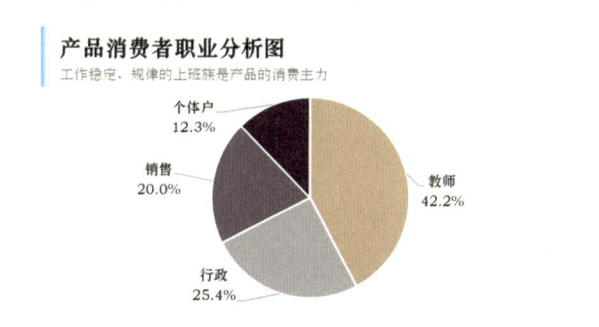

图 2-16　体现百分比结构的面积图

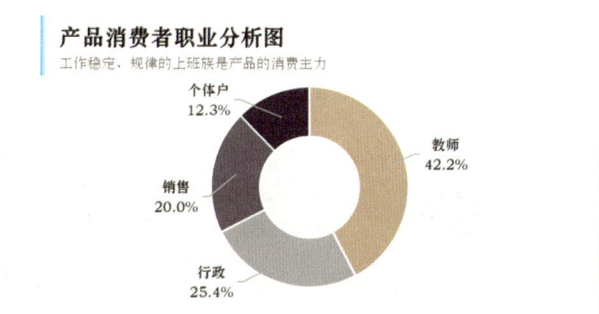

图 2-17　体现百分比结构的环形图

2. 体现细分数据的百分比

在体现一组数据的百分比结构时，倘若其中一项数据的百分比结构需要进一步体现，人们可使用子母饼图或复合条饼图，如图 2-18 和图 2-19 所示。

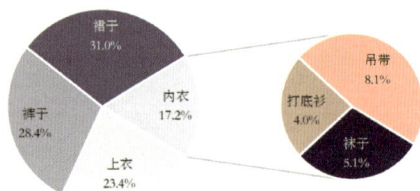

图 2-18　体现细分数据百分比的子母饼图

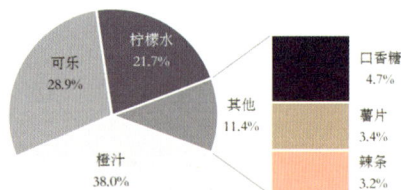

图 2-19　体现细分数据百分比的复合条饼图

3. 体现多组数据的百分比

饼图不擅长体现多组数据的百分比结构，而百分比堆积柱形图或百分比堆积条形图可以清晰地体现多组数据的百分比，如图 2-20 所示。

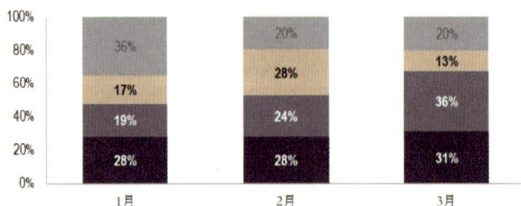

图 2-20　体现多组数据百分比的百分比堆积柱形图

4. 整体与个体、层级的组成结构

当数据体现的重点不是百分比，而是整体与个体间的关系时，可用如图 2-21 所示的树状图。这种图表通过不同颜色的面积大小来体现个体如何构成整体。如果整体与个体间有严格的层级关系，那么我们需要选择如图 2-22 所示的旭日图，图中的层级越往外越低，分类越细。

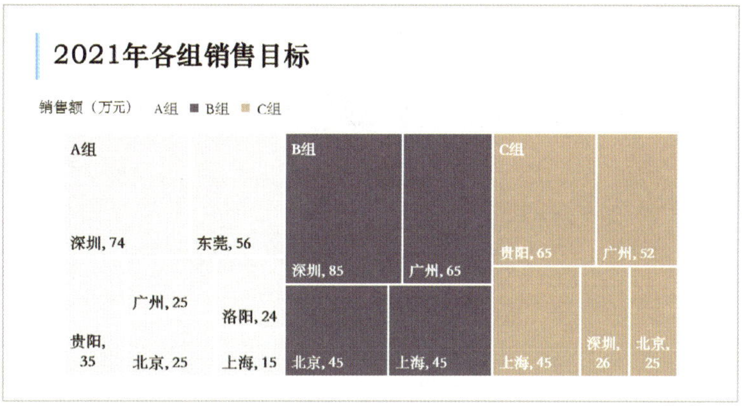

图 2-21　拆分了目标的树状图

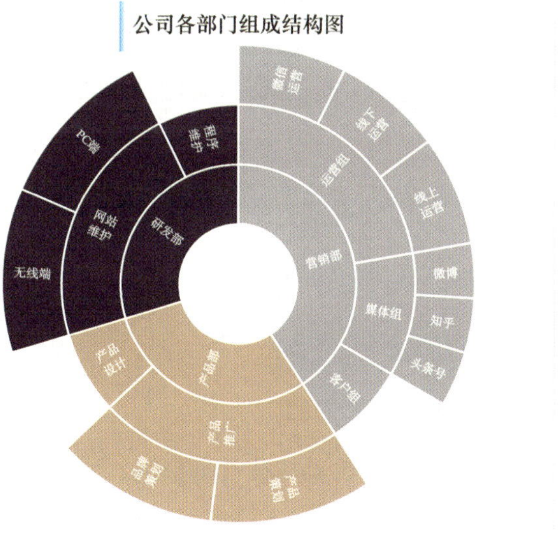

图 2-22　体现公司组成结构的旭日图

2.1.4　分析影响因素时，选这些图表

在实际工作中，如果相关人员能分析出各项因素间相互影响的规律及关系，或者判断出不同因素对项目的影响程度，那么这对负责人做出决策及规划会有很大的帮助。下面介绍组成结构类图表的选择方法，更具体的内容请参阅第 7 章。

1. 分析两项因素或三项因素间的关系

在图表中，x 轴和 y 轴可以各代表一个数据维度。我们可通过分析由 x 轴和 y 轴的坐标共同决定的数据点位置来探索两项因素间的关系及规律，如图 2-23 所示，我们用散点图分析不同颜色数据点的位置规划，可判断商品价格对销量的影响。

当我们需要探索三个数据维度的关系时，可用数据点的大小代表第三个维度，如图 2-24 所示，气泡图可用于分析网店中不同商品的流量、收藏量与销量之间的关系。

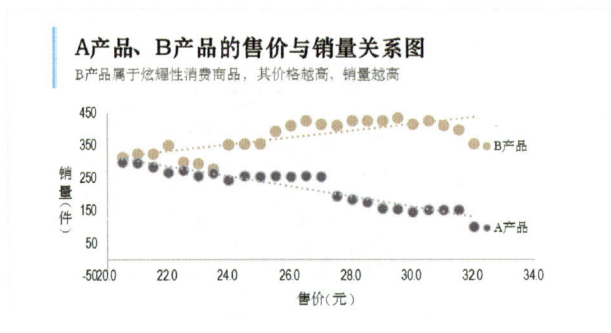

图 2-23　用散点图分析两项因素间的关系

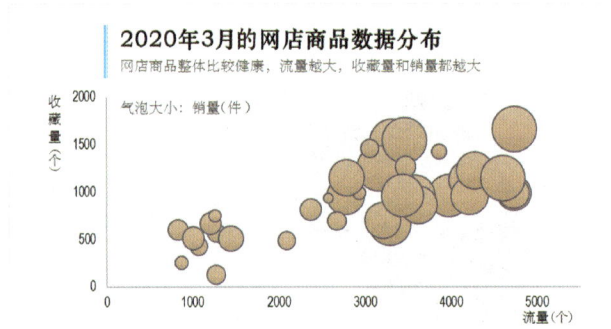

图 2-24　用气泡图分析三项因素间的关系

2. 分析不同因素的影响程度和敏感度

影响结果的一系列因素的轻重程度往往并不相同，因此我们不需要关注每项因素，将精力放在最重要的因素上即可。

瀑布图的首尾的柱形代表最初和最终的数据，中间是不同的影响因素，如图 2-25 所示。我们可以在瀑布图中观察到项目是如何在不同程度的影响因素下得到最后的结果的，同时也能观察到各因素的影响程度。

若某项因素很小的波动能引起项目极大的波动，则称这项因素"敏感性高"。因此，我们可通过折线图将影响因素制作成如图 2-26 所示的敏感性分析图，并通过分析斜率、直线与坐标轴的交点离原点的距离来判断各项因素的敏感性。

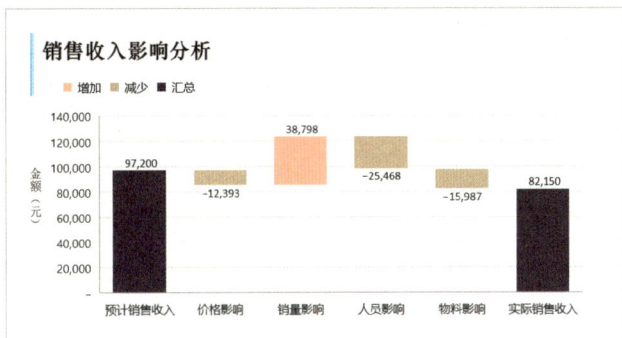

图 2-25　用瀑布图分析因素影响程度

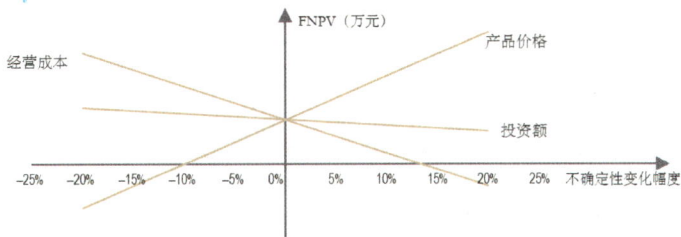

图 2-26　敏感性分析图

2.1.5　分析数据分布时，选这些图表

我们可以通过可视化图表来展示数据在区间内的位置分布、频率分布，从而分析数据规律。下面介绍数据分布类图表的选择方法，更具体的内容请参阅第 8 章。

1. 分析数据在各区间的频率分布

当大量的统计数据分布在不同数据区间，而我们需要分析每个数据区间内出现了多少样本数据时，就需要通过如图 2-27 所示的直方图来展示各区间内数据的频率分布。

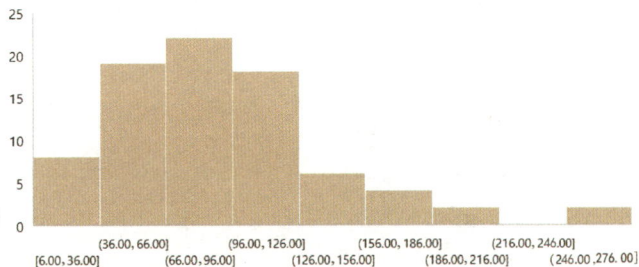

图 2-27　分析各区间的数据频率分布的直方图

2. 分析因素出现的累积频率

直方图分析的是各数据分组区间的数据出现的频率，而帕累托图分析的是数据的累积频率。

在图 2-28 中，我们只需要观察累积百分比为 80% 的点位，就能知道哪些因素导致了 80% 的问题发生。

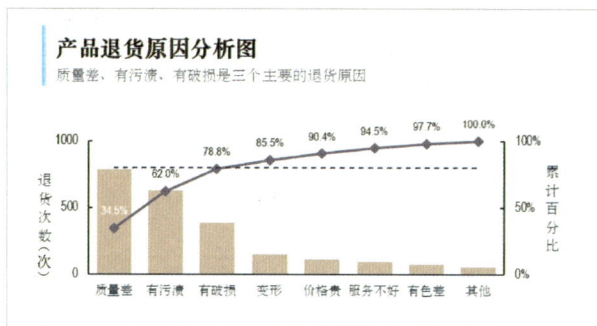

图 2-28　用帕累托图分析因素出现的累积频率

3. 分析双变量、三变量数据分布

散点图和气泡图除了可以分析因素间的影响关系，还可以分析数据的分布情况，如图 2-29 和图 2-30 所示，我们可以通过分析散点、气泡的位置来判断这组样本数据的分布规律。

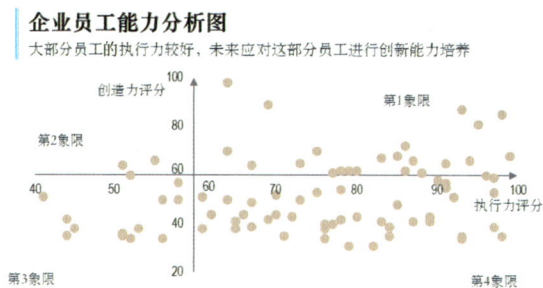

图 2-29　用散点图分析双变量数据分布

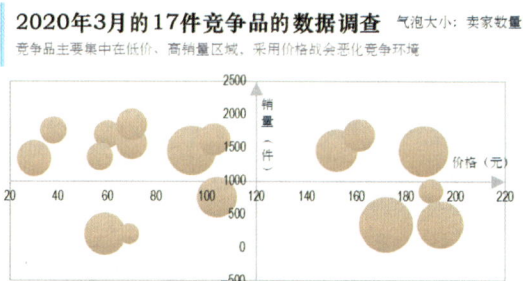

图 2-30　用气泡图分析三变量数据分布

4．分析关键数据分布

在统计出样本数据后，并不是每一项数据都需要关注，有时只关注关键数据指标即可。箱形图便是用来分析关键数据分布的图表。

用箱形图分析数据分布如图 2-31 所示，图表中的箱形显示了一组数据的关键值，包括最大值、最小值、上四分位数、下四分位数、平均值、中位数、异常值。我们可通过分析这些关键数据的位置来评价项目的表现。

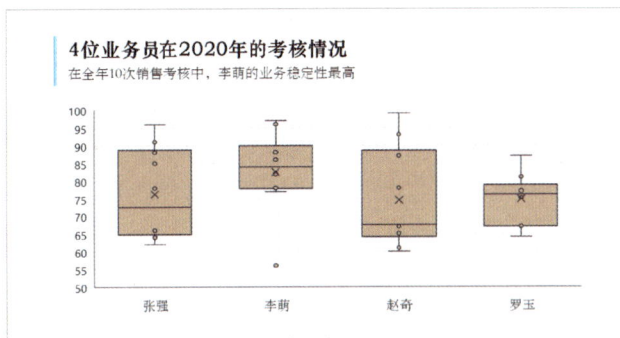

图 2-31　用箱形图分析数据分布

2.1.6　分析进度时，选这些图表

Excel 中并没有专门用来体现进度的图表，但是我们可以根据图表形态，并利用巧妙的设计，制作体现进度的图表。下面介绍进度分析类图表的选择就去，更具体的内容请参阅第 9 章。

1．体现一个项目的进度

在各类数据报表中，圆环图常用于体现项目进度。因为圆环图的整体性非常强，所以我们可以用一个完整圆环代表项目 100%的进度，并通过设计圆环填充来体现当前项目的进度，如图 2-32 所示。当然，我们也可以用双层圆环图设计出带剩余时间的项目进度图，如图 2-33 所示。

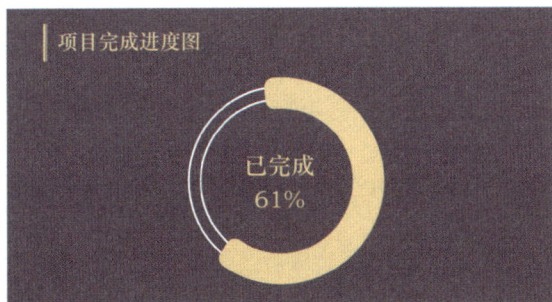

图 2-32　用圆环图体现项目进度

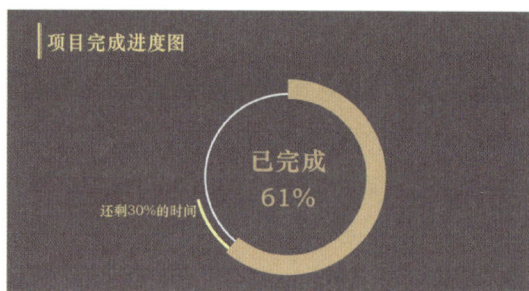

图 2-33　用圆环图体现项目进度和剩余时间

2. 体现多项目进度

如果有多个项目的进度需要体现，那么圆环图便不再适用，因为弯曲的圆环难以直观对比各项目进度。此时可选择如图 2-34 所示的柱形图+折线图组合图表或如图 2-35 所示的百分比堆积条形图来体现各项目进度。两者的区别是，前者只强调当前进度，后者能体现进度细节。

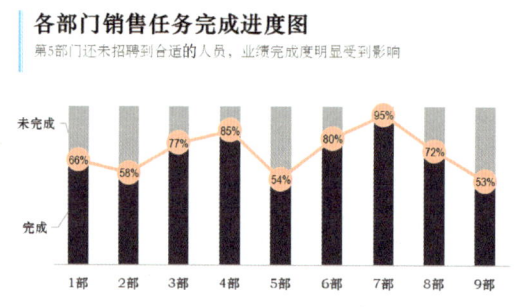

图 2-34　用柱形图+折线图组合图表体现多项目进度

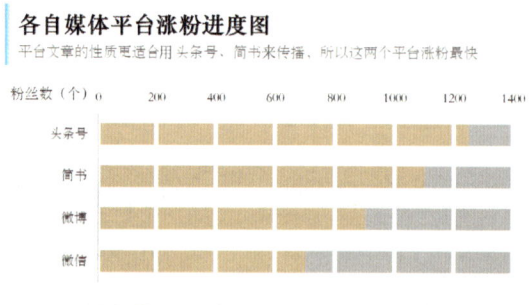

图 2-35　用百分比堆积条形图体现多项目进度细节

3. 体现多项目进度和等级

当图表既需要体现进度、又需要体现等级时，可用子弹图来体现。子弹图其实是一种组合图表，由堆积条形图和散点图组合而成，如图 2-36 所示。

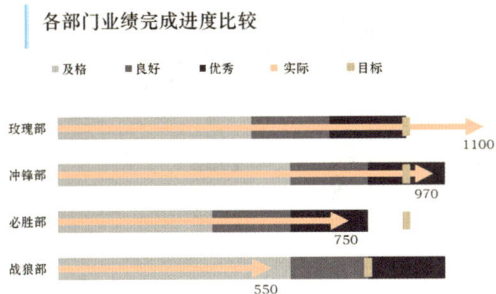

图 2-36　用子弹图体现多项目进度和等级

2.1.7　媒体海报用可视化信息图表

根据不同目的选择不同类型的图表时，我们可结合图表的展示性质，将图表设计成可视化程度更高、更有趣的信息图表。这类图表的制作思路非常简单，即用素材图片填充图表的元素，并对填充格式进行设计。

1. 填充数据系列

用素材图片填充图表的数据系列是最常用的信息图表设计方法。图 2-37 到图 2-40 均是将素材图片填充到数据系列中的效果。

图 2-37　山峰柱形图

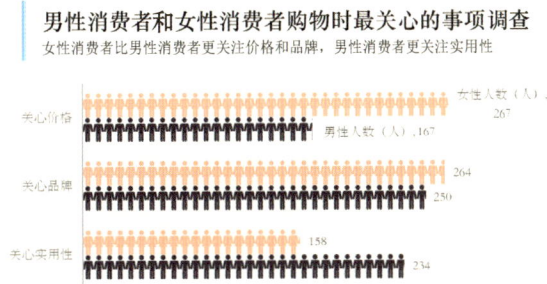

图 2-38　小人条形图

图 2-39　酒瓶进度图

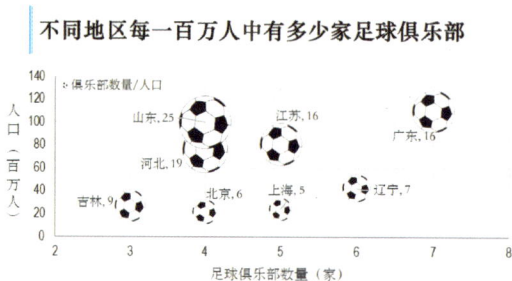

图 2-40　足球气泡图

2. 填充绘图区

饼图信息图表的制作思路比较特殊，需要将素材图片填充到绘图区，不能直接将其填充到图表的"饼"中。饼图信息图表效果如图 2-41 所示。

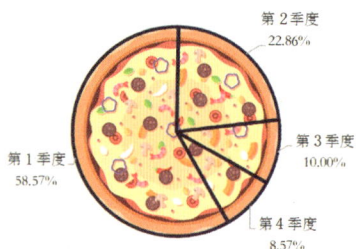

图 2-41　饼图信息图表效果

2.2　易混图表辨析，数据严谨、制表精准

2.2.1　柱形图、条形图有什么不同

柱形图和条形图都是用来体现数据对比的图表。在没有深入分析这两种图表时，人们

容易混淆两者的应用场景，认为这两种图表的区别只不过是柱形的方向不同，即一个横向、一个竖向，其实不然。

对这两种图表进行选择时，要从数据特征、展示工具等方面来进行分析，思路如图 2-42 所示。

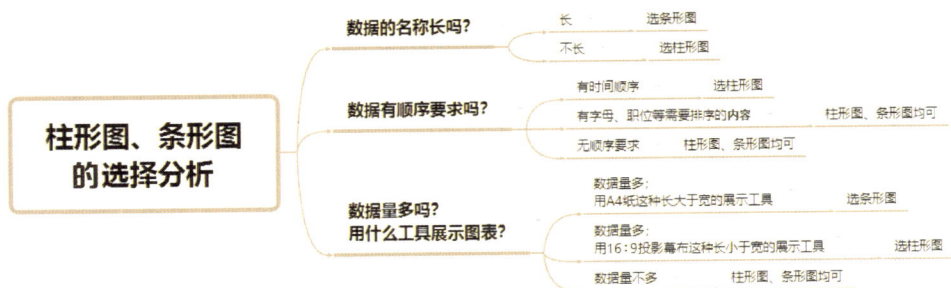

图 2-42 柱形图和条形图的选择分析思路

1. 考虑数据名称长短和数据量

对比图 2-43 和图 2-44，不难发现两类图表的特征。当数据名称较短时，选择柱形图或条形图均可。但是当数据名称较长时，应选择如图 2-44 所示的条形图，它既能让数据名称完整地展示出来，又不会使图表布局显得拥挤。

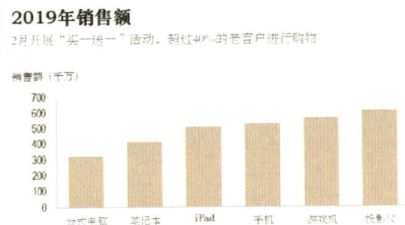

图 2-43 柱形图

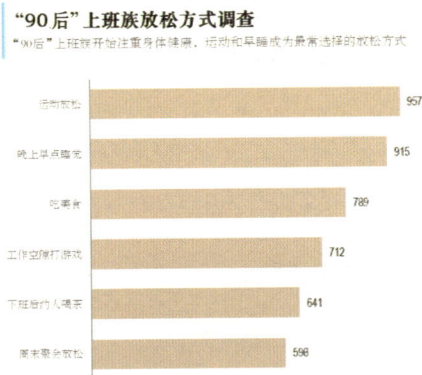

图 2-44 条形图

同样的道理，当数据量太多时，我们应增加柱形图或条形图中的柱条。此时应根据展示工具的尺寸特征来选择图表，目的是将图表既不拥挤、也不空旷地放在展示工具中。

如果数据名称较长，又要使用柱形图，那么我们应将名称折行显示，可在"Excel 偷懒的技术"微信公众号中发送关键词"折行显示"，学习相关的方法。

2. 考虑数据顺序

当图表中只有一组数据时，排序问题尤为重要。恰当的顺序可以让图表信息的传达效率更高，使人在快速对比项目大小的同时了解数据的基本规律。

当数据有时间顺序时，我们应选择柱形图，因为在人们约定俗成的观念中，时间轴上从左到右的刻度代表从过去到未来的时间序列，如图 2-45 所示。

当数据没有时间顺序时，我们应考虑将柱形图或条形图中的数据按照大小顺序排序，然后用排序后的数据绘制图表。柱形图的数据应按从小到大或从大到小的顺序从左到右排列；而条形图从上到下的数据应按从大到小的顺序排序。在特殊情况下，数据有时间顺序或字母、职位高低等特定顺序时，应按照特定顺序排序。

公司近6年内的销售额变化
销售额持续增长，说明目前的销售方案是可行的

2015	2016	2017	2018	2019	2020
326	412	511	528	565	612

图 2-45　有时间顺序的柱形图

2.2.2　饼图、圆环图、复合饼图有什么不同

饼图、圆环图、子母饼图、复合条饼图都是用于体现数据百分比的图表，很多人容易混淆这几种图表。若要准确选择饼类图表，可用如图 2-46 所示的思路。

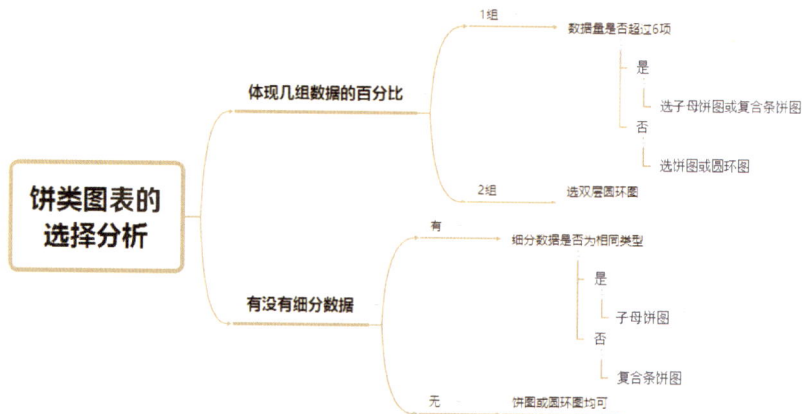

饼类图表的选择分析

体现几组数据的百分比
- 1组　数据量是否超过6项
  - 是　选子母饼图或复合条饼图
  - 否　选饼图或圆环图
- 2组　选双层圆环圈

有没有细分数据
- 有　细分数据是否为相同类型
  - 是　子母饼图
  - 否　复合条饼图
- 无　饼图或圆环圈均可

图 2-46　饼类图表的选择分析思路

1. 考虑数量

当图表中只有一组数据时，选择饼图或圆环图均可。但是当图表中有两组数据，尤其是要体现环比、同比这种与时间相关的百分比数据时，应选择圆环图。因为饼图无法再添加一个"饼"，而圆环图可以再增加一层"环"，如图 2-47 所示。

当图表中只有一组数据且数据量比较多时，为了避免饼图的切片太多，可以将较小的数据放到子饼图中，如图 2-48 所示。

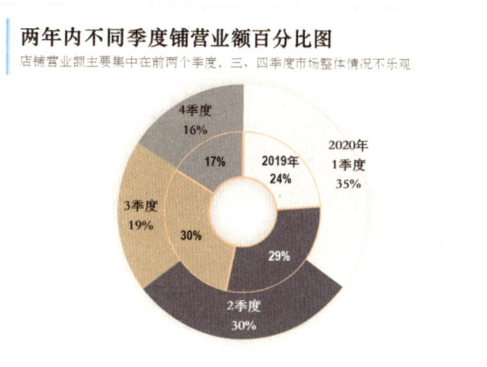

两年内不同季度铺营业额百分比图
店铺营业额主要集中在前两个季度，三、四季度市场整体情况不乐观

图 2-47　双层圆环图

2. 考虑细分数据

当百分比数据有进一步的细分数据时，应使用复合饼图。

当细分数据和较大数据是同类数据时，应选择子母饼图。在图 2-48 中，"内衣"进一步细分为"吊带""打底衫""袜子"后，这些细分项目和母饼图中的"上衣""内衣""裤子""裙子"等项目均属于服装类商品。因此，母饼图和子饼图都用圆形，表示类别相同。

当细分数据和较大数据有类别上的区别时，应选择复合条饼图。在图 2-49 中，"其他"项目中的"口香糖""薯片"等细分项目属于其他零食，而母饼图中的"可乐""柠檬水"等项目均为饮品。为了区别它们的不同，应选择形状不一样的柱形来表示。

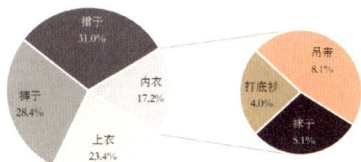

图 2-48　子母饼图

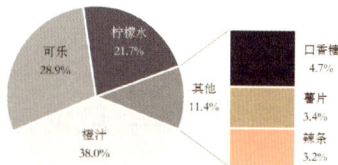

图 2-49　复合条饼图

2.2.3　柱形图和直方图有什么不同

簇状柱形图和直方图是容易混淆的两种图表，如图 2-50 和图 2-51 所示。两者确实相似，它们均为横向排列的柱形，柱形高低代表了数据大小。二者区别在于它们的 x 轴。

在簇状柱形图的 x 轴上，一个标签代表一项数据。因此，柱形图的作用是体现各项数据的大小对比。

在直方图的 x 轴上，标签是一个数据区间。因此，直方图的作用是体现不同数据区间内有多少个数据，即数据的分布频率。

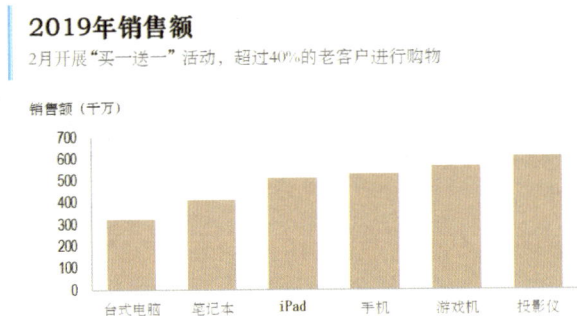

图 2-50 柱形图

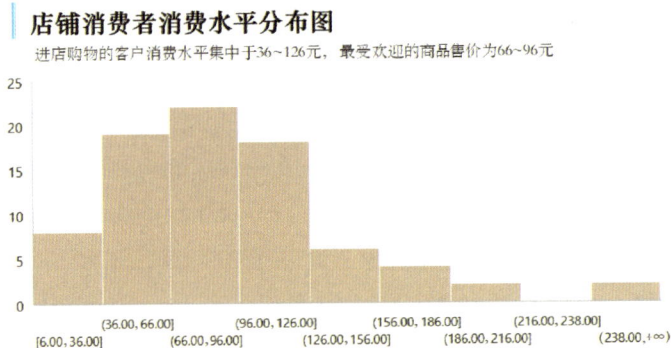

图 2-51 直方图

2.3 没时间学，就用这个图表选择工具

为了方便读者快速选择需要的图表，并在书中找到对应的章节来学习图表制作，我们绘制了如图 2-52 所示的图表选择思路图。这张图也放在了随书的素材文件夹中，读者可用电脑打开，然后放大阅读。

图 2-52 的使用方法是：根据制表需求及数据条件，选择对应的图表，图表后面的括号中有这类图表出现的章节序号。根据序号索引快速找到书中对应的位置，然后阅读书中知识点，掌握图表制作方法，之后打开素材文件，修改原始数据，即可将随书配套的图表变成符合自己需求的图表。

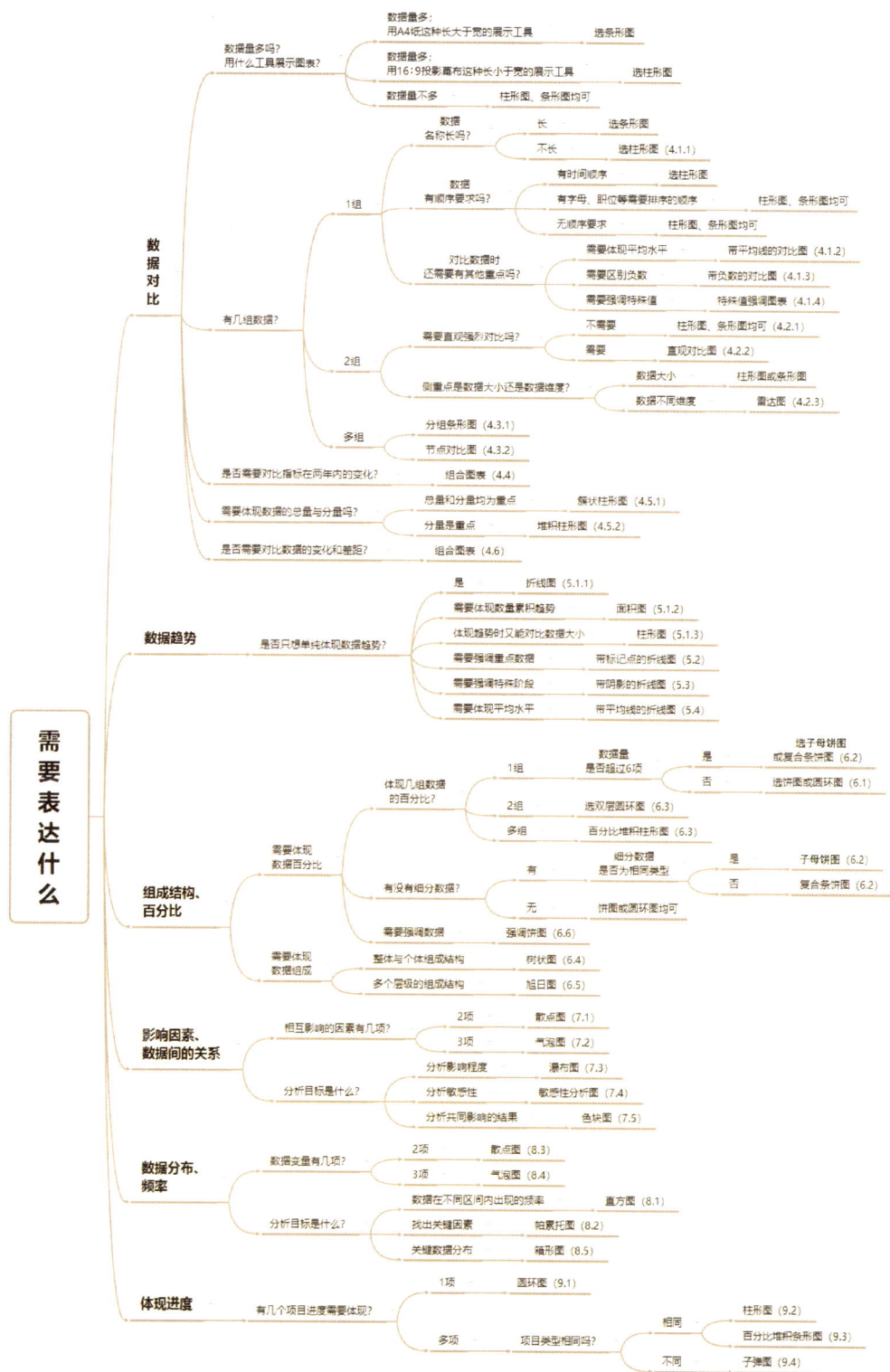

图 2-52　图表选择思路

第 3 章

制作专业商务图表的四大要点

在众多制表软件中，Excel 是最简单的工具。在 Excel 中学会制作简单图表并不难，难点在于将普通的图表设计成专业的商务图表后，使它既能充分表达数据信息，又能快速吸引他人眼球。

站在巨人的肩上分析经典商务图表的规律，用 IBCS 规范严格要求图表设计，用图表精确表达数据信息，提高制表效率，是每一位渴望制作优秀商务图表人士的学习路径。

3.1 快速制作专业商务图表的必备理念

专业商务图表在布局细节、配色、文字及标题上均有很多考虑和讲究。若以经典图表为学习典范，对其特点进行分析，并将商务制表核心理念装入脑海，则人人都可轻松制作出专业商务图表。

3.1.1 简洁有力的布局

通过观察商务杂志中优秀的图表典范，我们会发现优秀图表的布局不会太过复杂。这样的图表具有简洁有力的布局，不需要过分修饰就可精确表达数据。

图 3-1 是《经济学人》的图表的空间布局及布局元素。从空间上来看，图表区是最主要的区域，这是商务图表基本的布局方法。从元素来看，图 3-1 中的元素不多不少，删减一个元素会影响图表数据表达，增加一个元素会显得累赘。例如，这张图表中没有使用图例，因为它已经有了数据标签。数据标签在折线末尾显示了每条折线的数据名称，故图例对这张图表来讲就是多余的存在。

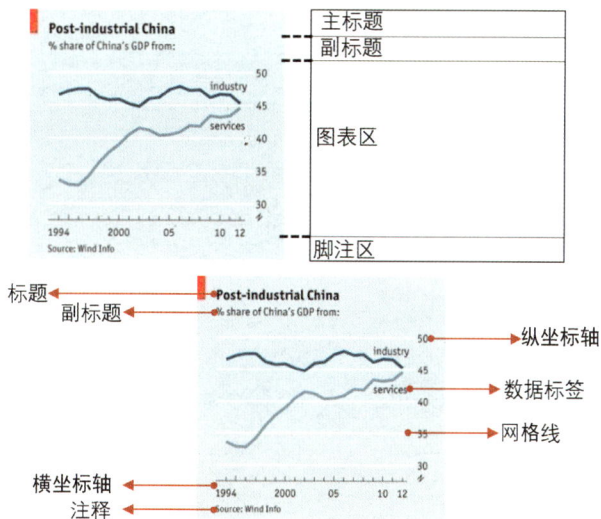

图 3-1　《经济学人》的图表的空间布局及布局元素

我们通过上面的分析可以得到以下两点启发。

（1）图表中的图表区是主要区域，每个区域应整齐划分，不能太拥挤，也不能太空旷。

（2）图表是服务于数据表达的，不能为了作图而作图。图表中每个元素都有存在的意义，其作用都是独一无二的。

要制作专业商务图表，除了要懂得布局紧凑、有留白，更要懂得"减法原则"，舍弃没有意义的图表元素，用最少的元素充分体现图表主题。

那么如何才能准确选择图表需要的布局元素呢？这是本小节需要解决的问题，布局思路如图 3-2 所示。

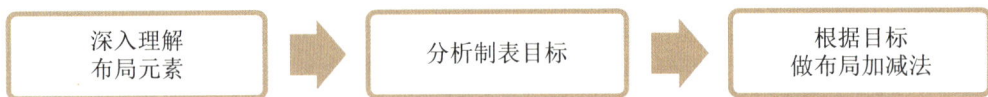

深入理解
布局元素　➡　分析制表目标　➡　根据目标
做布局加减法

图 3-2　布局思路

第 1 步：深入理解布局元素。

在 Excel 中插入图表后，单击"图表工具-设计"选项卡下的"添加图表元素"按钮，会有如图 3-3 所示的菜单弹出。该步骤有如下两个重点需要注意。

其一，菜单中包含了 Excel 图表的布局元素类型，如坐标轴、坐标轴标题等，每个元素可以在级联菜单中选择不同的格式。

其二，并非每个元素都能应用到各类图表中，灰色的元素为当前图表不可添加的元素。例如，线条、涨/跌柱线可以添加到折线图中，但无法添加到柱形图中。

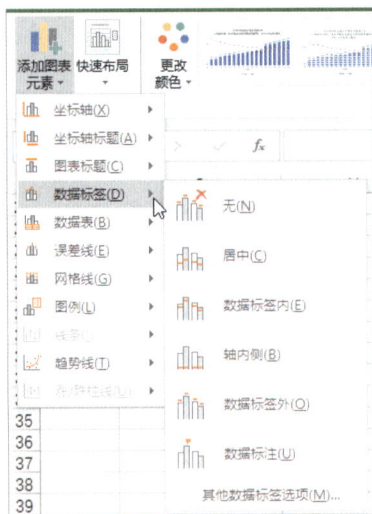

图 3-3　图表元素

图表布局元素的作用从字面来看不难理解，但是人们要想准确地设计各项布局元素、干净利落地删减布局元素，需要深入理解布局元素的意义。

图表的 5 个布局元素如图 3-4 所示。

（1）图表标题。

图表标题是放在图表最上方的内容，它描述了图表主题，能快速抓住受众眼球。图 3-4

中的①是图表的主标题文字内容。

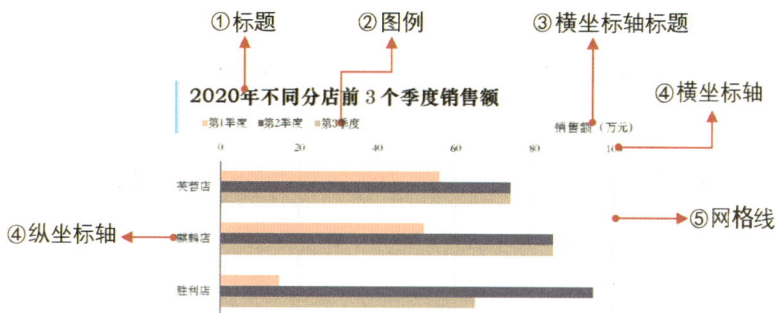

图 3-4 图表的 5 个布局元素

▶ **重点速记——标题布局技巧**

❶ 标题可以只有主标题，主标题的字号要大，而且加粗显示，文字不能太多。

❷ 如果标题有两行文字，则第二行文字可以作为副标题。副标题通常是对主标题的补充、解释、说明，可以更加详细地描述图表信息。

（2）图例。

图例通过颜色、符号来显示图表中数据系列所代表的内容，从而帮助受众更好地理解图表。例如，图 3-4 中的②处的图例说明了每种颜色的柱形分别代表了哪个季度的数据。

▶ **重点速记——图例布局技巧**

我们在设计布局元素时，要充分考虑图例的位置、顺序，让受众能快速通过图例来了解图表区的数据代表什么内容。基于这一出发点，我们有 3 个布局技巧。

❶ 在折线图、散点图中，图例可位于折线或散点尾部，以便对照。通过对比图 3-5 的图例的不同位置，我们会发现将图例放在折线尾部更方便对照。

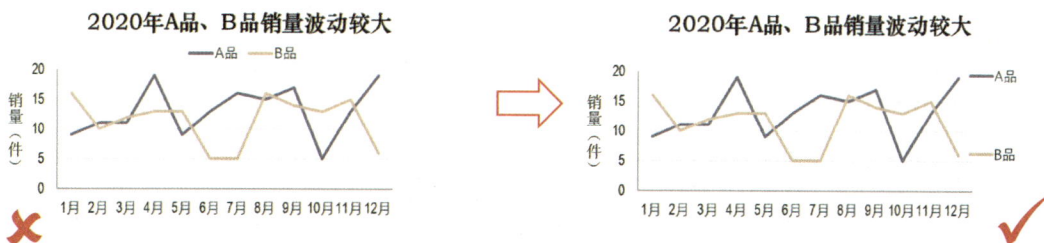

图 3-5 折线图图例位置

❷ 饼图不需要显示图例，我们可在每个切片的数据标签中标明数据名称。我们通

过观察图 3-6 的图例位置会发现当图例单独放在上方时，我们需要上下移动目光以确认每个切片代表什么数据。

图 3-6　饼图图例位置

❸ 其他图表的图例一般位于上方，因为受众读图时的视线规律是由上而下的，所以图表应使他们先通过图例了解数据名称后，再对应地阅读图表区内容。

（3）坐标轴标题。

坐标轴标题即横坐标轴、纵坐标轴（也称垂直轴）所指代的数据维度，也可以加上数据单位，如图 3-4 中的③所示。很多图表会遗漏坐标轴标题，从而导致受众需要去猜每个坐标轴代表的是什么。

▶ **重点速记——坐标轴标题布局技巧**

❶ 显而易见的信息不需要使用坐标轴标题，如"1 月、2 月……"这种明确指代时间的坐标轴。

❷ 如果坐标轴指代的是数据维度，而且图表中没有其他地方可以标注单位，那么坐标轴标题最好加上单位。

（4）坐标轴。

通常情况下，图表由横纵交叉的两条坐标轴线构成图表区空间坐标系。一个坐标轴代表一个数据维度，如横坐标轴代表时间，纵坐标轴代表商品销量，它们组合起来代表商品在不同时间点的销量。

▶ **重点速记——坐标轴布局技巧**

❶ 坐标轴的刻度单位决定了网格线的疏密。因此，通过坐标轴+网格线对视线的引导，受众可准确地判断图表区数据的大小。图表区在用数据标签标明数据大小后，就不需要垂直坐标轴和网格线了，如图 3-7 所示，纵轴+网格线可辅助读数，当柱形上方有数据标签后，受众可以直接知道数据大小，因此纵轴和网格线可删除。

❷ Excel 中的坐标轴可以设置边界值范围、刻度大小、交叉位置。

❸ 当坐标轴是连续日期时，可用英文逗号+数字的简写方式节省空间，如"2012、'13、'14……"

图 3-7 纵坐标轴、网格线、数据标签等布局元素的选择

坐标轴有很多设置选项，如坐标轴类型、横坐标轴和纵坐标轴的交叉点、是否逆序类别、坐标轴的位置、标签的位置。通过对这些选项进行巧妙设置，我们可以制作富有表现力的图表。关于坐标轴应用的典型案例及设置方法，请在"Excel 偷懒的技术"微信公众号中发送关键词"坐标轴技巧"，并阅读相关的扩展内容。

（5）网格线。

网格线是坐标轴刻度线的延伸。受众可通过网格线来确定数据系列的高度、位置，从而更加准确地判断数据的大小。

▶ **重点速记——网格线布局技巧**

❶ 当我们确实需要用网格线辅助读数时，才能添加网格线，否则网格线的存在就是不必要的干扰。

❷ 我们应弱化网格线，方法是让网格线的颜色更浅、线型更细，并将实线变成虚线。

（6）数据标签。

图表中的数据标签在每项数据附近显示，如图 3-8 所示。其作用是清楚明确地标注这项数据的具体内容。它可以是数据系列名称、类别名称、数值大小，也可显示指定单元格的内容。

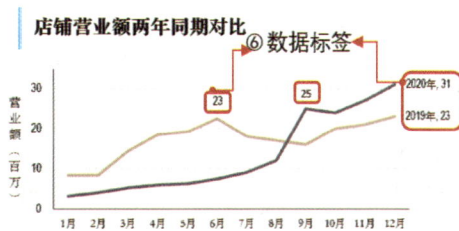

图 3-8 数据标签

▶ **重点速记——数据标签布局技巧**

❶ 数据标签中不要重复出现相同的内容。例如，在图 3-8 中，折线末尾的数据标签显示了折线名称，折线中间的标签便没有重复显示名称，仅显示了数值。

❷ 如果图表的作用是呈现总体趋势，不需要关注每个数据点的值，那么我们就不必给每个数据点都加上数据标签。否则，图表会显得繁杂且没有重点。例如，在图 3-8 中，我们并没有给折线中的每个时间点都添加数据标签。

（7）数据表。

图表在特定场合下需要精确显示数据值时才会添加数据表，如图 3-9 所示。

通常情况下，我们建议制表者不要随意添加数据表，否则图表会显得拥挤，失去数据可视化的意义。

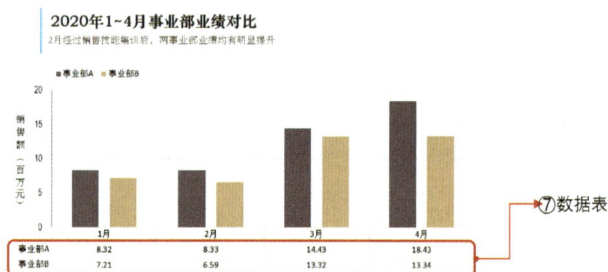

图 3-9　数据表

（8）误差线。

当图表的统计数据存在一定的误差时，从数据表达的严谨性考虑，可用误差线显示数据的误差范围。

另外，误差线还可用来表示数据之间的差距，如图 3-10 所示。红色误差线和蓝色误差线分别表示 2020 年销售收入与上年同期相比的差值，红色误差线表示 2020 年销售收入比同期增长的金额，蓝色误差线表示 2020 年销售收入比同期减少的金额。

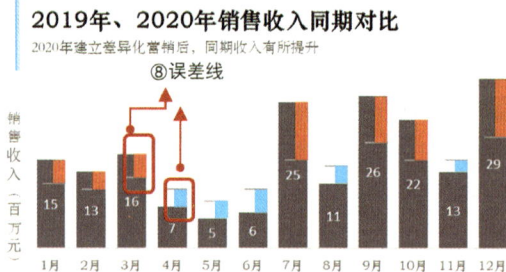

图 3-10　误差线

（9）线条。

线条是折线图中用于显示折线到坐标轴距离、折线之间距离的线段。图表在添加线条后，可强调折线的值或数据项目之间的差异。

图 3-11 中的垂直线显示了折线到坐标轴的距离，强调了数据的大小，类似于柱形图的功能，只不过柱形换成了线条。

图 3-12 中的高低点连线显示了折线之间的距离，强调了项目之间的差距。

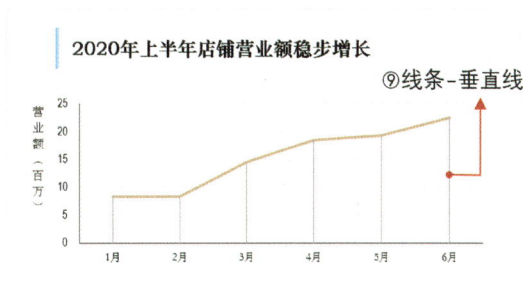

图 3-11　垂直线

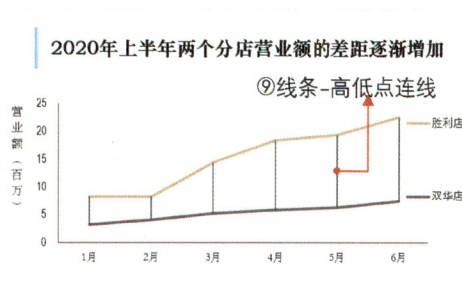

图 3-12　高低点连线

（10）趋势线。

顾名思义，趋势线的作用是显示数据趋势。它可以添加在散点图、气泡图中，用于指明散点、气泡的分布趋势；也可添加在柱形图中，用于指明数据变化趋势。

当散点图添加了趋势线后，代表不同产品的散点趋势便一目了然，如图 3-13 所示。

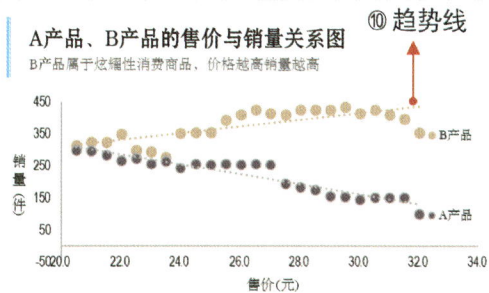

图 3-13　趋势线

（11）涨/跌柱线。

涨/跌柱线可添加在多系列折线图中，用于显示项目之间的正差异、负差异。

涨/跌柱线有点类似于线条中的高低点连线，只不过涨/跌柱线会用不同的颜色来表明项目之间的差异是正差异还是负差异。

在图 3-14 中，两年相同月份的营业额差值是负值时用红色线表示，为正值时用绿色线表示。

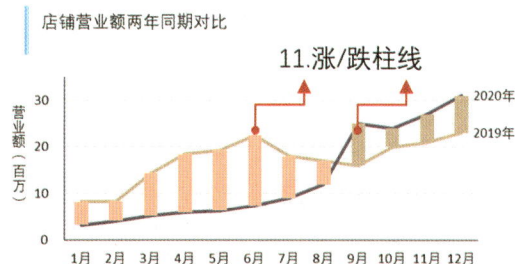

图 3-14　涨/跌柱线

第 2 步：分析制表目标。

我们在熟悉每项布局元素后，还需要结合制表目标才能决定选择什么布局元素、如何设计布局元素。

分析制表目标时，可从这几方面来思考：想要展示什么数据？数据展示的侧重点是什么？想通过图表解决什么问题？想要表达什么观点？想要强调什么内容？受众是谁？受众群体有什么特点？

数据展示的侧重点不仅影响到图表的选择，还决定了展示方式；我们通过分析受众群体，可以用更恰当的逻辑设计图表。面对同样的数据，不同的人所解读的信息是不一样的，受众的角色、阅历、文化的不同导致了关注点、立场的不同。

第 3 步：根据目标做布局加减法。

对制表目标和受众进行分析后，我们就可以挑选对图表数据表达最有利的布局元素了。表 3-1 是主要布局元素的作用总结。

表 3-1　主要布局元素的作用总结

布局元素	作用	注意事项
图表标题	显示图表主题	
图例	显示数据系列名称	功能不要和数据标签重复
坐标轴标题	显示坐标轴数据名称	
	显示坐标轴数据单位	
坐标轴	构成坐标系	
	坐标轴上的刻度线可辅助读数	结合网格线使用
网格线	作为延长刻度线，进一步辅助读数	结合坐标轴刻度线使用
数据标签	明确显示数值大小	标签不要太多，可只标出重点数据
	显示数据系列名称	功能不要和图例重复

将制表目标和受众特点的分析结果与图表的布局元素相结合，如图 3-15 所示。

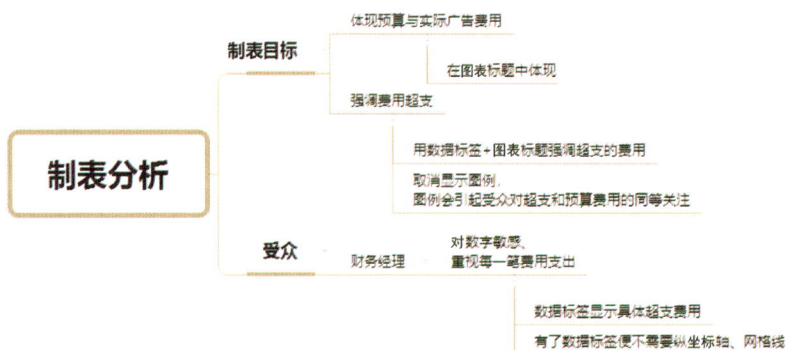

图 3-15　图表制作分析示例

根据分析结果，紧紧围绕制表目标和受众特点挑选布局元素，并保证布局元素的功能不会重复。图表布局效果如图 3-16 所示。

图 3-16 的重点在于"超支费用"，因此我们为该费用添加数据标签，尾部标签显示数据系列名称。

图 3-16 没有任何多余的布局元素及文字，每一项布局都是为了突出主题，其中图表标题与图表区合理留白，使布局整齐且不拥挤。

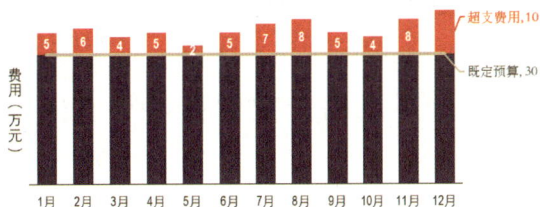

图 3-16　图表布局效果

3.1.2　优美典雅的配色

颜色是视觉上的第一感知，我们在制作专业商务图表时选择颜色不应该仅从美观性出发，而应将数据表达与颜色意义相结合，设计出配色与数据相得益彰的图表。

1. 基本配色理论

在众多颜色理论知识中，色相环角度是需要了解的图表配色的基本常识。了解基本配色理论，能让图表配色加分不少。

在色相环中，夹角越小的颜色越相似，如图 3-17 所示。

相似的颜色和谐度高，适合用来体现同种类型的项目数据，可搭配出比较协调的图表配色。在熟悉图表配色的前提下，选择相似色配色是比较保险的做法。

此外，选择深浅不同的相似色搭配，既可以让图表配色显得和谐，又能突出重点，因此这种做法值得借鉴。

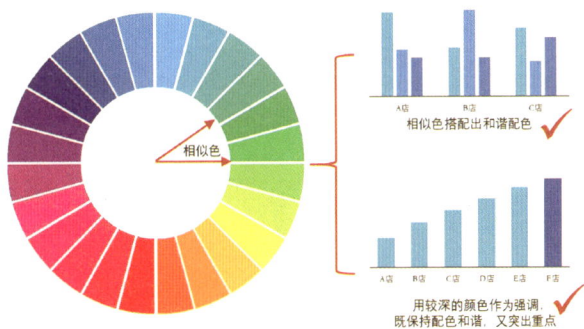

图 3-17　相似色配色

在色相环中,两种颜色的夹角越大,其对比越强烈,如图 3-18 所示。

这类颜色适合用来强调、对比数据。需要注意的是,对比色不能超过 2 种,否则对比太多,等于没有对比。

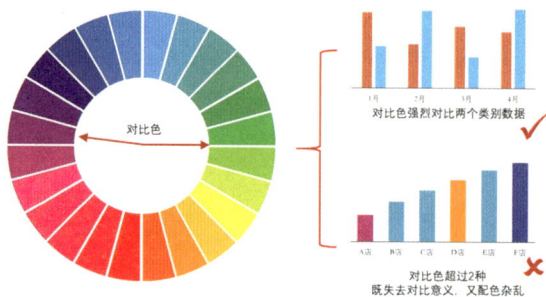

图 3-18　对比色配色

2. 颜色是一种信息

图表中的任何内容都是信息传达途径,如文字、布局元素、颜色。在选择图表配色时,应充分考虑颜色的种类、意义、图表信息传达的目标。

▶ **重点速记——配色技巧**

❶ 相同的颜色代表相同的信息,因此不要用多种颜色代表同一个项目数据,如图 3-19 所示,《华尔街日报》的图表的柱形是同一个数据系列,因此它们必须填充相同的颜色,不能为了追求所谓的美观填充不同的颜色。

❷ 图表配色不能超过 4 种,否则颜色太多会造成信息负担。如果项目数量太多,可以考虑用相似色搭配。

❸ 配色时应考虑颜色的主题意义。中国用红色表示上涨,用绿色表示下跌,而欧美国家用红色代表损失、负收益,用绿色代表盈利,如图 3-20 所示,《华尔街日报》的图表用红色、绿色分别代表负值、正值。此外,橙色、绿色象征着轻松、愉快,而蓝色充满了商务感、科技感。

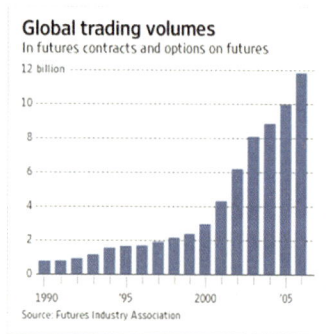

图 3-19　相同颜色代表相同数据
系列

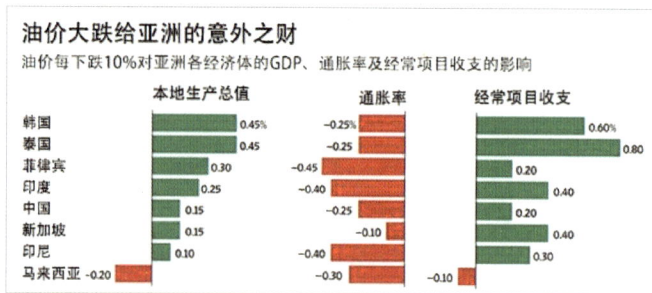

图 3-20　红色代表负值,绿色代表正值

3. 浅色与深色的搭配

图表背景最好不要有填充色，如果要填充，应尽量选择浅色背景，目的是不造成信息干扰，让图表整体显得简洁轻松。另外，在浅色背景上要用深色文字，最好是黑色、深灰色的文字，这样的文字清晰、易辨认。

在特殊情况下，如果选用深色背景，则应搭配浅色文字。

4. 考虑打印效果

在特定场合下，完成图表设计后，制表者需要将图表打印出来供他人阅读。如果图表采用彩色打印，则应考虑色差问题。如果图表采用黑白打印，则应注意配色的饱和度和亮度，避免受众无法区分图表的项目颜色。

测试黑白打印的图表是否能区分颜色及调整颜色的方法如下。

Step01：将图表粘贴成图片，如图 3-21 所示。复制图表，单击"粘贴"菜单中的"图片"按钮，将图表粘贴成图片。

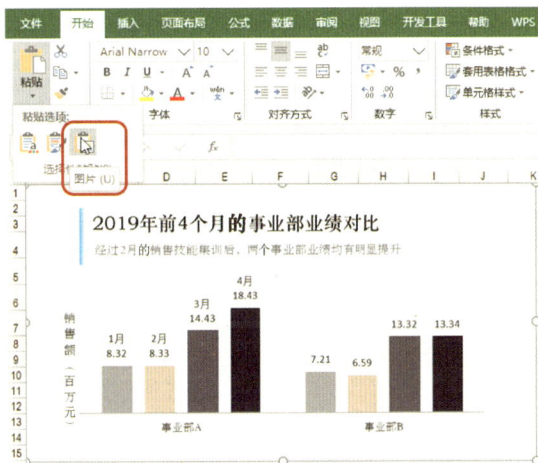

图 3-21　将图表粘贴成图片

Step 02：设置图片颜色饱和度为 0%，如图 3-22 所示。选中粘贴的图片，在"图片工具-格式"选项卡下的"颜色"菜单中，选择"饱和度：0%"选项。

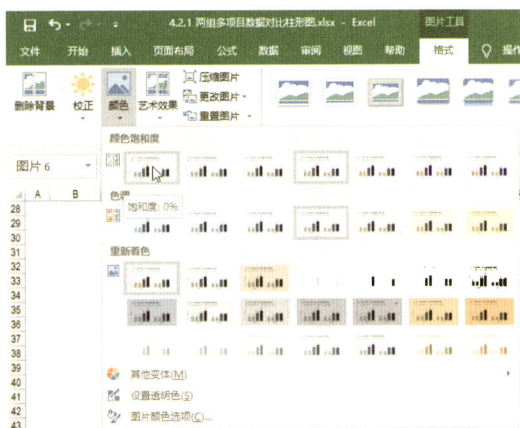

图 3-22　设置图片颜色饱和度为 0%

Step 03：查看图表的黑白效果，如图 3-23 所示。即便它是黑白打印的，不同的数据系列也是能辨认出来的。

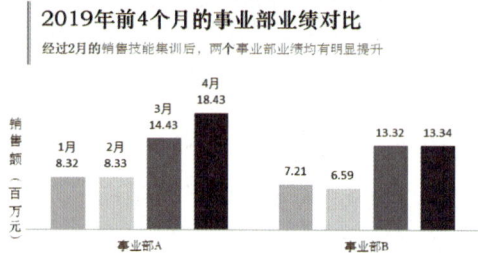

图 3-23　查看图表的黑白效果

Step 04：当图片饱和度设置为 0%，而数据系列的颜色无法区分时，可打开"颜色"对话框，如图 3-24 所示。

❶ 选择"HSL"颜色模式。

❷ 设置饱和度和亮度参数，让不同数据系列的这两个参数值相差较大，这样就可以使不同数据系列的颜色在黑白打印状态下有所区别。

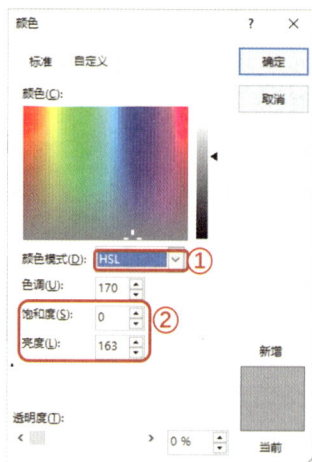

图 3-24　设置饱和度、亮度

3.1.3　美观易读的文字

文字虽不是图表主体，但同样不能被忽视。文字能辅助图表的信息表达，起到解释说明的作用。人们在设计图表文字时，如果能注意规范，就可以在细节上做到尽善尽美。

1. 不要选修饰太多的字体

图表文字是用来描述信息的，而不是用来增强美感的。可惜的是，很多人在选择字体时，总会花心思选择个性十足的艺术字体，这些字体往往会导致图表文字难以阅读。

选择常见字体（如黑体、微软雅黑、华文中宋等）作为中文字体，选择 Arial、Arial Narrow、Times New Roman 等字体作为数字字体，均是明智的做法。

▶ **重点速记——字体搭配法则**

❶ 图表字体不应超过 2 种，我们可以选择同种风格的不同设计的字体作为标题和描述性文字，如标题选择华文中宋，描述性文字选择华文宋体。字体搭配效果如图 3-25 所示。

❷ 如果图表中只有一种字体，那么标题可以加粗显示，而描述性文字不加粗，这样可以让图表主次分明。

图 3-25　字体搭配效果

2. 不要随便使用加粗、倾斜

加粗用来强调文字，可用于标题、需要强调的数据标签中。其他地方不需要加粗，如坐标轴文字、副标题等，否则太多的强调等于没有强调。

中文字体不应设置为倾斜。字体倾斜最开始是用于英文的，英文由字母组成，辨识度不高，倾斜效果可用来区别、强调英文信息。但是中文汉字本来就笔画各异，将其生硬地设置为倾斜效果无疑是画蛇添足，这既不能增加美感，又降低文字辨识度。

在特殊情况下，横坐标轴会由于文字太多出现字体倾斜，如图 3-26 所示。解决该情况的方法有 4 种：增加图表横向宽度；减小文字字号；将柱形图换成条形图；如果倾斜的是序号、连续日期的文字内容，那么可以在"设置坐标轴格式"对话框中，设置"标签"的指定间隔单位，即不显示全部坐标轴标签。

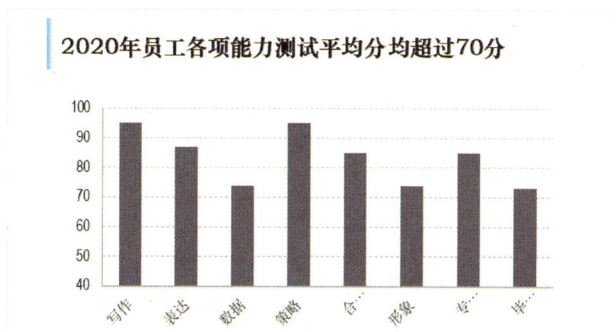

图 3-26　横坐标轴出现字体倾斜

英文也不能同时加粗和倾斜，否则会降低图表的可读性。

3. 不要给文字添加底色

无论在什么情况下，都不要给图表中的文字添加底色，否则会打破图表的设计平衡，还会过分吸引受众的注意力，降低文字可读性，如图 3-27 所示。

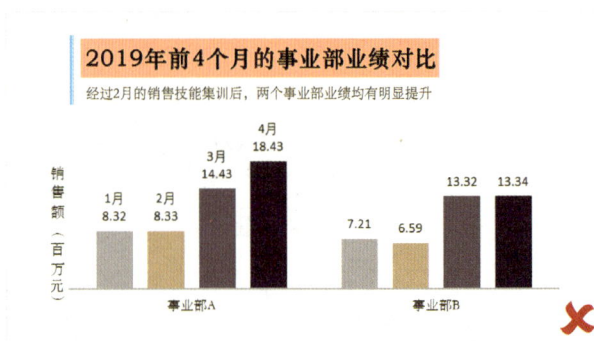

图 3-27　添加文字底色的图表

3.1.4　清晰明了的标题

图表的标题就是图表的主题。好的标题应该是简洁的、能切中要点的，它能抓住受众的注意力，准确传达数据信息，并强调数据含义。

在第 3.1.1 节中讲解布局时，我们讲到了整个制表过程应围绕一个表达目标来进行。标题拟定与制表目标密不可分。大多数情况下，图表的表达目标就是标题。以此为出发点，下面来看标题的具体拟定方法。

1. 推荐方法：总结数据

对图表数据进行总结分析，得出有深度和意义的结论，将其作为图表标题，这是我们比较推荐的方法。这样的标题不会模棱两可，能在第一时间告诉受众数据分析的结论。图 3-28 是总结数据拟定标题的思路。通过这种方法得到的标题可以是疑问、建议或现象。

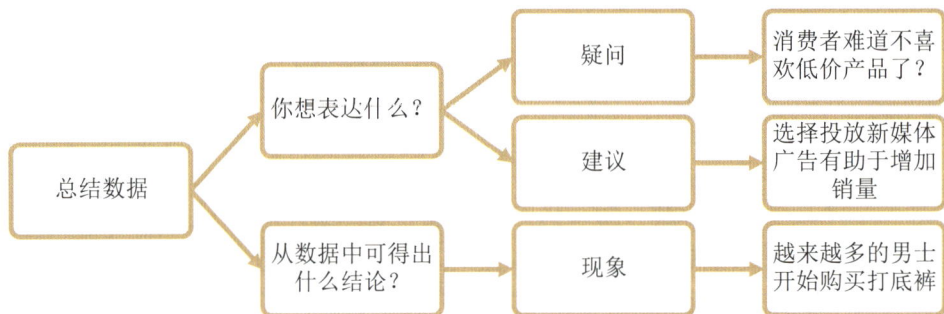

图 3-28　总结数据拟定标题的思路

当利用总结数据的方法为图表拟定标题后，如果图表有副标题，那么我们可以在副标题中解释出现这种数据情况的原因。

对比图 3-29 和图 3-30，前者是大多数人会用的标题，虽然没有错，但不够具体，而后者直接用图表数据的结论作为标题，使受众在第一时间产生阅读兴趣。

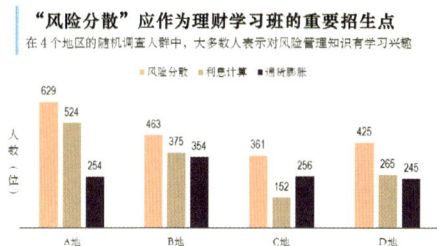

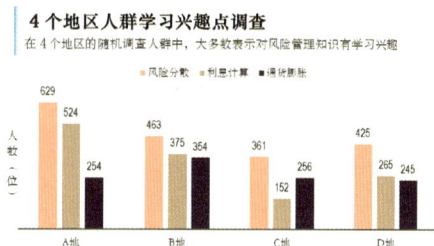

图 3-29 笼统的标题　　　　　图 3-30 数据分析的结论作为标题

2．常规方法：描述数据

描述数据是大多数人常用的拟定标题的方法，适用于以下 2 种情况。

（1）当图表只想客观地展示数据情况，让受众了解数据概况并产生自己的看法时，我们可以用描述数据的方法。

（2）当图表有副标题时，我们可以在副标题中对数据进行分析总结，此时可将平淡的描述作为主标题，这样会让标题更严肃、更简短。

用描述数据的方法来拟定标题时应注意，标题表达的含义要清晰准确，避免模糊的描述。

图 3-31 是清晰准确的标题和表意模糊的标题。清晰准确的标题通常遵循"3W"原则，即什么人/事、在什么时间、发生了什么。而表意模糊的标题让人无法确定图表数据究竟是什么时候的数据、什么层面的数据。例如，"销售情况图"究竟展示了什么销售情况？是销量还是销售额，或者是订单数？"员工能力展示图"中的员工究竟是新员工还是老员工，或者是所有员工？能力是综合能力还是其他方面的能力？

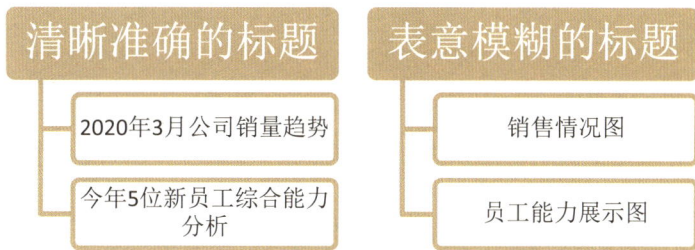

图 3-31 清晰准确的标题和表意模糊的标题

3．特殊情况：描述希望引起关注的重点

当图表中存在希望引起受众关注的重点数据，或者存在不希望受众过分关注的某部分数据时，可在标题中突出重点，以锁定受众的注意力。

在图 3-32 中，B 部门的饮品和日用品的销售额均不如其他部门，为了突出优点、弱化缺点，制表者在标题中直接点明了 B 部门的食品销售额高于其他部门。受标题影响，受众在读图时会下意识地更关注 B 部门的食品销售额数据。

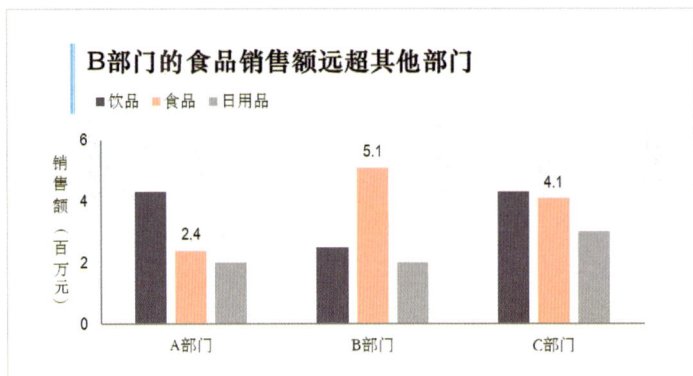

图 3-32　将希望引起关注的点作为标题

3.1.5　将 Excel 默认图表快速改成商务图表的套路

人们使用 Excel 默认的图表设计模板，不仅容易与他人的图表类似，还会影响数据的呈现效果。下面来看如何通过 5 个步骤来快速修改默认图表，制作出既美观又能精准表达数据的个性化图表。

示例文件为 3.1.5 销量产量图。

制表目标：❶设计出美观的图表来体现一年 12 个月中商品销量与产量的关系；❷突出产量小于销量的月份。

第 1 步：删除多余元素。

在 Excel 中通过数据插入图表，并选择设计模板后，我们需要考虑的第一个问题是，有哪些元素是与主题表达无关的，或者是多余的。这些元素都需要删除。

图 3-33 是常见的可考虑删除的元素。

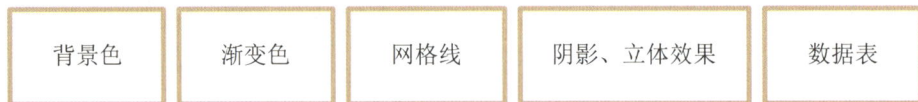

图 3-33　常见的可考虑删除的元素

根据制表目标，在如图 3-34 所示的原始设计中删除背景、取消柱形和折线的阴影及立体效果并删除网格线后，效果如图 3-35 所示。需要说明的是，因为销量产量图要比较销量与产量，所以其表达重点是柱形图和折线图的位置关系，而不是具体的销量与产量的数值，不需要用网格线辅助阅读，故删除网格线。

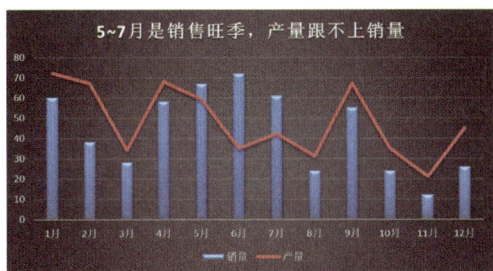

图 3-34   原始设计

图 3-35   删除多余元素后的效果

第 2 步：弱化次要元素。

删除多余元素后，图表中保留的必要元素也有主次轻重之分。对于可以弱化的元素，应尽量调整，使其不那么抢眼。

可以弱化的元素及弱化方法如图 3-36 所示。

网格线：变淡、变细、变虚线

坐标轴：变淡、变细

坐标轴刻度：在合理的前提下，增加单位，如将刻度单位由10变成20

次要文字：变小，如坐标轴标签文字、坐标轴标题文字、图例文字、数据标签文字

图 3-36   可以弱化的元素及弱化方法

将图表中的纵坐标轴单位调整为 20 后，纵坐标轴的数据减少，图表简洁了不少，如图 3-37 所示。

图 3-37   弱化元素后的效果

第 3 步：添加缺少的元素。

在默认情况下插入的 Excel 图表需要根据实际情况添加布局元素。通常情况下，如图 3-38 所示的元素是默认图表中没有的。

坐标轴标题   数据标签   线条   趋势线

图 3-38   可能需要添加的元素

图 3-39 添加元素后的效果

为产量低于销量的折线月份添加数据标记、数据标签，并添加纵坐标轴标题，效果如图 3-39 所示。

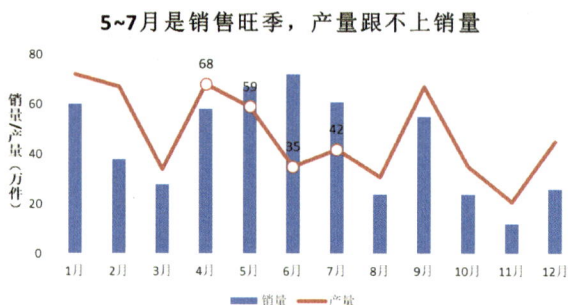

第 4 步：调整布局，设计细节。

此时图表的基本元素已经确定，接下来应针对每项布局元素进行细节调整和设计。调整时除了要考虑美观，还要考虑设计效果是否有助于主题表达。布局细节调整如图 3-40 所示。

在默认图表中，折线往往比较粗，应减小折线宽度；柱形的间隙宽度太宽，应将柱形间隙调整为柱宽的一半。此外，坐标轴和文字也需要进行调整。

| 折线变细 | 调整柱形的间隙宽度 | 坐标轴格式调整 | 文字是否可以再精简 |

图 3-40 布局细节调整

图 3-41 是调整布局、设计细节后的效果。

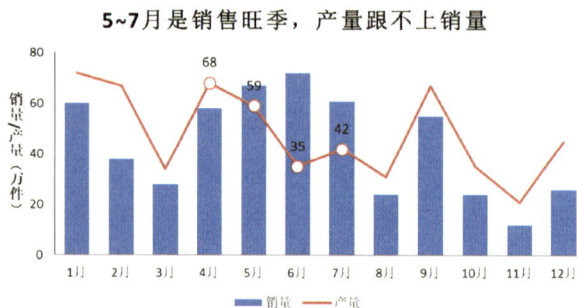

图 3-41 调整布局、设计细节后的效果

第 5 步：配色并优化字体、位置。

最后还需要设置图表配色、字体和字号，以及布局元素的位置。在调整布局元素的位置时，应考虑文字之间是否对齐、图例位置是否在上方、布局之间是否有留白等。

对颜色、字体进行设置后，调整布局，让区域之间均有间距且整齐排列，最终效果如图 3-42 所示。

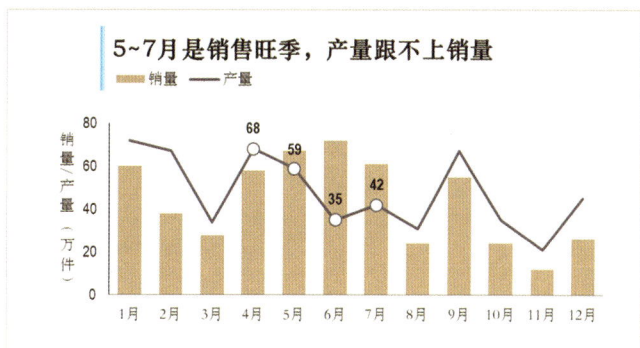

图 3-42　最终效果

3.2　用 IBCS 规范衡量图表专业度

制作图表的工具和平台形形色色，即使用同一工具作图，不同的人制作出来的图表效果也千差万别。毫不夸张地说，90%以上的图表都有各种问题需要优化改进。究其原因，这很大程度上是因为很多人为了制表而制表，从未考虑过图表是否专业、规范。

国外有一家研究商业图表可视化标准的机构，该机构是 IBCS 研究所，其网址为 www.ibcs.org。该机构的网站提供了免费在线阅读的 IBCS 规范。

对于图表新手来说，从学习之初便以专业机构的研究标准来规范自己的制表思路，无疑是快速成为商务制表高手的捷径；对于图表高手来说，熟练的操作和精细化制表思维可使他们的制表水平突飞猛进。

本节将介绍 IBCS 规范的重点内容及第 3.1 节没有介绍的规范性内容。

1. 信息传达规范

图表作为数据可视化工具，目的是向他人准确、有效地传达数据信息。为了确保他人能快速理解图表，下面这几点规范需要引起制表人的注意。

（1）信息有理有据。

图表中的每一项信息传达都应严谨、正确、真实。标题和副标题描述的信息是结论、事实、推断，而图表的数据是对结论、事实、推断的证明，即通过数据可以推断出标题中的结论。制表者最好注明图表数据的来源、出处，以增强数据的可信度。

（2）少用模糊的形容。

只有清晰明确的表达才能统一他人对图表信息的理解。图表中尽量少用"大概""很多"这类不确定的词汇，多用"大约 3%""高达 95%"这样的确切描述。

（3）突出重点信息。

为了帮助他人在读图时快速理解重点内容、避免复杂信息的干扰，在大多数情况下，制表者需要强调最重要的数据或需要引起关注的内容，从而让图表主次分明。

（4）必要时添加注释。

在一些专业性较强的图表中，如科学研究、学术报告等主题相关的图表，制表者有必要对图表中涉及的专业内容进行解释说明，即添加注释。添加方法是将一行较小、颜色较浅的字附在图表下方，如图 3-43 所示。

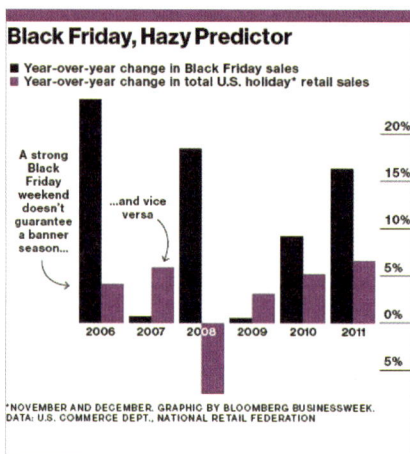

图 3-43　在图表下方添加注释

2. 基本视觉规范

图表中的每一个视觉元素都代表一种信息传达，专业性极高的商务图表一定是十分注意细节设计的图表。

（1）选择正确的图表类型。

为数据"定制"图表是最为基础和重要的一步。关于如何选择图表的内容，本书在第2 章及后面的章节均进行了讲解，请参阅这些章节。

（2）坐标轴的信息显示。

一般来说，横坐标轴显示时间信息，从左到右为时间递增的顺序；而纵坐标轴显示类别信息，如国家、商品名称等内容。

3. 避免杂乱

图表应避免使用对信息传达没有帮助的元素，如图表背景、夸张的标识等。

（1）避免颜色太深、渐变色或图片填充的背景。

这样的背景会喧宾夺主，扰乱受众的注意力。

（2）避免复杂的修饰效果。

在图表中，对于能简单设计的元素，不要刻意增加图形效果，这些效果会增加图表信息量。例如，三维效果、阴影、粗边框、渐变填充等效果在大多数情况下都是不必要的。

（3）避免多余、重复的文字。

例如，不是每个数据标签都需要显示数据类别名称的。

（4）避免长数字。

图表应尽量使用三位以内的数字，数字为四位及以上时会变得难以阅读。因此，如果数字是小数，那么建议保留小数点后 1 位，精度太高的数字对理解图表信息是没有帮助的；如果数字是整数，那么建议修改单位，让数字变得易读，如用"25 万"代替"250000"。

4. 确保元素严谨

视觉完整指的是保留图表中必要的元素，从而保证图表信息传达的准确性，减少对他人的误导。

（1）谨慎设置纵坐标轴起始值。

尽管我们可以通过将纵坐标轴起点设置为非零数字来让数据的细节更明显，并突显差异值，以实现"一样的数据，不一样的效果"，但是在不必要的情况下，最好不要这样做，这容易误导受众。

通常情况下，纵坐标轴应从零值开始。因为无论多小的差距被放大后，都会使人有不一样的感受和理解。对比图 3-44 和图 3-45 可知，数据相同的情况下，如果改变纵坐标轴起点，那么图表的效果会大不一样。

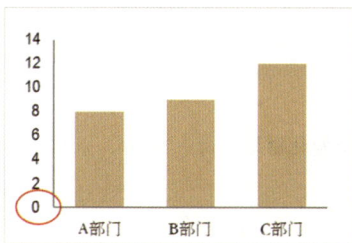

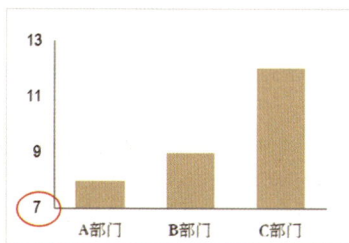

图 3-44　起点为零　　　　　　　图 3-45　起点不为零

（2）数据单位要统一。

在图表中，坐标轴数据、标题描述、数据标签等信息中的数据单位要统一，应避免出现坐标轴数据为"3 万元"，而标题描述中为"30000 元"这种不严谨的情况。

3.3　商务图表有哪些表现形式

制作专业商务图表时，选择图表类型（如柱形图、条形图等）只是第一步。在设计过程中，制表者需要围绕表达重点来选择适当的表现形式，如体现数据差异、体现数据分类等。本节将要探讨商务图表中常见的表现形式及可行方法。

3.3.1 体现数据差异的方法与工具

我们在比较数据时，有时需要体现数据之间的差异，如项目之间的差异、预期情况与实际情况的差异等。常规方法是通过线条、误差线这两个布局元素来体现，我们还可以通过次坐标轴进行直观对比。

1. 通过线条体现

堆积柱形图或堆积条形图可通过添加线条来体现同一个项目在不同类别下的数据差异，如图 3-46 所示。折线图可用线条体现折线节点之间的差值，如图 3-47 所示。折线图线条案例参阅第 4.6 节。

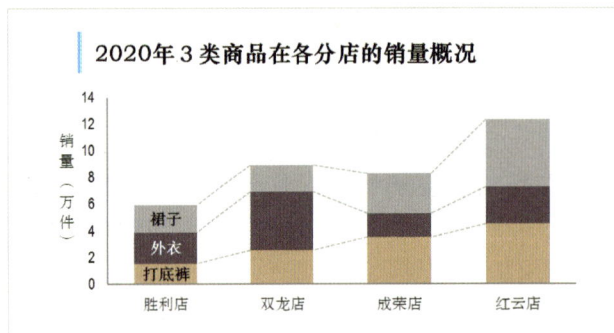

图 3-46 堆积柱形图中的线条

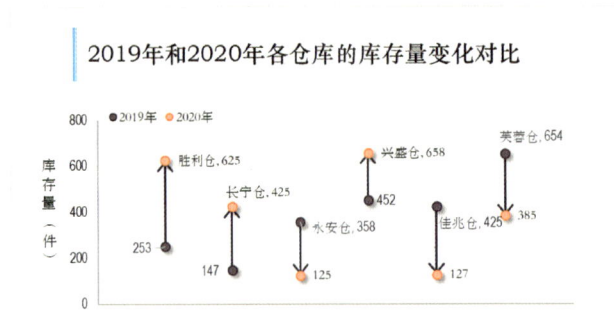

图 3-47 折线图中的线条

2. 通过误差线体现

误差线可以用在柱形图、条形图、折线图等多种图表中体现数据差异。制表者可以通过设计误差线的形状、颜色等属性，制作出形态各异的误差线。图 3-48 和图 3-49 分别是线段形状的误差线和箭头形状的误差线。这两个案例的制作方法请参阅第 4.6 节。

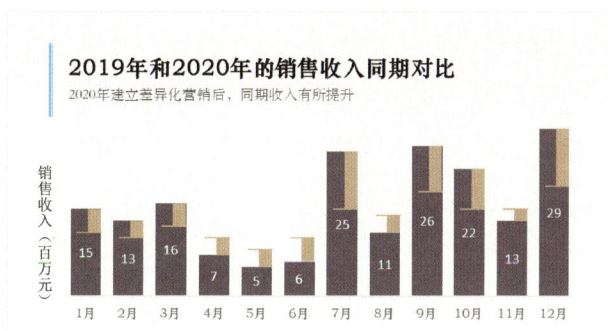

图 3-48　线段形状的误差线

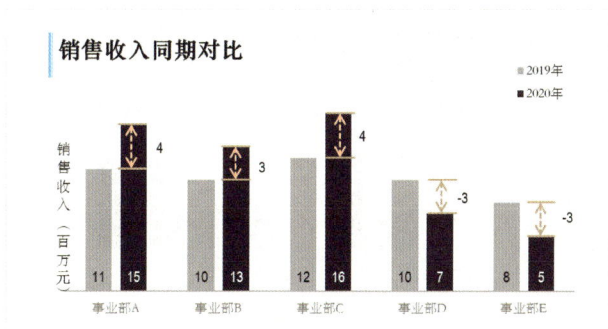

图 3-49　箭头形状的误差线

3. 通过次坐标轴进行直观对比

在对比柱形图、条形图数据时，可巧妙利用次坐标轴，通过将数据系列重叠在一起来直观地显示两者之间的数据差异，如图 3-50 所示。该案例请参阅第 4.5.1 节。

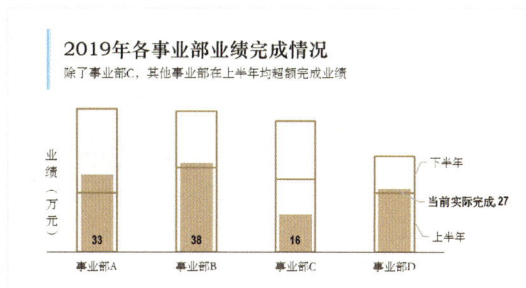

图 3-50　通过次坐标轴直观地对比业绩完成情况

图表利用这样的思路，不仅可以体现数据间的差异，还可以直观地对比预期数据与实际数据，如图 3-51 所示。其中，"预算"数据应设置成无填充的线框形态。该案例请参阅第 4.2.2 节。

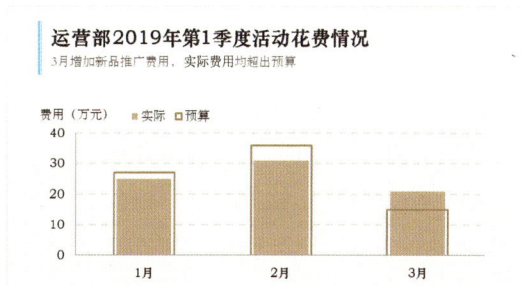

图 3-51　通过次坐标轴直观地对比实际与预算

3.3.2 体现数据分类的方法与工具

在图表中体现数据分类的方法主要有两个，一是为不同类别的数据填充上不同的颜色，用颜色来区分数据；二是用位置对数据进行分组，通过组的形式来对数据进行分类。

1. 用颜色区分

用颜色来分类是最常见的做法，如图 3-52 和图 3-53 所示，受众即使不看图表中的文字信息，只用视觉判断，也可以知道不同填充色、不同面积的柱形代表的是不同类别的数据。两个案例分别可参阅第 4.2.1 节和第 5.1.2 节。

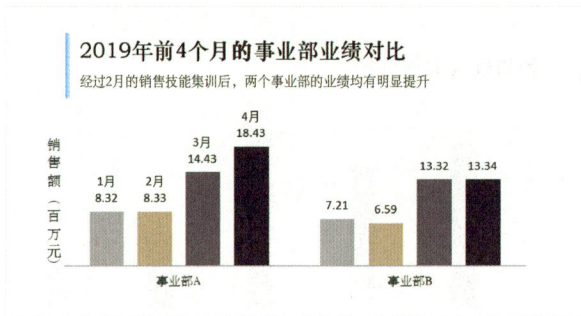

图 3-52　柱形图中不同类别的数据

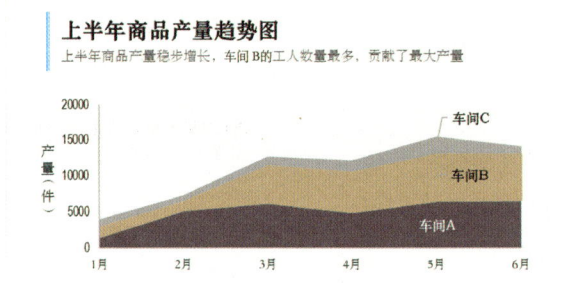

图 3-53　面积图中不同类别的数据

2. 用位置+颜色区分

在特殊情况下，数据分类较多，直接用颜色区分容易混淆。此时可通过图表设计来制作如图 3-54 所示的分组图表，通过位置上的分组来清晰地区分每类数据。该案例请参阅第 4.3.1 节。

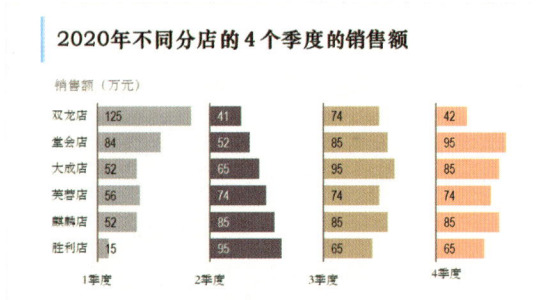

图 3-54　数据分组

3.3.3 强调重点与特殊数据的方法与工具

当图表中存在需要引起重视的重点数据（如最大值、最小值等）及特殊数据（如异常值、关键阶段、未来预测值）时，图表需要通过别出心裁的设计来吸引受众注意力。

需要注意的是，强调效果不可太多，选择其中的 1 种或 2 种即可，如颜色强调、颜色+数据标签强调、数据标签+数据标记强调。

1. 用颜色强调数据

用颜色强调重点数据或特殊数据是最常用的方法。核心思路在于，用差异较大的颜色填充普通数据，而需要突出的数据用能吸引目光的深色填充。

在图 3-55 中，"2 月"柱形填充了与其他柱形不同的颜色，而且其上方通过数据标签显示了销售额数值，十分显眼，可在第一时间引起受众的注意。该案例请参阅第 4.1.4 节。

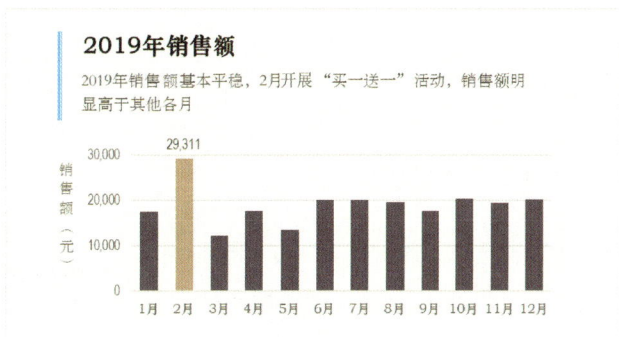

图 3-55　用颜色强调数据

2. 用数据标签+数据标记强调数据

在重点数据、特殊数据上添加数据标签，在数据标签中写上具体数值或数据系列名称，这样也能强调数据。需要注意的是，普通数据不用添加数据标签。在折线图中，我们不仅可以添加数据标签，还可以为折线的数据节点添加数据标记，利用数据标记强调特殊的数据节点。

用数据标签+数据标记强调数据如图 3-56 所示，折线图中的最大值和最小值不仅用数据标签标出了具体数据，还用红色的数据标记引起了受众关注。该案例请参阅第 5.2 节。

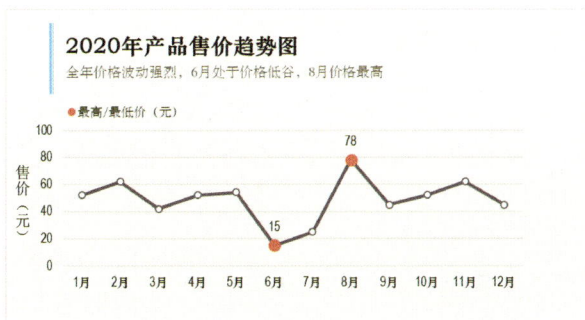

图 3-56　用数据标签+数据标记强调数据

3. 用位置强调数据

在饼图中强调数据时，可通过设置切片的"点分离"参数来强调数据。

在图 3-57 中，右边分离出去的切片能引起较多关注。该案例请参阅第 6.6 节。

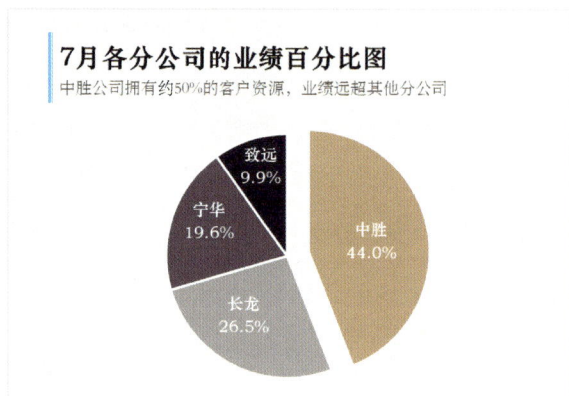

7月各分公司的业绩百分比图
中胜公司拥有约50%的客户资源，业绩远超其他分公司

图 3-57　用位置强调数据

4. 用阴影强调数据

当图表需要强调连续一段时期的数据时，我们可为该区间数据单独添加阴影，强调这是一段特殊时期。

在图 3-58 中，2~5 月的数据区间添加了浅灰色阴影，并通过数据标签表明这是"波动期"，该方法较好地强调了这段特殊时期。该案例请参阅第 4.1.4 节。

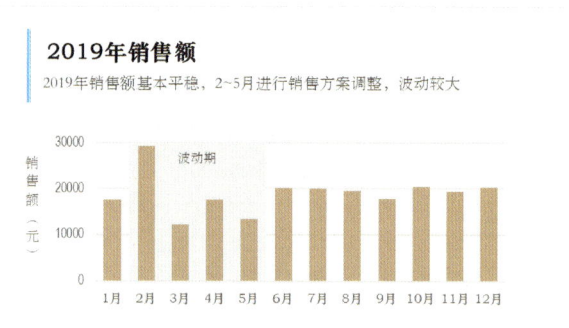

2019年销售额
2019年销售额基本平稳，2~5月进行销售方案调整，波动较大

图 3-58　用阴影强调数据

5. 改变形态强调数据

在图表中强调未来阶段的预测值是比较特殊的强调方式。预测值意味着真实情况并没有发生，因此图表在强调数据时，需要体现数据的"虚"。具体方法是设置预测值的形态，如在折线图中将预测值设置成虚线。

在图 3-59 中，我们将未来阶段的图形设置成虚线符合预测值的含义表达。该案例请参阅第 5.3 节。

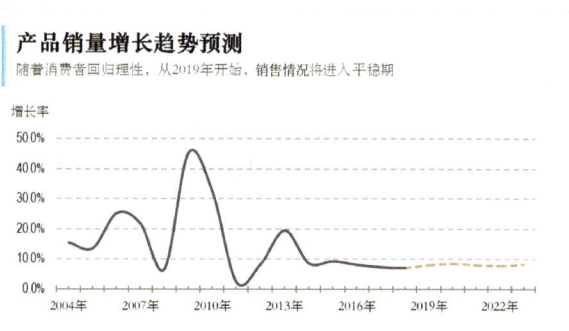

产品销量增长趋势预测
随着消费者回归理性，从2019年开始，销售情况将进入平稳期

图 3-59　用虚线强调数据

3.3.4 表示平均水平的方法与工具

我们可以通过在图表中体现数据的平均值来判断各项目的数据水平究竟高于平均值还是低于平均值。柱形图、条形图、折线图、面积图均可以体现平均值。具体方法是将平均值以折线图的方式添加在图表中。

在如图 3-60 所示的柱形图中添加平均线后，产品各月销量水平便有了标准。该案例请参阅第 4.1.2 节。

图 3-61 中的面积图也可以添加平均线。该案例请参阅第 5.4 节。

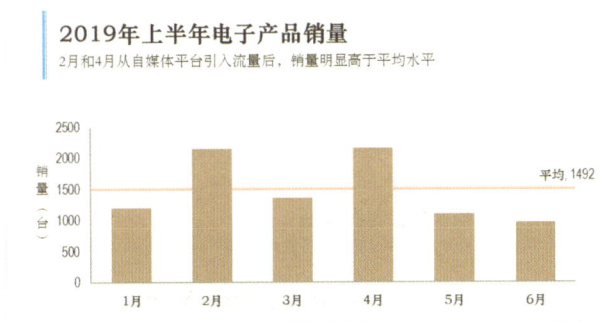

图 3-60 柱形图中的平均线

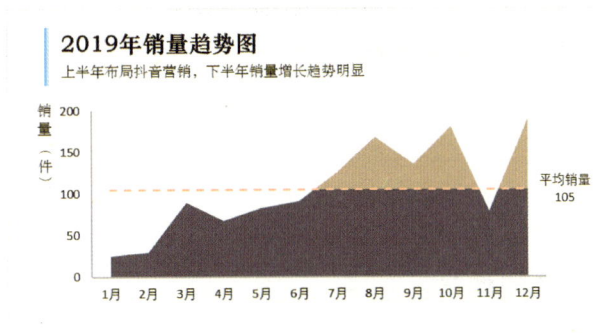

图 3-61 面积图中的平均线

3.3.5 表示正数和负数的方法与工具

图表中的数据可能有负数，此时我们需要从位置和颜色上考虑，设计负数的表现形式。

再复杂的图表也离不开坐标系的限定，如图 3-62 所示，在坐标系中，按照人们的普遍认识，x 轴的上方代表正值，下方代表负值；y 轴的右边代表正值，左边代表负值。

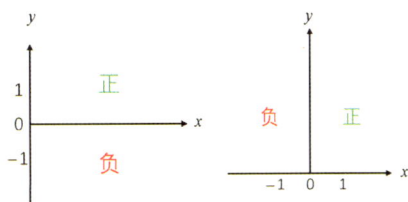

图 3-62 坐标系

从坐标系的特点出发，考虑到颜色的主题意义，即红色代表负数和亏损、绿色代表正数和盈利，我们可以在图表中合理表示正数与负数。柱形图中的正数、负数和条形图中的正数、负数如图 3-63 和图 3-64 所示。该案例请参阅第 4.1.3 节。

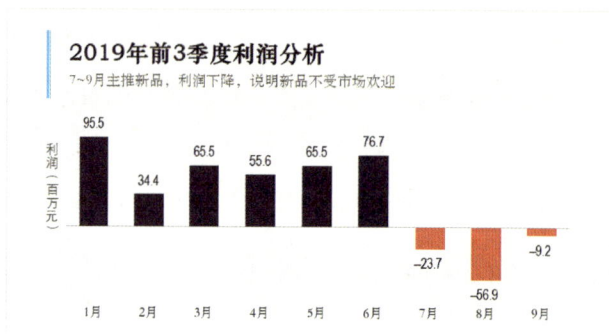

图 3-63　柱形图中的正数、负数

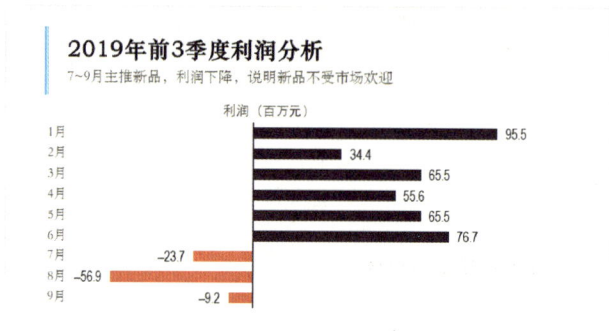

图 3-64　条形图中的正数、负数

3.4　将商务图表制作效率提升 50%

图表设计既需要精细地编辑布局元素，又需要通过设置颜色 RGB 或 HSL 参数值来配色，因此制作一张专业合格的商务图表经常需要很长时间。对于提升制表效率，本节的技巧十分重要。

3.4.1　将经典图表保存为模板

在网上下载了精美的图表文件后，对照文件来修改自己的图表是比较费时费力的；当我们好不容易制作了满意的商务图表后，一旦数据更新，我们又得重新制作。这两个问题都可以用图表模板功能来解决。

在 Excel 中保存的图表模板可以在 PowerPoint 和 Word 中调用，这也是将图表保存为模板的一大便捷之处。

示例文件为 3.4.1 图表模板。

制表目标：❶将设计好的图表保存为模板；❷利用模板快速制作其他图表。

将图表保存为模板并利用模板快速制作相同设计网格图表的方法如下。

Step 01：另存为图表模板，如图 3-65 所示。选中图表，右击，选择"另存为模板"选项。

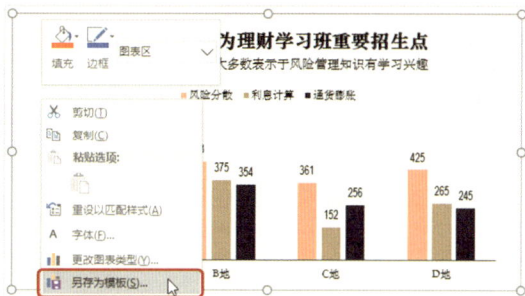

图 3-65　另存为图表模板

Step 02：保存图表模板，如图 3-66 所示。

❶ 输入模板名称。

❷ 单击"保存"按钮，将图表保存到模板文件中。

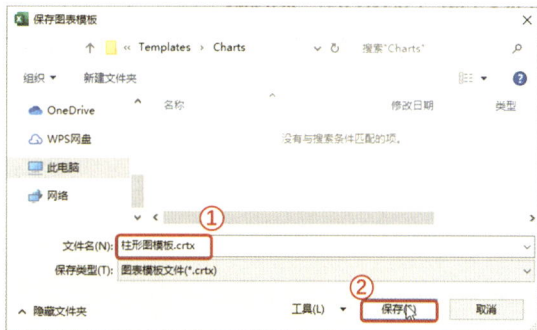

图 3-66　保存图表模板

Step 03：利用模板插入图表，如图 3-67 所示。

❶ 选中图表数据后，打开"插入图表"对话框，选择"模板"选项。

❷ 选择需要的模板图表。

❸ 单击"确定"按钮，即可插入一张与模板的设计完全一样的图表，如图 3-68 所示。

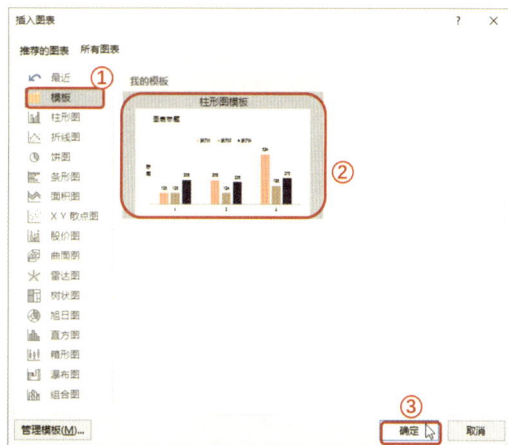

图 3-67　利用模板插入图表

在 Excel 中保存的图表模板会同步出现在 PowerPoint 和 Word 的"插入图表"对话框中,这极大地方便了 PowerPoint 和 Word 的图表设计。

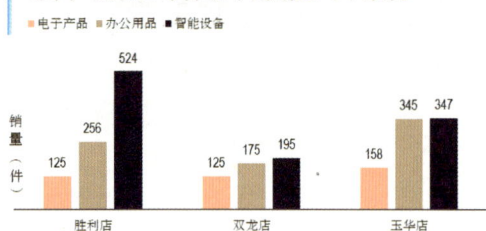

图 3-68　与模板的设计完全一样的图表

拓展:复制图表格式的方法

在制作图表时,如果想一键应用现成的图表设计,那么我们可以使用格式复制的方法。

Step 01:复制图表,如图 3-69 所示。选中制作好的图表,右击,选择"复制"选项。

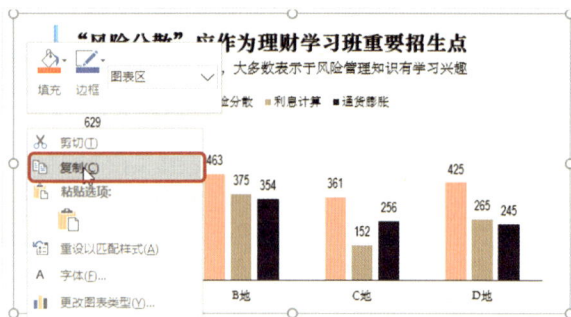

图 3-69　复制图表

Step 02:打开"选择性粘贴"对话框,如图 3-70 所示。

❶ 选中需要应用格式的图表。

❷ 单击"粘贴"菜单中的"选择性粘贴"选项。

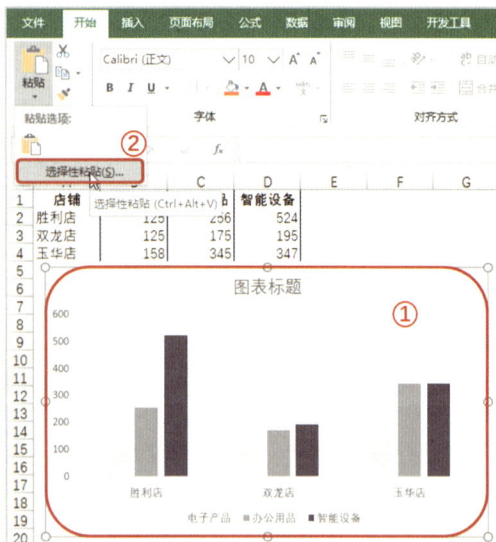

图 3-70　打开"选择性粘贴"对话框

Step 03：选择"格式"粘贴方式，如图 3-71 所示。在打开的对话框中选择"格式"粘贴方式，就可以成功将 A 图表的格式应用到 B 图表中了。

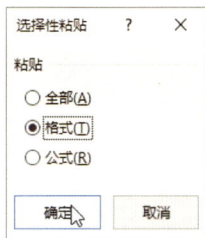

图 3-71　选择"格式"粘贴方式

3.4.2　制作自己常用的配色模板

Excel 提供了多种风格配色，但是这些配色不能满足实际工作需求。为 Excel 图表配色时，如果每次都手动设置配色参数，配色过程会复杂又烦琐。为了减少工作量，我们可以将常用配色保存为模板，并在新的 Excel 文件中一键选择模板中的配色。

示例文件为 3.4.2　颜色模板。

制表目标：❶将模板中的颜色保存为模板；❷在新的 Excel 文件中选择配色模板。

Step 01：打开"新建主题颜色"对话框，如图 3-72 所示。

❶ 在"页面布局"选项卡的"颜色"菜单中，可以看到系统提供的配色。

❷ 单击"自定义颜色"选项。

图 3-72　打开"新建主题颜色"对话框

Step 02：设置配色，如图 3-73 所示。

❶ 设置每一个主题配色。我们可以直接在"主题颜色"面板中选择颜色，也可以通过在"其他颜色"中准确输入颜色参数来选择颜色。

❷ 当完成所有颜色的选择后，输入配色方案的名称。

❸ 单击"保存"按钮。

图 3-73　设置配色

Step 03：查看配色方案，如图 3-74 所示。在"颜色"菜单中查看刚才保存好的配色方案。

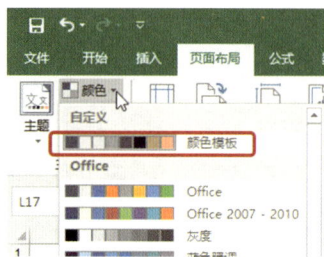

图 3-74　查看配色方案

Step 04：当打开新的 Excel 文件时，可以在"颜色"菜单中直接选择事先保存好的配色方案，如图 3-75 所示。

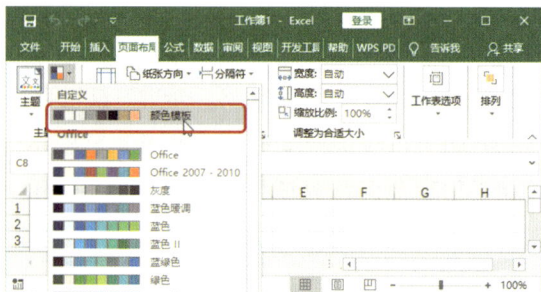

图 3-75　在新的 Excel 文件中选择配色

如果我们换一台电脑，"颜色"菜单中没有显示自定义配色方案，则应通过下面的操作来获得事先设置好的配色。

Step 05：单击"文件"菜单中的"选项"选项，打开如图 3-76 所示的对话框。

❶ 选择"保存"选项。

❷ 单击"颜色"按钮。

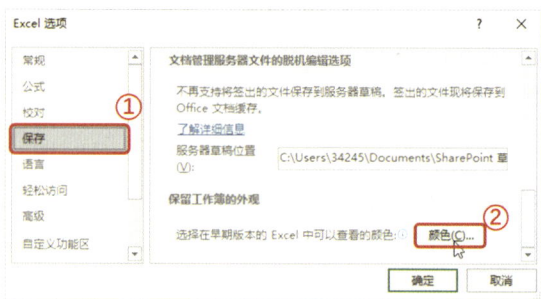

图 3-76　"Excel 选项"对话框

Step 06：选择配色来源文件，如图 3-77 所示。

❶ 选择配色来源文件。

❷ 单击"确定"按钮，即可将文件中的配色方案应用到当前 Excel 文件中。

注意，该操作的前提是在电脑中打开有配色方案的文件。

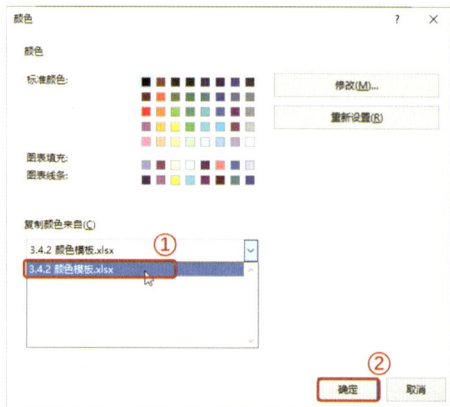

图 3-77　选择配色来源文件

3.4.3　如何使用本书提供的 84 张图表模板

本书提供了 84 张设计精美的 Excel 图表模板，读者可以直接使用。建议读者按照下面的步骤使用图表模板，这既能快速提升制表水平，又能高效解决问题。

第 1 步：阅读"制表目标"。

本书在讲解不同图表的功能及制作方法时，都会以点的形式列出制表目标。建议仔细阅读如图 3-78 所示的制表目标，看其是否与自己的制表需求一致。

制表目标：❶ 用适当的图表体现销量趋势；❷ 区分显示平均值上下的数据。

图 3-78　制表目标

第 2 步：阅读图表描述。

确定制表目标与实际需求一致后，阅读图表描述，进一步了解图表，如图 3-79 所示。

示例文件 5.4 销量趋势图–折线

制表目标：❶ 用适当的图表体现销量趋势；❷区分显示平均值上下的数据。

根据分析，我们可制作出如图5-36所示的带平均线且平均线上下颜色不同的折线图。读图者不仅可以从图中分析出全年销量趋势，还可以快速判断出下半年的销量几乎都在平均线以上。

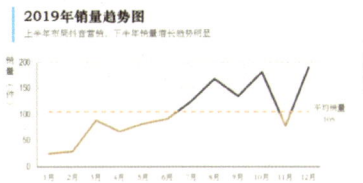

2019年销量趋势图
上半年市局抖音营销，下半年销量增长趋势明显

图 5-36　带平均线且平均线上下颜色不同的折线图

图 3-79　图表描述

第 3 步：修改模板数据。

确定需要使用该图表模板后，修改模板数据，如图 3-80 所示。

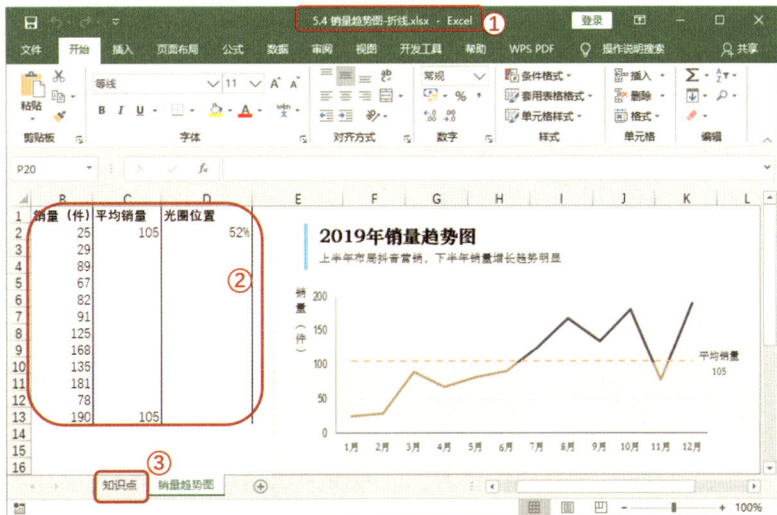

图 3-80　修改模板数据

❶ 根据"示例文件"的位置，打开模板文件。

❷ 修改模板中的原始数据后，图表会自动更新。

❸ 如果修改数据后的图表不符合需求，则我们可切换到"知识点"这张表下，查看制作这张图表的操作要点，找到操作失误的地方，或者回到书中，仔细阅读相关内容，对图表模板进行修改和调整。

工具妙用：新手用 PowerPoint 制作图表更容易

新手在 Excel 中制作图表时，常常遇到下列问题。

（1）选中的数据无法插入图表，或者插入的图表很奇怪。

（2）插入的图表太丑。

（3）不方便配色，特别的颜色必须手动设置参数。

（4）无法直接将图表保存为图片。

这些问题在 PowerPoint 中都可以得到解决。当 Excel 中插入的图表出现问题时，不妨换到 PowerPoint 中制作；当图表的制作不必使用 Excel 工具时，不妨直接选择 PowerPoint。下面介绍用 PowerPoint 制作图表的便捷之处。

1. 用模板生成图表

在 Excel 中插入图表的逻辑如图 3-81 所示。当输入的数据不符合 Excel 图表的表达需求或不符合图表的数据规范时，Excel 可能无法生成图表或生成错误图表。

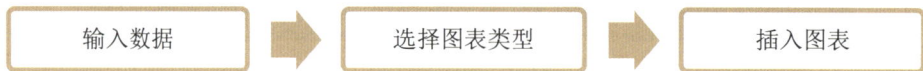

输入数据 ➡ 选择图表类型 ➡ 插入图表

图 3-81　在 Excel 中插入图表的逻辑

在 PowerPoint 中插入图表的逻辑如图 3-82 所示，选择图表模板就能插入图表，因此在 PowerPoint 中插入图表是一定能成功的。

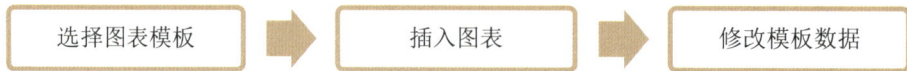

选择图表模板 ➡ 插入图表 ➡ 修改模板数据

图 3-82　在 PowerPoint 中插入图表的逻辑

在 PowerPoint 中插入图表后，修改数据即可完成基本图表制作，如图 3-83 所示，数据与图表一一对应，即使制表者是初学者，也能快速明白表格中的数据对应的是图表中的什么位置。因此，我们只要按照实际需求改变表格数据即可。

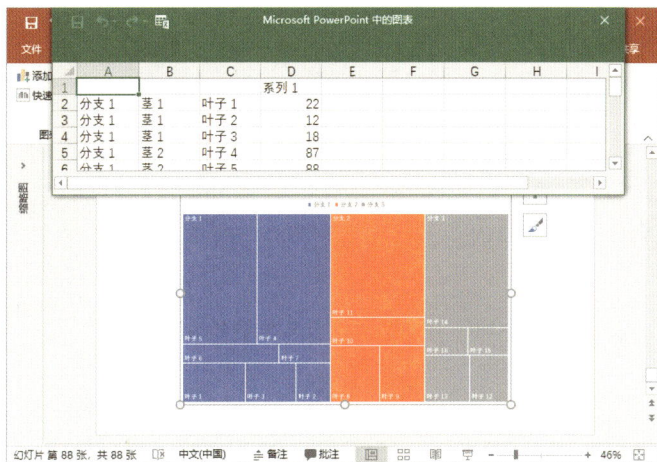

图 3-83　修改模板数据

2．更美观的样式设计

和 Excel 一样，PowerPoint 也提供了图表样式设计。初看之下，两者并无不同，但是通过仔细比较图表布局、配色等样式细节，我们会发现 PowerPoint 中的样式会更美观一些。

图 3-84 是 PowerPoint 提供的可选择的图表样式。

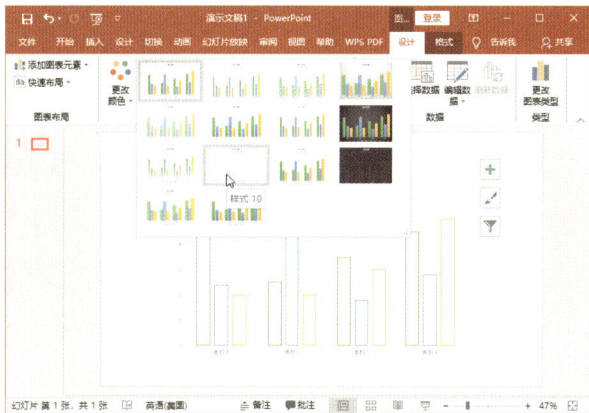

图 3-84　PowerPoint 提供的可选择的图表样式

3．用吸管工具吸取颜色

PowerPoint 提供了方便取色的工具，即取色器。这极大地方便了图表配色。

在图 3-85 中为图表设置颜色时，选择"取色器"功能，此时鼠标会变成吸管形状。用鼠标在 PowerPoint 中的任意内容上单击，就可以让选中的图表元素应用鼠标单击的颜色。

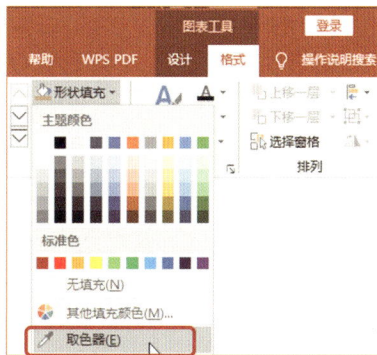

图 3-85　"取色器"功能

4．将图表保存为图片

图表的传播渠道有多种，我们可以直接将原文件发送给他人，也可以将图表的图片放到微博、微信公众号中，还可以将其打印出来。

如果我们希望图表以图片形式传播，那么可以将 PowerPoint 的图表直接保存为图片，如图 3-86 所示，选中制作好的图表，右击，选择"另存为图片"选项。

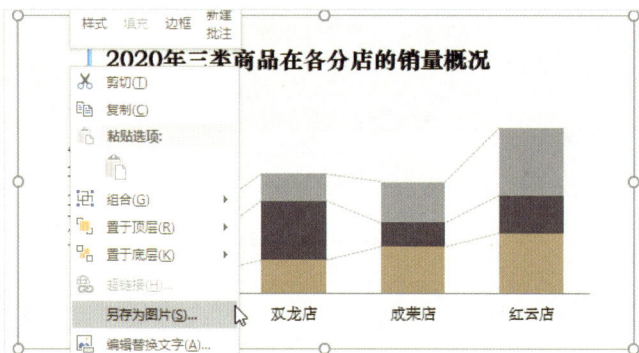

图 3-86　将图表保存为图片

第 4 章

数据对比分析及经典应用场景

  柱形图、条形图、雷达图、堆积柱形图、堆积条形图均可以用于数据对比。在具体选择图表类型时，应结合数据系列的多少和每组数据的数量来选择。根据对比目标的不同，我们可以对图表进行巧妙的设计，制作更直观、更有侧重点的对比图表。

本章将介绍如何用柱形图、条形图、雷达图体现不同情况下的数据大小对比，并根据不同需求和强调的重点来调整图表设计，通过图表变形来直观地对比数据，如图 4-1 到图 4-5 所示。

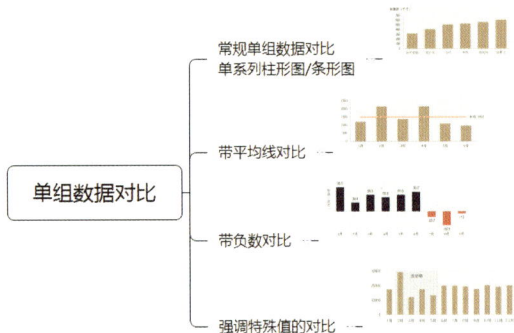

图 4-1　单组数据对比

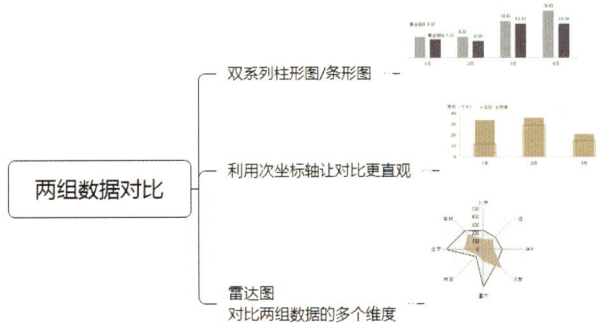

图 4-2　两组数据对比

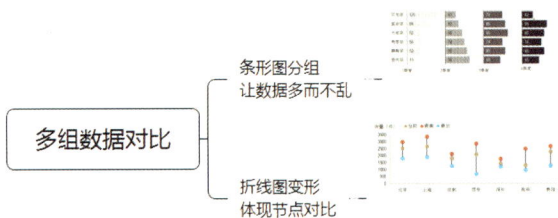

图 4-3　多组数据对比

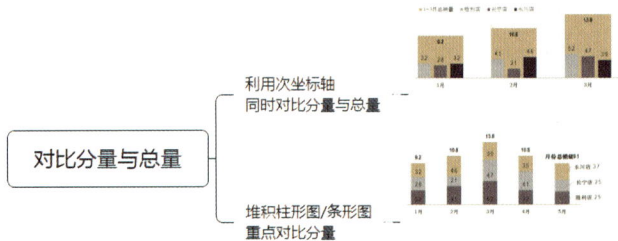

图 4-4　对比分量与总量

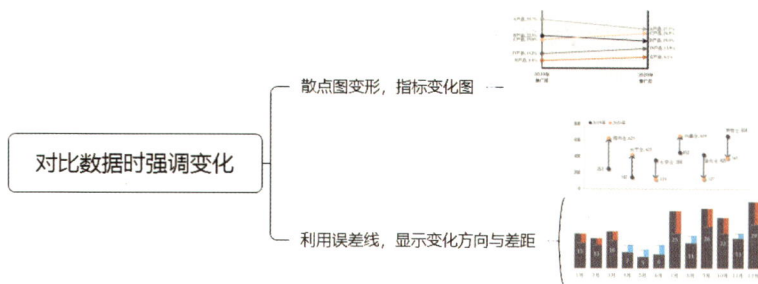

图 4-5　对比数据时强调变化

4.1　对比一组数据的不同项目大小

在 Excel 中，同一组数据称为一个数据系列。在进行同组数据的大小对比时，常用的图表是柱形图和条形图。我们可通过图表中柱条的高低、长短来直观进行各项目的大小比较。

4.1.1　常规单组数据对比图：产品销售额对比图

Excel 中的簇状柱形图或簇状条形图都是用于体现同组数据对比的常规图表。在具体选择图表类型时，应综合考虑多方面因素，选择方法详见第 2.1 节。选择合适的图表后，把握作图准则，按照作图步骤快速制作出专业商务对比图。

应用场景：

在对比产品销售额、各城市销量等情况时，所有数据属于同一组。同组数据在柱形图或条形图中可用相同颜色的柱形或条形表示。我们可以通过柱形或条形的高低、长短来直观地对比这组数据中不同项目的大小差异。

1. 常规对比图制作步骤

示例文件为 4.1.1 产品销售额对比图。

制表目标：❶用图表体现 6 种产品的销售额的对比；❷能让人一目了然地看出各产品的销售额的高低；❸能让人快速了解哪些产品的销售额较高、哪些产品的销售额较低。

扫码看视频

我们可以经过分析，并结合产品数据特点，选择如图 4-6 所示的排序柱形图进行展示。其制作方法如下。

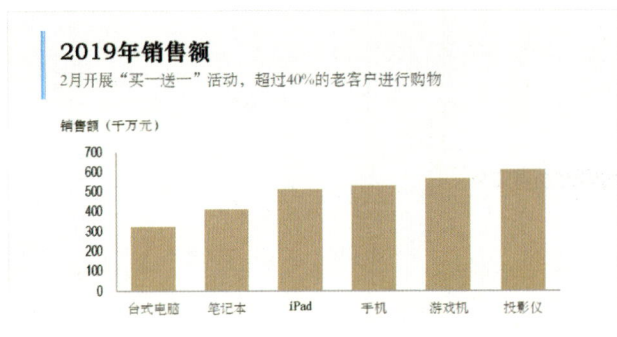

图 4-6 单组销售额对比图

Step 01：处理原始数据。选中 B2:G3 单元格区域，按行进行升序排序，排序后的原始数据如图 4-7 所示。

图 4-7 排序后的原始数据

Step 02：插入柱形图，如图 4-8 所示。

❶ 选中表格中的数据，单击"插入"选项卡下的"插入柱形图或条形图"下拉按钮 ■▾ 。

❷ 选择簇状柱形图，即可完成图表创建。

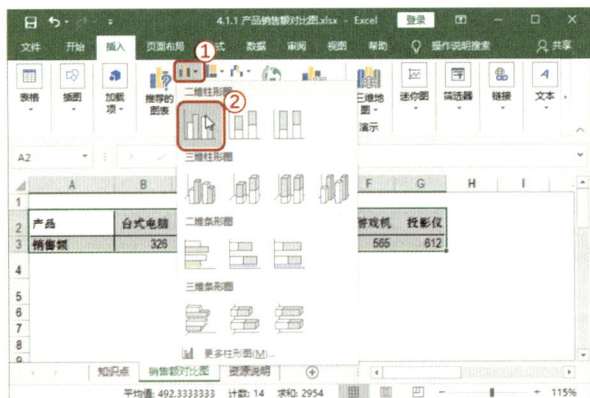

图 4-8 插入柱形图

Step 03：添加纵坐标轴标题，如图 4-9 所示。

❶ 选中图表，单击"图表设计"选项卡下"添加图表元素"按钮。

❷ 选择"坐标轴标题"选项。

❸ 选择"主要纵坐标轴"选项，即可为纵坐标轴添加标题。

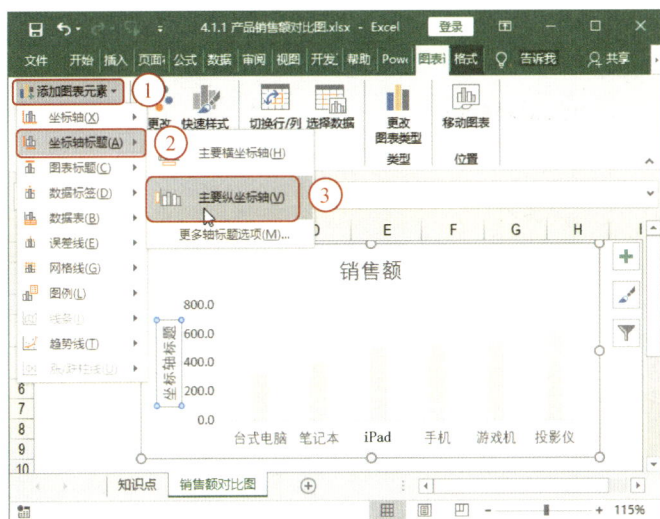

图 4-9　添加纵坐标轴标题

Step 04：设置标题文字方向。选中添加的纵坐标轴标题，右击，选择"设置坐标轴标题格式"选项，打开设置窗格，如图 4-10 所示。

❶ 在"文本选项"选项卡下选择"文本框"，单击"文字方向"按钮。

❷ 选择"横排"选项，即可将默认的纵向标题改为横向标题。

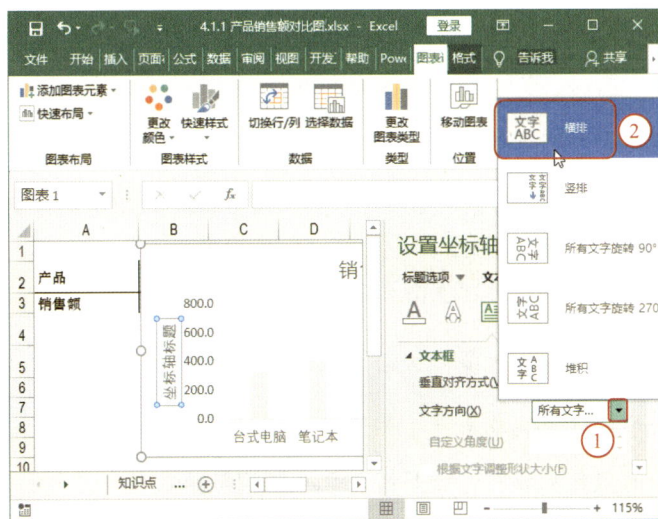

图 4-10　设置标题文字方向

Step 05：进行细节完善。接下来只要输入图表标题，设置字体、颜色、网格线等属性，即可完成这张产品销售额对比图。

图 4-6 中的柱形图还可有其他变形。添加虚线网格线可引导视线，从而增强产品销售额的对比效果，如图 4-11 所示；添加数据标签可显示每种产品的具体销售额，如图 4-12

所示。由于图表有了数据标签，所以纵坐标轴应该删除。

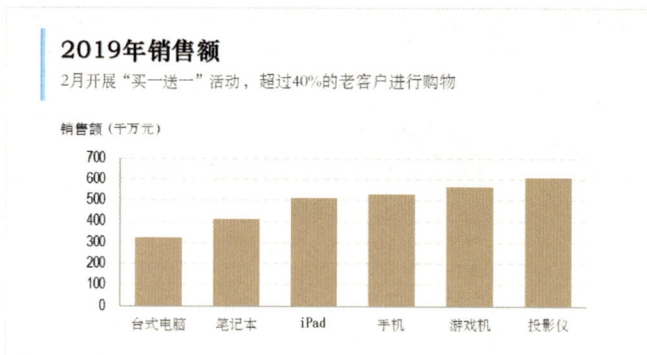

图 4-11 添加网格线引导视线

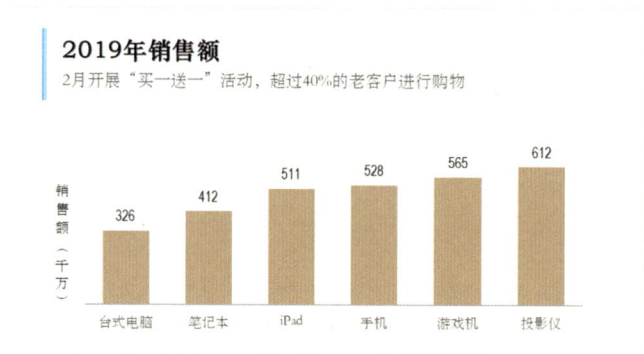

图 4-12 删除纵坐标轴并添加数据标签

2．衡量对比图专业性的 4 个标准

柱形图或条形图的制作十分简单，要将其制作得专业却有很多讲究。我们通过观察《华尔街日报》《经济学人》中的商务图表，可总结出单组数据对比图有以下 4 个专业特征，根据这些特征调整图表细节，可增加图表专业性。

▶ **重点速记——单组数据对比图四大专业特征**

❶ 柱形或条形不能太宽或太窄，其宽度约为间隙宽度的 1~2 倍。

❷ 同组数据的颜色应相同，除非图表需要强调特殊数据。

❸ 网格线的颜色应较淡，线条应较细，最好为虚线，这样能让图表简洁美观。

❹ 单组数据对比图不需要图例，图表标题或坐标轴标题能显示数据系列名称。

关于第❷点，图表的颜色除了应该好看，还代表着一种信息。我们通过颜色来区分不同的数据项目。同组数据填充不同颜色容易造成信息干扰，如图 4-13 所示。

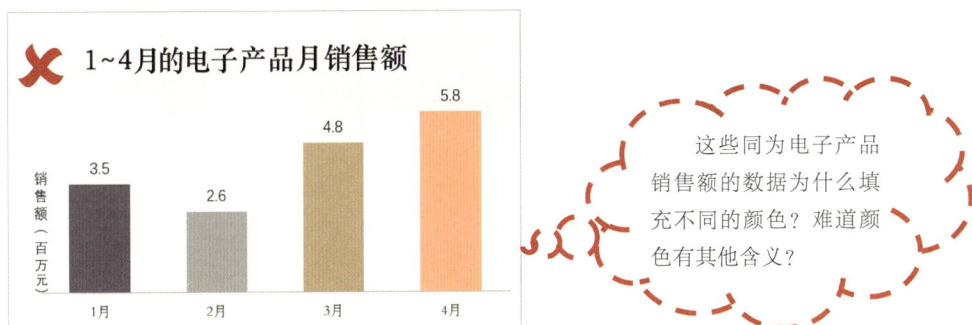

图 4-13　同组数据填充不同颜色容易造成信息干扰

关于第❹点，图例的作用是告诉读图者柱形或条形是什么数据，而单组数据对比图信息单一，读图者从标题中就可轻松了解这是"2019 年销售额数据""XX 产品销量数据"，因此它不需要图例。

拓展：图片填充，山峰目标对比图

示例文件为 4.1.1 山峰目标对比图。

制表目标：用图表形象地对比各部门的业绩完成目标。

扫码看视频

如果我们需要强化数据信息的视觉传达效果，让图表更形象有趣，可以用素材图片填充数据系列，从而增强图表的可视化效果。图 4-14 用不同颜色的山峰形状填充柱形，将目标比喻成山峰，表示每个部门均在努力冲刺、力求登上最高峰。读图者可通过山峰的高度来对比各部门的目标完成度。这种生动有趣的图表适合放在海报、新媒体文章中。

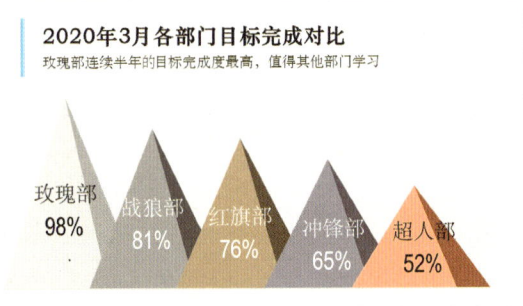

图 4-14　形象的目标完成对比图

可视化信息图表的基本制作思路是，复制素材图片，并将其粘贴到数据系列中，如图 4-15 所示，选中最左边的形状，按"Ctrl+C"键进行复制，再单独选中柱形图中最左边的柱形，按"Ctrl+V"键进行粘贴。然后用同样的方法，将其他颜色的山峰形状通过复制粘贴的方法填充到柱形图中。

当然，我们也可在三维簇状柱形图中通过将柱形设置为"完整棱锥"来制作山峰形状的对比图，但是三维簇状柱形图无法实现重叠的效果。

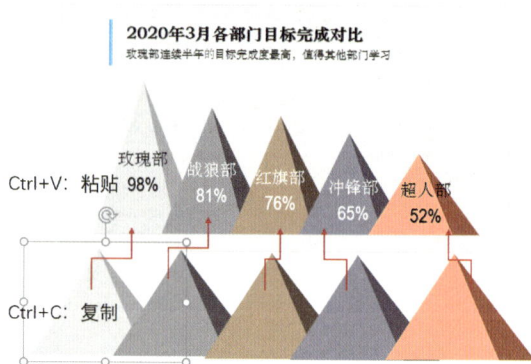

图 4-15　用山峰形状填充柱形图

4.1.2　带平均线的对比图：产品销量分析图

应用场景：

我们在进行销量分析、业务员业绩对比时，可在对比图中添加一条表示平均数的线，在对比数据大小的同时，让读图者看到哪些项目位于平均线之下，哪些项目位于平均线之上，以便读图者对项目数据情况有进一步的判断。

带平均线的对比图通常为柱形图，因为在人们的普遍观念中，平均线是一条水平的横线，而非垂直的竖线。

1. 最简单的做法

制作带平均线的柱形图时，最简单的做法是，在原始数据中添加平均数据。再创建柱形图+折线图组合图表，其中折线图就是平均线。

示例文件为 4.1.2 带平均线的对比图。

制表目标：❶用图表体现 1～6 月各电子产品的销量对比；❷能让读图者快速了解哪些产品的销量在平均销量之上、哪些产品的销量在平均销量之下。

带平均线的对比图如图 4-16 所示。制作方法如下。

Step 01：计算平均数，如图 4-17 所示。使用 AVERAGE 函数计算产品 1～6 月的平均销量。

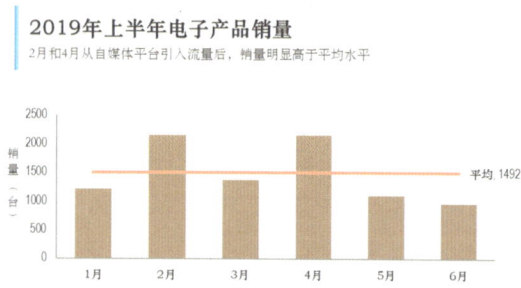

扫码看视频

图 4-16　带平均线的对比图

图 4-17　计算平均数

Step 02：打开"插入图表"对话框，目的是设置组合图表，如图 4-18 所示。

❶ 选中要创建图表的数据区域。

❷ 单击"图表"组中的"查看所有图表"按钮⌐。

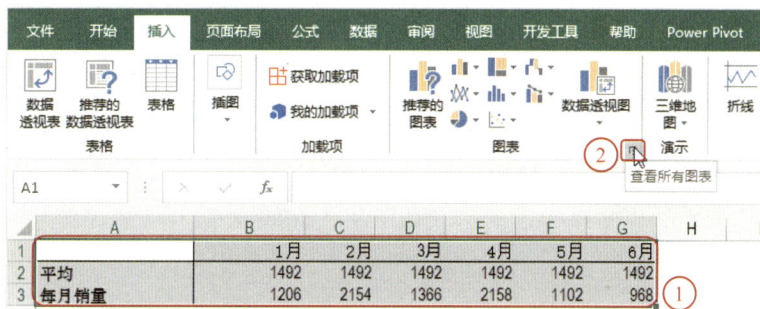

图 4-18　打开"插入图表"对话框

Step 03：设置折线图+柱形图组合图表，如图 4-19 所示。

❶ 选择图表类型为"组合图"。

❷ 选择"平均"数据为"折线图"，"每月销量"数据为"簇状柱形图"。

❸ 单击"确定"按钮。

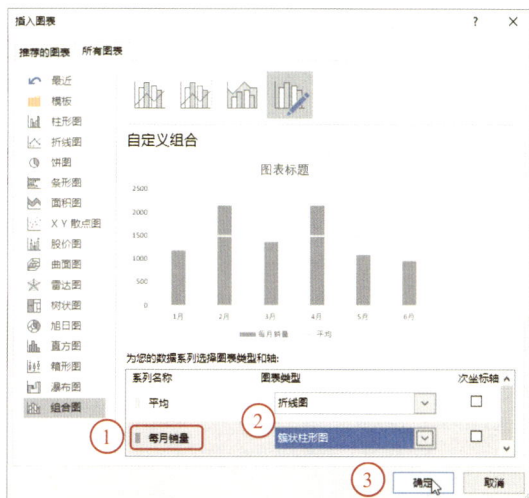

图 4-19　设置折线图+柱形图组合图表

Step 04：完成图表制作。创建好组合图表后，只需要设置布局元素属性、美化图表，即可制作出带平均线的对比图。

▶ **制表小技巧——在折线尾部显示数据名称和值**

简洁的图表具有高级感。在制作带平均线的图表时，可将图例删除，并在平均线尾部标注数据系列名称和数据大小。操作方法是点击平均线最右边的数据点，过半秒后再次点击，即单独选中这个数据点，再添加数据标签。然后点击两次这个点的数据标签，并设置数据标签，如数据系列名称、值，即可实现如图 4-15 所示的效果。

2. 追求完美的做法

图 4-14 中的带平均线的对比图有两个缺点，从而使图表不够美观：平均线在柱形上面；平均线左右没有与柱形图对齐，有空缺。

解决这个小缺点的思路是，使用柱形图+面积图（平均线）组合图表，将面积图的填充方式设置为渐变填充，以实现隐藏面积只留下平均线的效果。

示例文件为 4.1.2 带平均线的对比图。

制表目标：用带平均线的销量对比图体现产品销量情况，而且平均线右端应位于柱形后面，以符合美观需求。

经过综合分析，制作出平均线右端位于柱形后面的对比图，如图 4-20 所示。其制作方法如下。

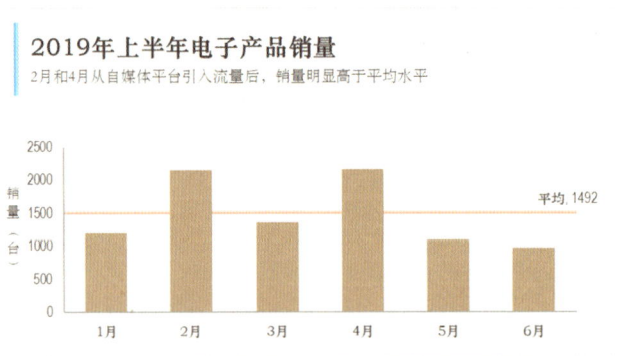

图 4-20　平均线右端位于柱形后面的对比图

Step 01：设置组合图表，如图 4-21 所示。

❶ 将"平均"数据选择为"面积图"，并让面积图在"次坐标轴"上显示。

❷ 单击"确定"按钮。

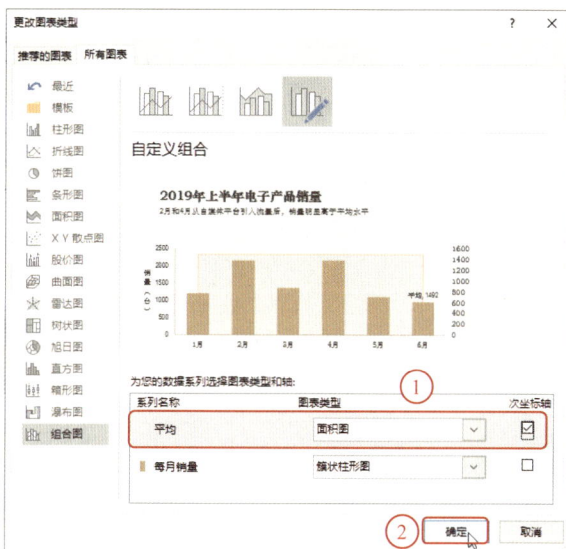

图 4-21　设置组合图表

Step 02：设置坐标轴数据范围，并添加次要横坐标轴，如图 4-22 所示。

❶ 双击图表右边的次要纵坐标轴，打开设置窗格。

❷ 设置坐标轴的边界值，使之与左边的主要纵坐标轴一致，目的是将平均线控制在正确位置上。

❸ 添加"次要横坐标轴"布局元素。

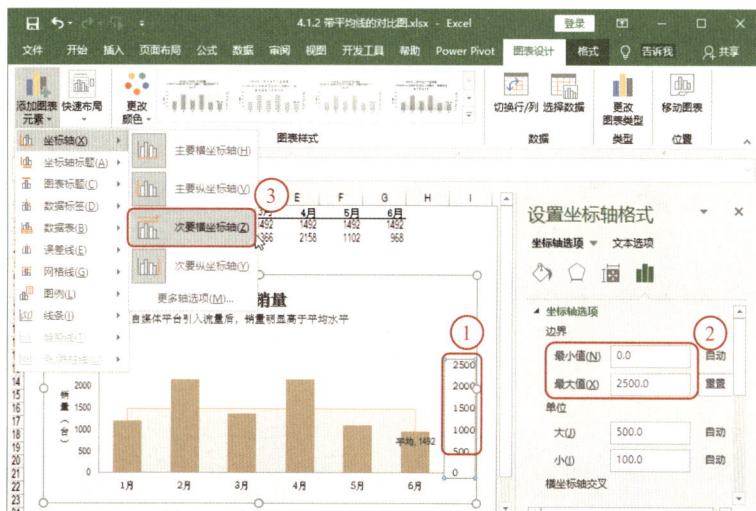

图 4-22　添加次坐标轴

Step 03：设置坐标轴位置，目的是让面积图的左右两端与柱形图对齐，如图 4-23 所示。

❶ 选中次要横坐标轴。

❷ 在"坐标轴选项"界面中,设置"坐标轴位置"为"在刻度线上"。

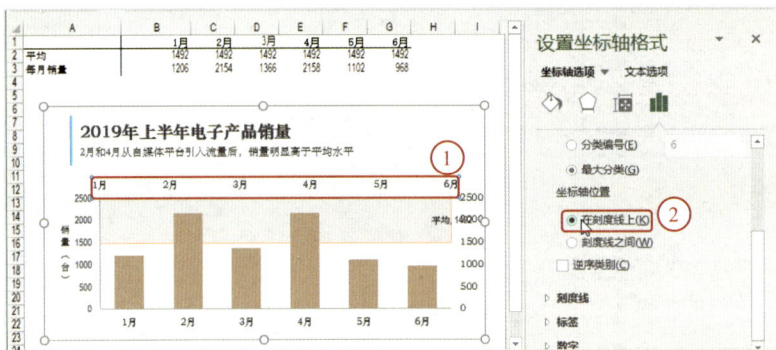

图 4-23 设置坐标轴位置

Step 04:设置面积图填充格式,让面积图只显示一条横线,如图 4-24 所示。

❶ 选中面积图,在"填充"菜单中,选择"渐变填充"方式。

❷ 选择"线性""线性向下"填充属性。

❸ 只留下两个渐变光圈。第一个渐变光圈的颜色与图表背景色的相同位置为 96%,如果想让线条更粗,可将其设置为 95%或更小。第二个渐变光圈的颜色为平均线颜色,位置为 100%。

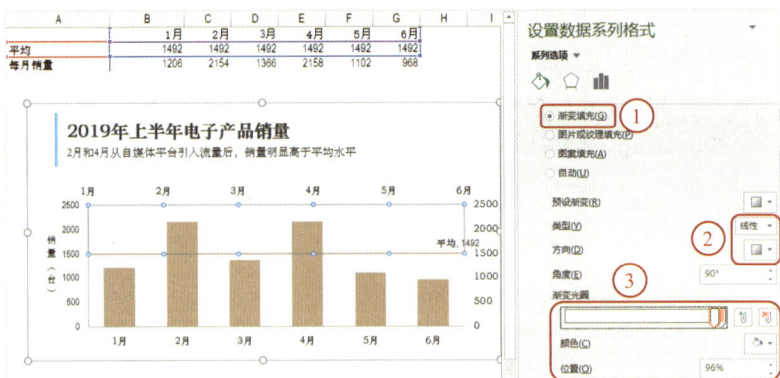

图 4-24 设置面积图渐变填充光圈

Step 05:隐藏次要横坐标轴,如图 4-25 所示。

❶ 选中次要横坐标轴,设置"次刻度线类型"为"无"。

❷ 设置"标签位置"为"无",并将坐标轴的"条线"属性设置为"无线条",即可隐藏次要横坐标轴。用同样的方法隐藏右边的次要纵坐标轴。

Step 06:完成图表制作。最后美化图表细节,即可完成图表制作。

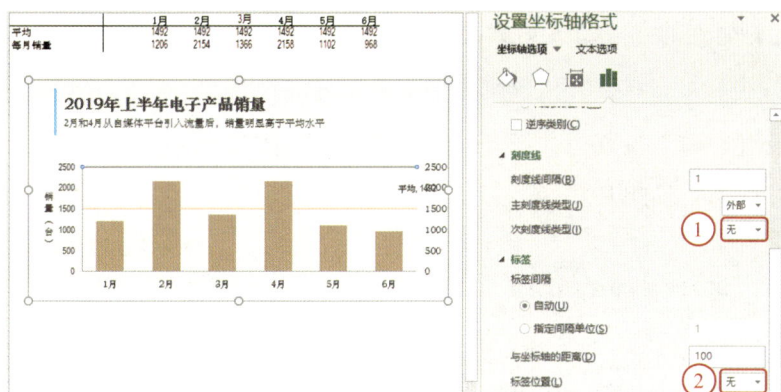

图 4-25　隐藏次要横坐标轴

4.1.3　带负数的对比图：全年利润对比图

应用场景：

　　在展示利润或销量负增长等情况下，当需要对比的数据中存在负数时，制图者应让柱形图的负数显示在横坐标轴下方，条形图的负数应显示在纵坐标轴左边。

　　在制作带负数的对比图时，应进行坐标轴属性及标签位置的设置，这样才能让带负数的对比图更加专业。一般来说，红色代表亏损，因此我们可以用红色柱形在图表中代表负数。

　　示例文件为 4.1.3　带负数的对比图。

　　制表目标：❶用图表体现每月利润数据对比；❷使读图者能快速判断哪些月份盈利、哪些月份亏损。

1. 带负数的柱形图

　　将带负数的利润数据制作成柱形图，如图 4-26 所示。亏损月份用红色表示，以便与盈利月份有明显区分。图表利用数据标签可使读图者清楚地了解具体的盈利及亏损大小。

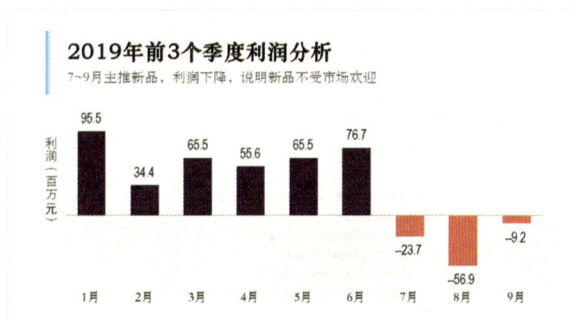

图 4-26　带负数的柱形图

　　带负数的柱形图的横坐标轴标签位于图表最下方，这样既美观又不会影响负数柱形的显示。设置标签属性的方法如图 4-27 所示。

❶ 双击横坐标轴，打开"设置坐标轴格式"窗格。

❷ 将"标签位置"设置为"低"。如果标签位置与柱形太近，则可设置"与坐标轴的距离"参数，如设置为 400。

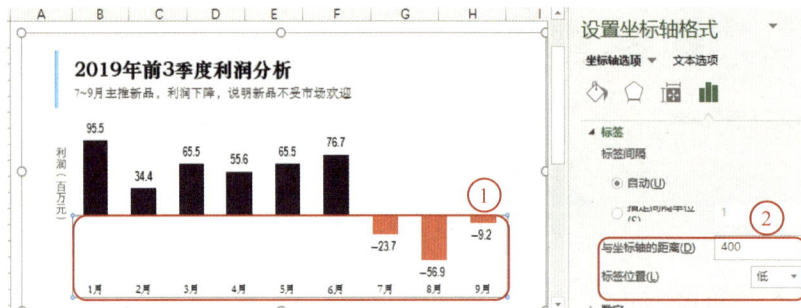

图 4-27　设置标签属性的方法

2. 带负数的条形图

带负数的条形图如图 4-28 所示。

制作这种图表时，应选中条形图的纵坐标轴，将"标签位置"设置为"低"，并设置"与坐标轴的距离"参数。标签应在图表左边显示，如图 4-29 所示。

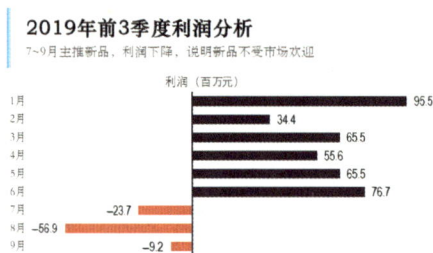

图 4-28　带负数的条形图

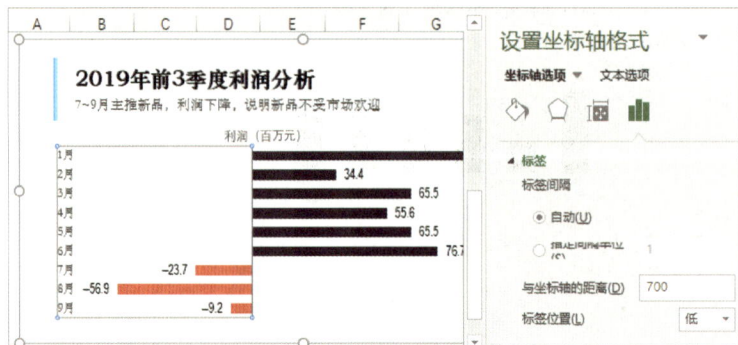

图 4-29　设置标签属性

▶ **制表小技巧——快速改变条形图数据排列顺序**

在将数据制作成条形图时，我们常常遇到数据顺序颠倒的情况，如从上到下的数据排序为 12 月、11 月、10 月……。此时只需要双击纵坐标轴，在"坐标轴选项"中选择"逆序类别"，就可以快速将数据从上到下调整为 1 月、2 月、3 月……。需要注意的是，设置"逆序类别"后，条形图的标签位置应为"低"，这样才能在图表上方显示。

4.1.4 对特殊值进行强调的对比图：销售收入对比图

应用场景：

在项目汇报、工作总结、产品分析等情况下，当展示的对比数据中，有特别大、特别小或其他需要关注及说明的特殊数据时，可在柱形图或条形图中进行特殊值强调。

▶ **重点速记——对比数据时，4 种强调数据的方法**

（1）改变特殊数据的填充格式。

（2）为特殊数据添加数据标签。

（3）既改变特殊数据的填充格式，又添加数据标签。

（4）当特殊数据不止一项且相邻时，可添加阴影进行强调。

示例文件为 4.1.4 对比数据时强调数据。

制表目标：❶用图表体现全年 12 个月的销售收入对比；❷强调销售收入最高的月份。

扫码看视频

只需要强调单项数据时，我们可用如图 4-30 所示的图表来表达，它通过改变填充颜色和添加数据标签来实现特殊值强调效果。设置方法比较简单，只需要点击两次"2 月"数据的柱形，并对其单独设置填充格式、添加数据标签。

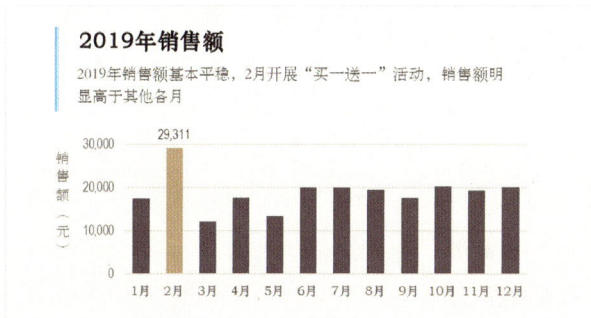

图 4-30　通过改变填充颜色、添加数据标签来强调数据

制表目标：❶用图表体现全年 12 个月的销售收入对比；❷强调销售收入波动较大的一段时期。

当图表要强调的是多项数据，即一段特殊的数据区间时，我们可用如图 4-31 所示的带阴影的柱形图来实现。

制作思路是，先增加辅助数据柱形图，并将除辅助数据外的其他数据设置在次坐标轴上，然后调整辅助数据的柱形和间隙宽度，这样便可实现阴影效果。制作方法如下。

Step 01：设置辅助数据，如图 4-32 所示。在表格中增加一列阴影辅助数据，并取名为"波动期"，该名称将作为后面的阴影区域名称。

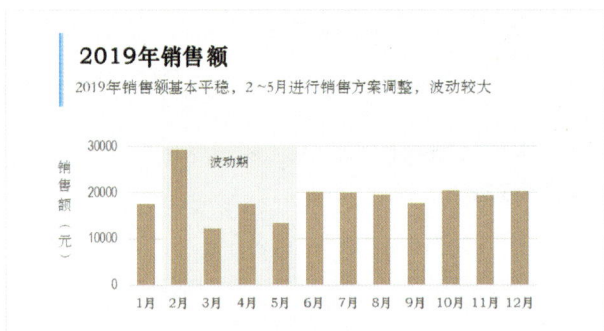

月份	销售额	波动期
1月	17,587	
2月	29,311	30,000
3月	12,211	30,000
4月	17,614	30,000
5月	13,398	30,000
6月	20,044	
7月	19,956	
8月	19,527	
9月	17,719	
10月	20,363	
11月	19,372	
12月	20,248	

图 4-31　带阴影的柱形图　　　　　　　　图 4-32　设置辅助数据

Step 02：因为次坐标轴上的数据会在前方显示，所以我们要将辅助数据以外的其他数据设置在次坐标轴上。选中"销售额"数据系列，在设置窗格中选择"次坐标轴"，如图 4-33 所示。

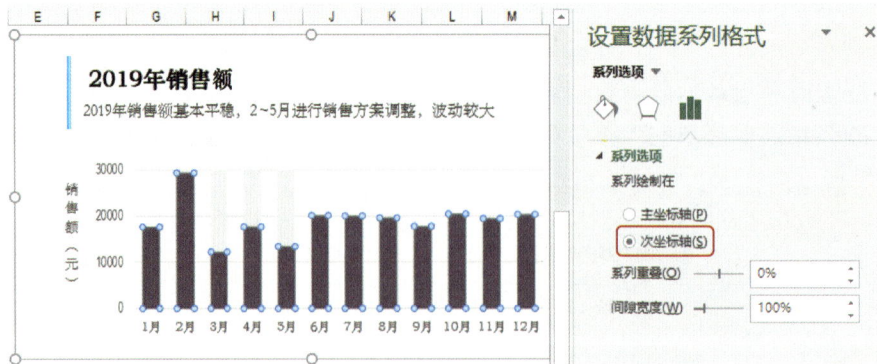

图 4-33　将辅助数据以外的其他数据设置在次坐标轴上

Step 03：调整辅助数据宽度，让阴影变宽，如图 4-34 所示。选中"波动期"数据系列，在"设置数据系列格式"窗格中将"间隙宽度"设置为"0%"。

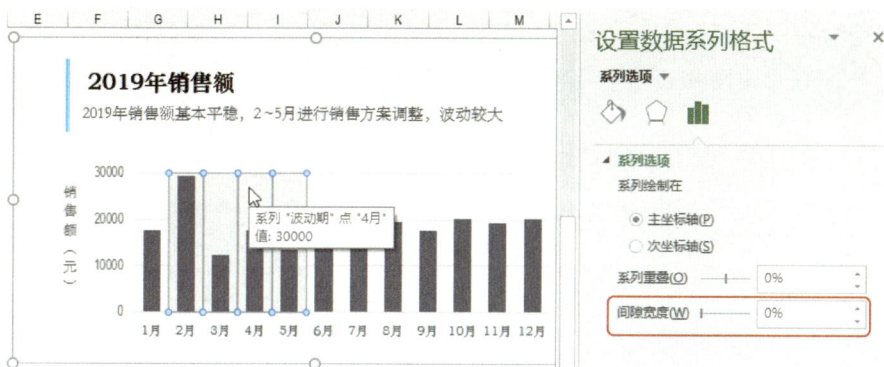

图 4-34　调整辅助数据宽度

Step 04：设置阴影数据标签，如图 4-35 所示。双击选中"3 月"的辅助数据，添加数据标签。

❶ 选中数据标签。

❷ 在"设置数据标签格式"窗格中设置标签，如"系列名称"，取消"值"的勾选，即可为阴影区域添加名称。

从本小节的案例我们可以看出，如果要对数据进行强调，那么只需将它们设置为不同的格式。因为我们总是会不自觉地忽略相同的元素，而注意到不同的元素。

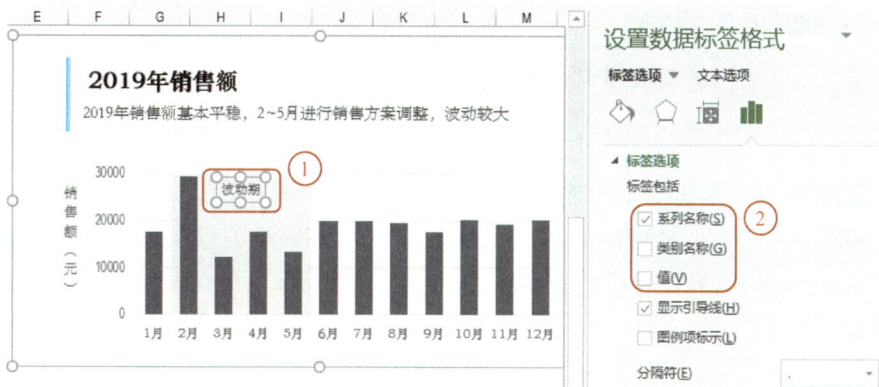

图 4-35　设置阴影数据标签

4.2　对比两组数据的不同项目大小

当数据的分类有两组，如对事业部 A、B 的不同月份的业绩进行对比时，我们需要在单组项目对比图上增加一个数据分组。此时，柱形图和条形图依然是首选。

我们因为有了两组数据，所以可以巧妙地设置图表元素，从而制作对比更强烈、更直观的实际与预算对比图和项目同期对比图。

4.2.1 常规两组数据对比图：事业部 A、B 业绩对比图

应用场景：

在展示业绩、汇报工作等场景下，当需要体现两组数据的对比时，我们可使用柱形图或条形图制作两组数据对比图。我们通过紧密排列的两根柱形或条形来对比不同组别的项目数据大小。

▶ **重点速记——两组数据对比图，排序怎么排**

单组数据对比图通常有唯一的排序标准，而两组数据对比图没有，其排序情况一般如下。

❶ 柱形图的数据从左到右按照由大到小的顺序排列。

❷ 条形图的数据从上到下按照由大到小的顺序排列。

❸ 如果数据没有时间顺序，那么它们可按照字母、级别等顺序排列。

1. 用柱形图对比两组数据

示例文件为 4.2.1 两组多项目数据对比图。

制表目标为：用图表体现 1～4 月的事业部 A、B 的销售额对比。

两组数据对比柱形图的创建方法与第 4.1.1 节的单组数据对比柱形图的创建方法一致。我们通过如图 4-36 所示的原始数据来创建簇状柱形图，并进行图表布局设置，即可完成如图 4-37 所示的图表。为了使图表更加简洁，我们删除了纵坐标轴和图例，并使数据分组名称和数据大小在"1 月"柱形上显示。

图 4-37 强调了相同月份的事业部 A 和事业部 B 的销售额对比。

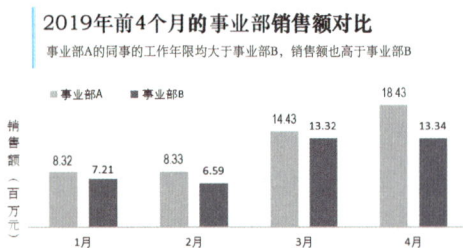

图 4-36　原始数据

图 4-37　相同月份的不同部门的销售额对比

当图表中有两组数据时，我们可通过切换行或列来实现从另一个角度进行数据对比，如图 4-38 所示。选中图表，单击"图表设计"选项卡下的"切换行/列"按钮，可得到如图 4-39 所示的对比图。这张图表的对比侧重点变成了同一事业部的不同月份的销售额对比。

从本小节的案例可以看出，如果我们要对数据进行对比，那么只需将它们放在一起，因为我们总是会不自觉地将一个数据和邻近的数据进行比较。

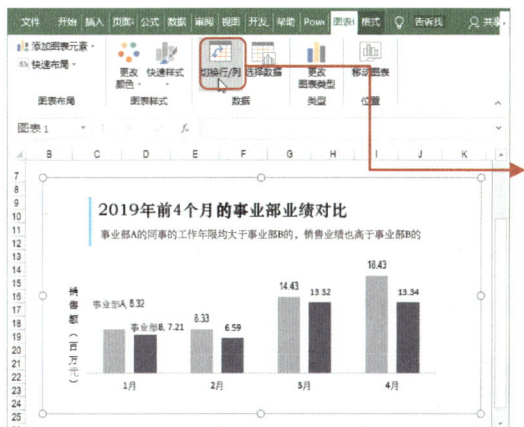

图 4-38　切换行或列

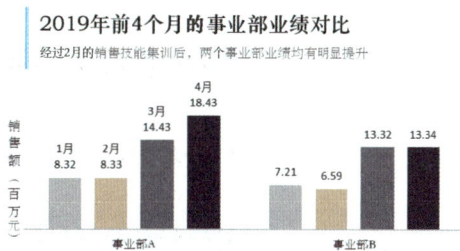

图 4-39　同一事业部的不同月份的销售额对比

2. 用条形图对比两组数据

当需要对比的两组数据的项目数量较多，或者考虑到展示工具的尺寸时，我们可使用条形图，如图 4-40 和图 4-41 所示。这两个图表是《经济学人》的两组多项目对比条形图。

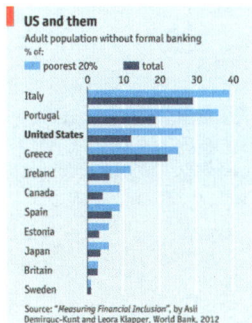

图 4-40　《经济学人》的两组多项目对比
条形图（一）

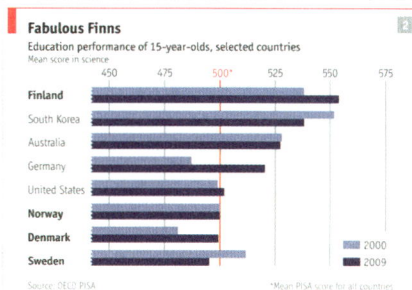

图 4-41　《经济学人》的两组多项目对比
条形图（二）

▶ **重点速记——学习《经济学人》的商务对比条形图的 2 个优点**

❶ 横坐标轴放在图表上方，并与网格线结合，这样方便读数。

❷ 图例位置可根据图表布局灵活变动，其首选位置是图表左上方。图例应与标题左对齐，当图表右下角空白较多时，它也可移到该处。

拓展：图片填充，人形消费者调查对比图、金币利润对比图

示例文件为 4.2.1 小人和金币条形图。

制表目标：用图表形象地体现男性消费者和女性消费者购物时最关心的事项。

图 4-42 用代表不同性别的小人填充条形图，从而变得生动有趣。制作方法是复制素材图片，将其粘贴到数据系列中，再设置填充格式。

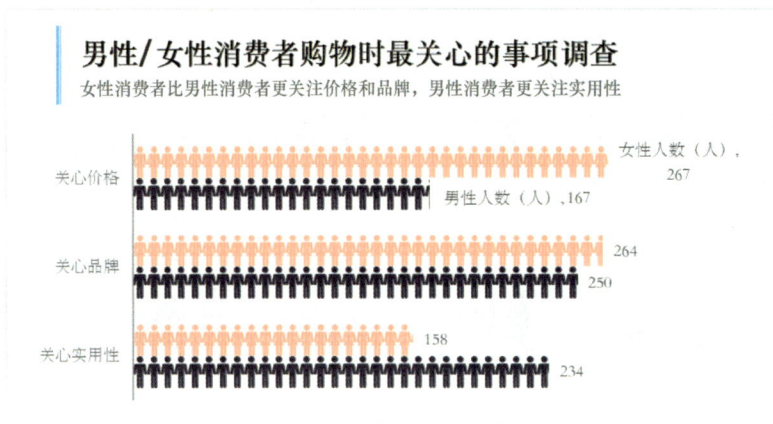

图 4-42　小人条形图

用人形素材图片填充条形图，如图 4-43 所示。

❶ 选中代表女性的小人，按"Ctrl+C"键复制。

❷ 选中图表中"女性人数"数据系列，按"Ctrl+V"键粘贴。

❸ 打开"设置数据系列格式"窗格，设置填充方式为"层叠"。

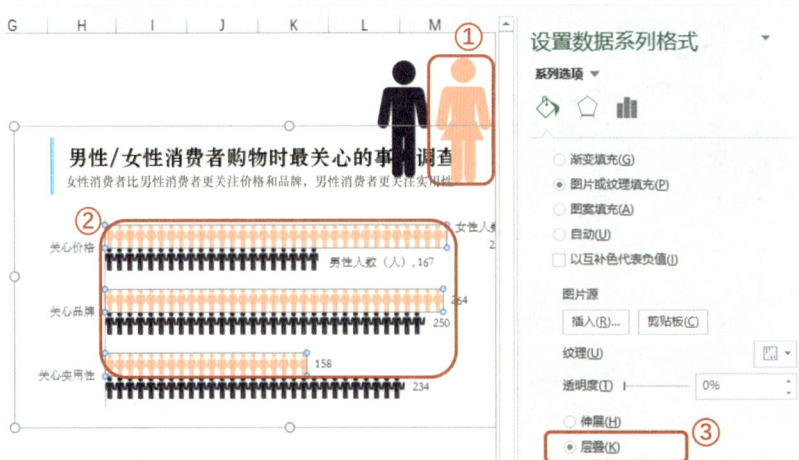

图 4-43　用人形素材图片填充条形图

制表目标：用图表形象地体现各分公司的利润数据。

我们在用素材图片填充图表时，有不同的填充思路。图 4-44 是条形图+散点图的组合图表，它没有填充条形，而是利用金币图片填充散点，用金币象征利润。

我们通过第 4.1.1 节和第 4.2.1 节的示例可知，用图片填充图表的各项元素，既可以美化图表，又可以增强图表的表现力。

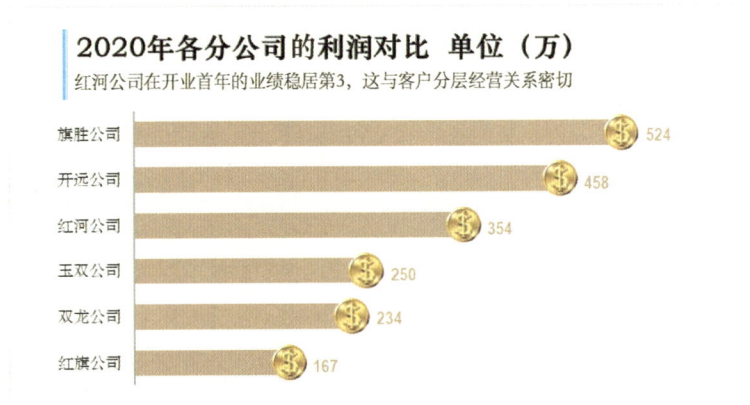

2020年各分公司的利润对比 单位（万）
红河公司在开业首年的业绩稳居第3，这与客户分层经营关系密切

图 4-44　条形图+散点图的组合图表

4.2.2　让两组数据的对比更直观：实际与预算对比图、项目同期对比图

应用场景：

在财务分析、年终总结时，我们需要强烈对比两项数据，如实际与预算、今年与去年的项目数据，可对柱形图进行巧妙设计，让代表两项数据的柱形重合，由此得到如图 4-45 和图 4-46 所示的对比图。

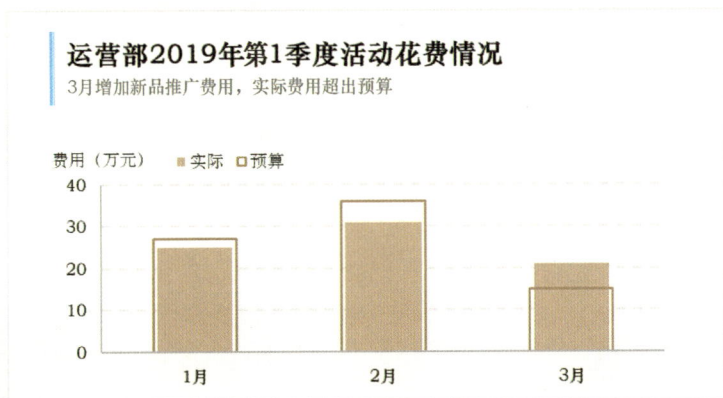

运营部2019年第1季度活动花费情况
3月增加新品推广费用，实际费用超出预算

图 4-45　实际与预算对比图

各平台粉丝增量最近两年的第 1 季度变化情况
第 1 季度的粉丝增量受线下开课数量影响，均呈下降趋势

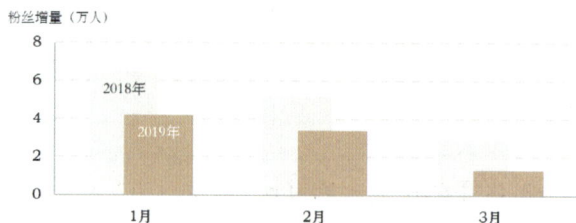

图 4-46　项目同期对比图

示例文件为 4.2.2 实际与预算对比图。

制表目标：❶用图表体现 1~3 月运营部的实际与预算费用对比；❷使图表强烈且直观地反映出实际费用与预算费用的差距。图 4-45 的制作方法如下。

扫码看视频

Step 01：创建柱形图，如图 4-47 所示。

❶ 在表格中输入原始数据。

❷ 选中原始数据，创建簇状柱形图。

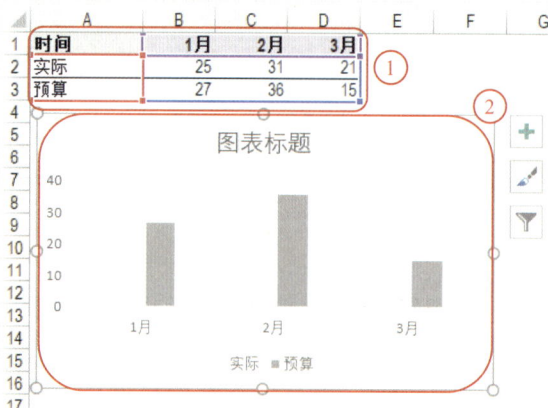

图 4-47　创建柱形图

Step 02：将数值相对更小的数据设置在次坐标轴上。次坐标轴的数据会在前方显示，因此"预算"数据设置在次坐标轴上可避免被"实际"数据遮挡，如图 4-48 所示。

❶ 选中"预算"数据。

❷ 在"系列选项"菜单中设置"次坐标轴"。

Step 03：设置间隙宽度，让后面的数据更宽，如图 4-49 所示。选中位于前面的"预算"数据，减小"间隙宽度"参数，让"预算"数据的柱形更宽。接下来只需要对图表进

行其他细节的美化设置就可以完成本案例的图表制作。

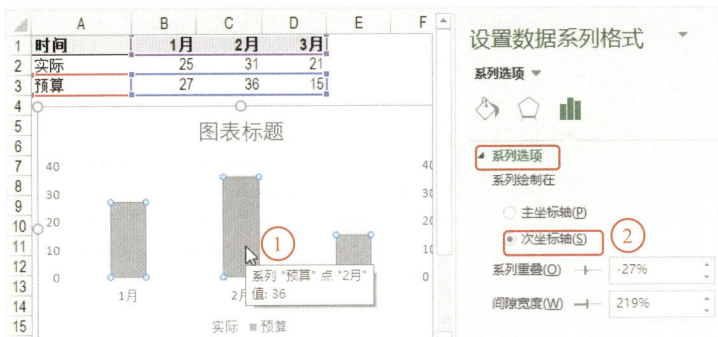

图 4-48 将"预算"数据设置在次坐标轴上

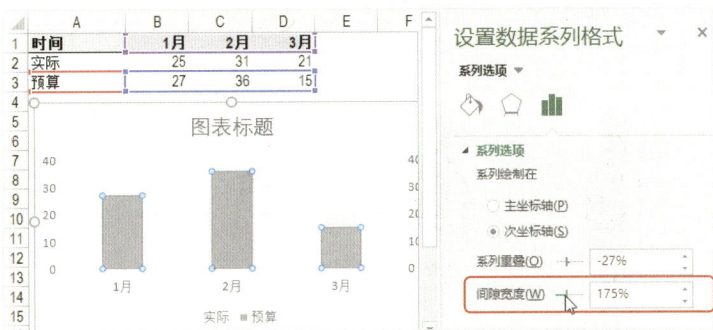

图 4-49 设置间隙宽度

拓展 1：年度、半年、当前数据的直观对比

示例文件为 4.2.2 年度目标、半年目标、当前完成对比图。

制表目标：用适当的图表同时体现不同年度目标、半年目标、当前完成的数据。

我们利用同样的思路可对图表再次进行变形，得到如图 4-50 所示的年度目标、半年目标、当前完成对比图。我们将数值相对较大的"年度目标"放在主坐标轴上，并适当减小间隙，增加宽度，将其他两项数据放在次坐标轴上。请在"Excel 偷懒的技术"微信公众号中发送关键词"预算目标对比"，以获取详细制作方法。

年度目标、半年目标、当前完成对比图

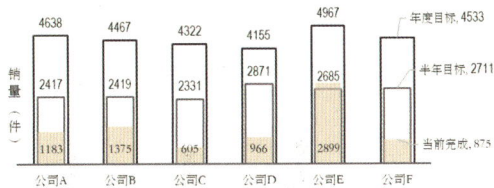

图 4-50 年度目标、半年目标、当前完成对比图

拓展 2：图片填充，酒瓶销售进度图

示例文件为 4.2.2 啤酒销售进度图。

制表目标：用适当的图表形象体现啤酒销售进度。

在表达实际与计划、进度等概念时，可用不同颜色的形状填充柱形图，实现如图 4-51 所示的效果。酒瓶的黑色部分表示未完成的目标，黄色部分表示已完成的目标。

图表的制作思路是，将"实际"数据设置在次坐标轴上，分别用黑色、黄色的酒瓶素材图片填充"目标"数据系列和"实际"数据系列，并设置填充格式。

图 4-51　酒瓶销售进度图

用黄色酒瓶图片填充"实际"数据系列后，要设置其填充方式为"层叠并缩放"，单位为"800"，如图 4-52 所示。用黑色酒瓶图片填充"目标"数据系列后，也要进行相同的设置。该操作的目的是让图片缩放参数一致，从而使酒瓶图片完全重叠。

图 4-52　酒瓶图片填充设置方法

4.2.3 雷达图对比多维度数据：城市销量对比图

顾名思义，雷达图就像一个雷达，其所有数据的起点均为同一个圆心，数据点的位置离圆心越远表示数据越大。

应用场景：

❶ 需要对比的数据维度超过 4 个的情况。例如，要展示商品在 8 个城市的销量对比，或者要展示员工在工作效率、纪律性、合作度等维度的评分。

❷ 需要对比 2～3 组数据的综合情况。在雷达图中，一组数据点的连线会形成一个闭合的图形，读图者可通过对比图形面积的大小来判断综合情况。数据组为 2 组的情况最佳，当数据超过 3 组时，图表会显得混乱。

示例文件为 4.2.3 候选人能力对比。

制表目标：❶用适当的图表体现 2 位入职候选人的能力分值；❷让读图者能直观地分析 2 位候选人的综合能力。

雷达图以中心为基点，通过向外扩张的程度来体现具体的能力评分，如图 4-53 所示。雷达图还可以通过圈的面积大小来对比两位候选人的综合能力。如果想进一步突出面积、体现综合能力对比，我们可以制作如图 4-54 所示的填充雷达图。

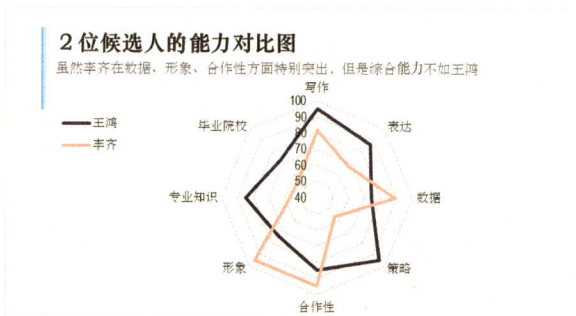

图 4-53 无填充雷达图

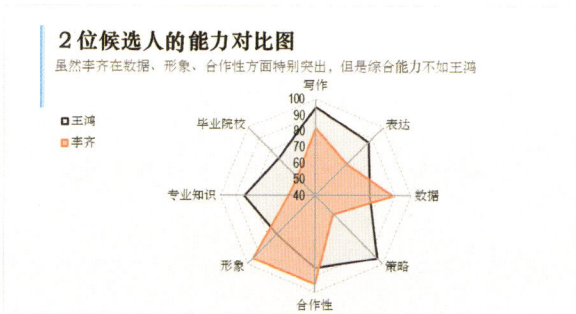

图 4-54 填充雷达图

雷达图的制作方法比较简单，只需要选中数据，创建雷达图或填充雷达图即可。

需要注意的是，填充雷达图需要设置透明度，否则上面的数据可能会遮挡住下面的数据。在图 4-55 中，我们选中"李齐"数据系列，设置填充色的"透明度"参数为"29%"。

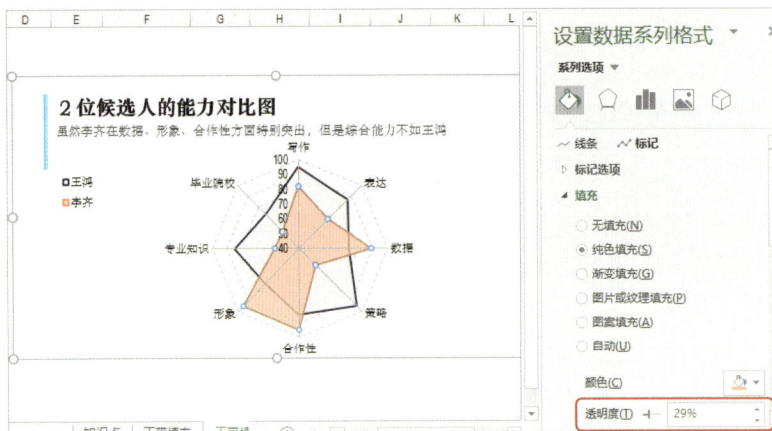

图 4-55　设置雷达图填充色透明度

4.3　对比多组数据的不同项目大小

应用场景：

在竞争产品调查、市场分析等情况下，需要对比的数据往往超过两组，而且每组数据有多个项目需要对比，此时我们需要制作多组数据多项目对比图。由于这类图表的数据量较多，柱形或条形的数量增加，所以我们更需要注意图表的布局设计是否简洁，必要时应采用巧妙的方法让图表更清晰直观。

《经济学人》的多组数据多项目对比图如图 4-56 和图 4-57 所示。通俗来说，多组数据多项目对比图其实就是柱形较多的柱形图或条形较多的条形图，只不过当数据项目较多时，有一些讲究。

▶ **重点速记——让多组数据多项目对比图变得简洁的方法**

❶ 我们应将数据分组控制在 4 组以内，因为分组过多会导致图表信息太多，让人难以进行数据对比。

❷ 当分组小于 3 组时，图表不需要使用图例，用数据标签进行标注即可。但是当分组大于或等于 3 组时，图例是必要的，而且图例应位于图表上方。

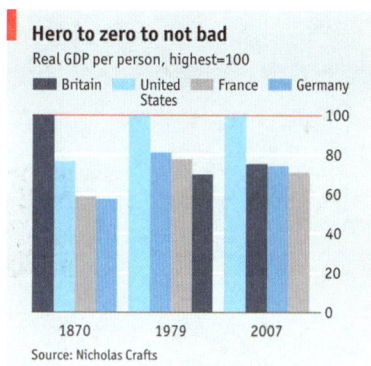

图 4-56 《经济学人》四个系列三个项
目对比图

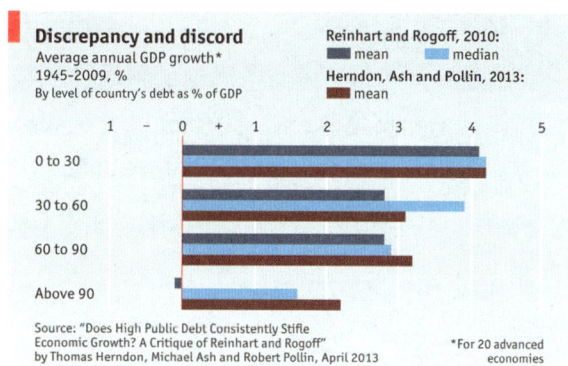

图 4-57 《经济学人》三个系列四个项目对比图

利用柱形图或条形图制作常规多组数据多项目对比图的方法比较简单。由于这类常规图表的数据较多，所以其对比直观度降低。因此，接下来我们介绍如何通过巧妙的变形设计来制作出对比更直观、更符合不同场景需要的多组数据多项目对比图。

4.3.1 条形图分组：分店 4 个季度的销售额对比图

应用场景：

当需要进行分店在不同季度的销售额分析及各产品在不同月份的销量对比时，考虑到数据较多，我们通常会选择条形图。为了避免条形太多引起的视觉上的混乱，我们可将条形分组，以实现更多直观的多组数据对比。

当常规多组条形图的数据太多时，图表会十分复杂，如图 4-58 所示。如果将数据分组显示，那么我们可得到如图 4-59 所示的图表，图表的直观度和简洁度由此得到提升。

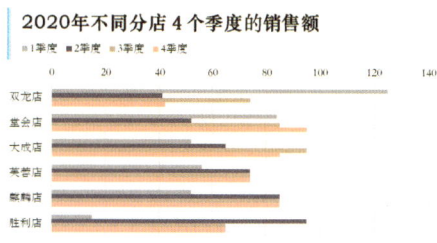

图 4-58 常规多组条形图

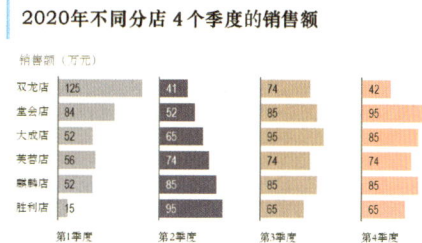

图 4-59 经过改进的多组条形图

示例文件为 4.3.1 分组条形图。

制表目标：❶用图表体现 4 个季度的 6 个分店的销售额对比；❷使图表简洁清晰且能

直观地反映同一季度的不同分店销售额对比。

由制表目标可得，分组条形图的制作思路是：增加辅助数据，创建堆积条形图，将条形图中的辅助数据隐藏，实现条形图的分组效果；将辅助数据制作成散点图，为散点图添加误差线，制作出虚假 y 轴。具体方法如下。

Step 01：利用辅助数据创建图表，如图 4-60 所示。

❶ 在 Excel 表格的 A1:H7 单元格区域中输入带辅助数据的分组条形图数据。

❷ 选中该区域数据，创建堆积条形图。

❸ 在 J2:M3 单元格区域中输入虚假 y 轴数据，选中这个区域的数据，按"Ctrl+C"组合键进行复制，再选中图表，按"Ctrl+V"组合键，将复制的数据粘贴到图表中。

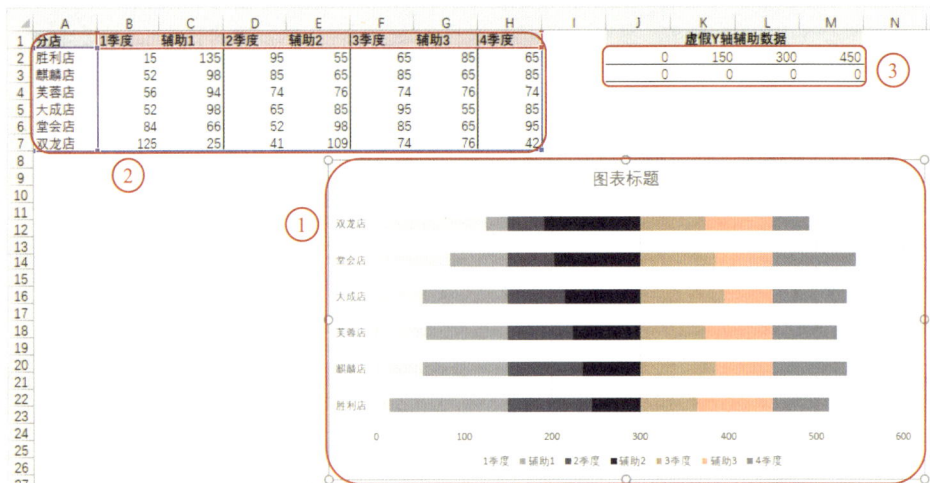

图 4-60　利用辅助数据创建图表

Step 02：修改图表类型。单击"图表设计"选项卡下的"更改图表类型"按钮，如图 4-61 所示。

❶ 分别设置不同数据的图表类型。

❷ 单击"确定"按钮。

Step 03：隐藏条形图中的辅助数据，如图 4-62 所示。

❶ 选中条形图中的"辅助 1"数据。

❷ 在"格式"选项卡下单击"形状填充"下拉按钮。

❸ 选择"无填充"或与图表背景色相同的颜色，以实现隐藏效果。

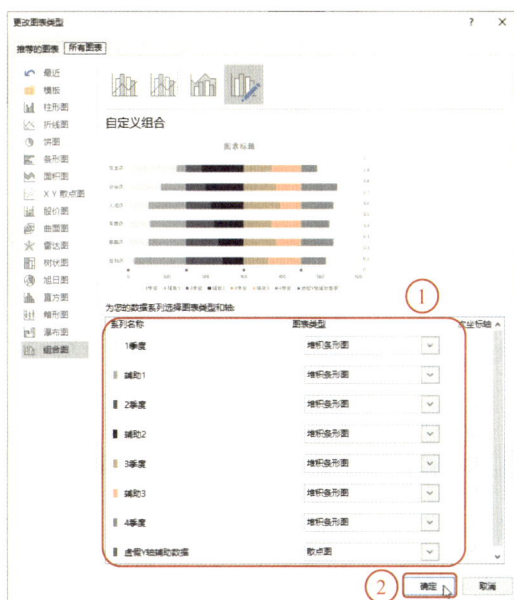

图 4-61　修改图表类型

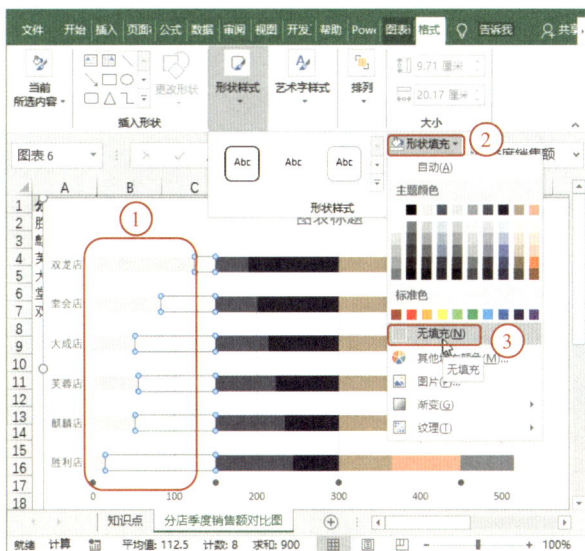

图 4-62　隐藏条形图中的辅助数据

Step 04：添加误差线制作虚假 y 轴，如图 4-63 所示。

❶ 选中散点图，单击"图表设计"→"添加图表元素"→"误差线"→"其他误差线"选项，打开"设置误差线格式"窗格。

❷ 将垂直误差线设置为"正偏差""无线端"，因为散点图的 y 轴最大值为 0.25，所以误差量也设置为 0.25。

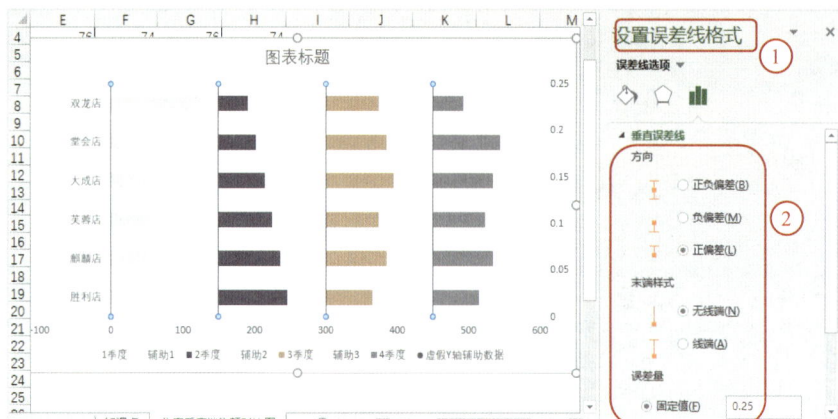

图 4-63　添加散点误差线制作虚假 y 轴

Step 05：设置每组条形的数据标签名称。此时应为散点图设置数据标签，从而显示条形图的季度名称。选中散点图，添加"下方"数据标签后，如图 4-64 所示。

❶ 在"设置数据标签格式"窗格中，将标签设置为"单元格中的值"，取消 y 值的勾选。

❷ 在"数据标签区域"中，按住"Ctrl"键，依次选择 B1、D1、E1、H1 单元格，并单击"确定"按钮，此时会发现标签变为季度名称。接下来只需要对图表进行细节完善，即可完成图表制作。

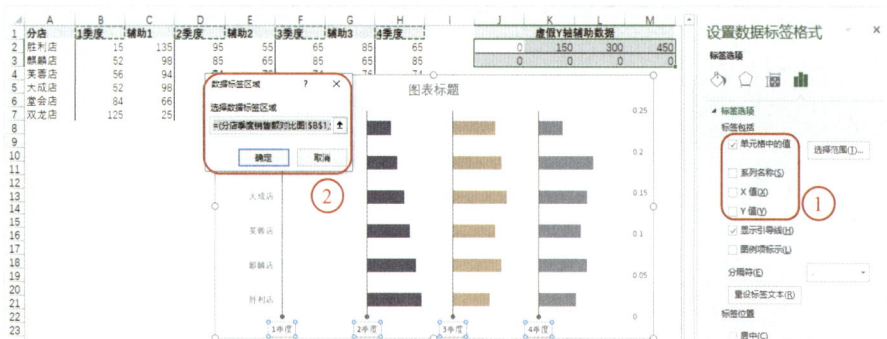

图 4-64　设置每组条形的数据标签名称

4.3.2　对比数据在重要节点的大小：仓库货量对比图、月度业绩对比图

应用场景：

在销量对比、业绩对比、库存分析等场景下，当需要对比的数据含有"最高""最低"等概念或需要体现时间、速度等概念时，我们应弱化图表中"量"的概念、强化数据节点。当数据项目较多时，我们更应改进图表设计，以减少图表中不必要的信息，让读图者的注意力集中在数据节点上。

1. 垂直对比数据节点

人们通常将"最高"、"最低"等概念与垂直方向的位置联系在一起，因此这类概念的图表适合制作成垂直点位对比图。

示例文件为 4.3.2 库存对比图。

制表目标：❶利用图表对比 7 个城市仓库的当前库存、最高库存、最低库存；❷使图表简洁，利用图表快速对比各城市不同维度的库存差距。

通过制表分析可发现，如图 4-65 所示的常规对比图信息冗杂，高低不同的柱形让人无法专心对比当前库存、最高库存、最低库存。我们通过改进，制作出了如图 4-66 所示的垂直点位对比图。图 4-66 十分简洁，可直观地展示对比情况。

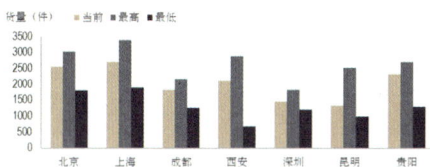

图 4-65　常规对比图

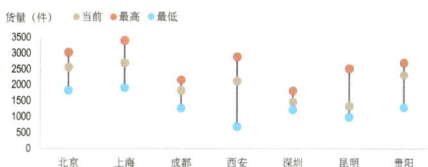

图 4-66　垂直点位对比图

仓库货量对比图的制作思路是，先将数据制作成折线图，再添加高低点连线，形成点位连线，最后隐藏折线图线段。具体方法如下。

Step 01：创建图表，如图 4-67 所示。

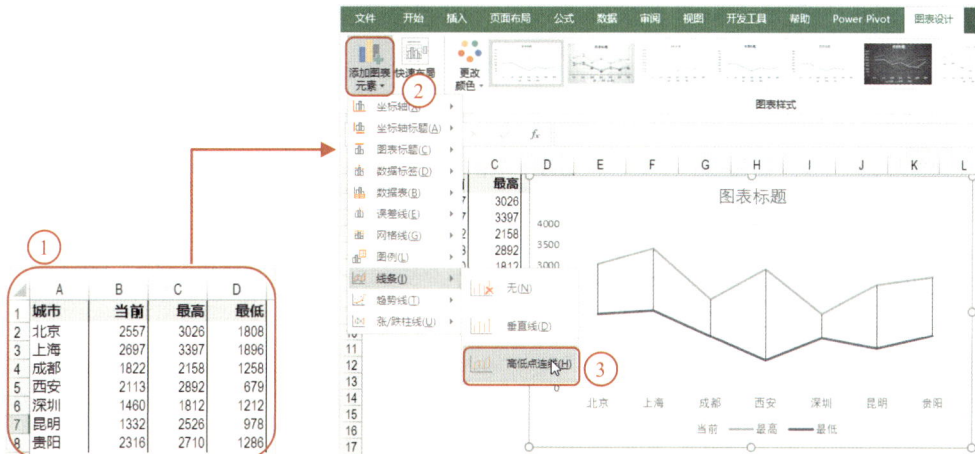

图 4-67　创建图表

❶ 在表格中输入图表的原始数据。

❷ 选中数据，创建并选中折线图，单击"添加图表元素"按钮。

❸ 单击"线条"→"高低点连线"。此时 3 条折线的高低点间有了垂直线。

Step 02：设置标记点，将其作为"当前""最高""最低"的库存的标记，如图 4-68 所示。

❶ 选中"最高"系列数据，打开"设置数据系列格式"窗格。

❷ 切换到"标记"选项卡下。

❸ 选择圆形的"内置"标记，大小为 7。用同样的方法为另外两条折线设置标记。

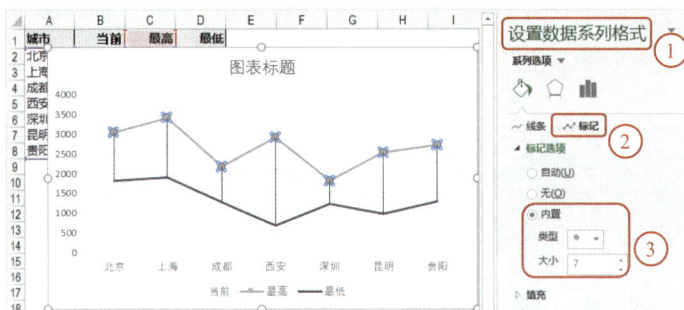

图 4-68　设置标记点

Step 03：图表有了高低点连线及标记点后，我们就可以将折线隐藏了，如图 4-69 所示。选中"最高"系列折线，在"设置数据系列格式"窗格中，将线条类型设置为"无线条"，即可成功隐藏这条折线。用同样的方法将另外两条折线隐藏，再完善细节，即可制作垂直点位对比图。

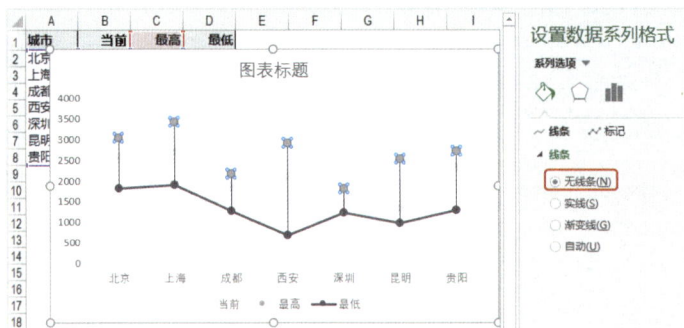

图 4-69　隐藏折线

2．水平对比数据节点

人们习惯将时间、速度等概念与水平方向上的位置联系在一起。

示例文件为 4.3.2 业绩对比图。

制表目标：❶用图表体现 11 个公司在 1～3 月的业绩对比；❷使图表简

扫码看视频

洁，并利用图表快速对比月份节点上各公司的业绩。

通过分析可发现，将如图 4-70 所示的常规对比图变成如图 4-71 所示的水平点位对比图后，我们可通过水平方向上的节点的位置来快速对比出各公司的业绩。而且水平方向上的节点有"速度"的含义，可强化公司间的业绩对比。

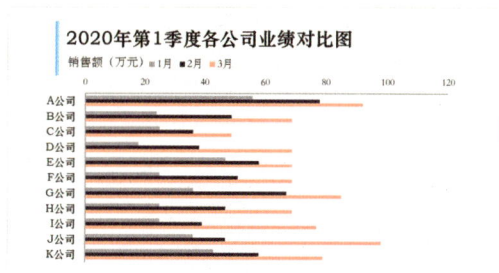

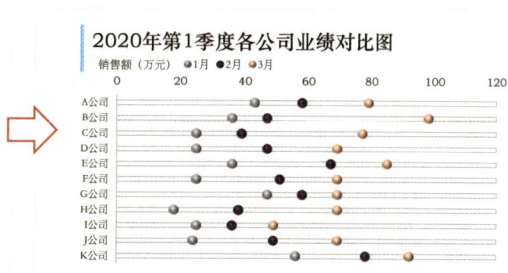

图 4-70　常规对比图　　　　　　　　　图 4-71　水平点位对比图

公司业绩对比图的制作思路是：将不同月份的销售额数据制作成散点图，并用辅助数据控制散点在 y 轴上的位置；用辅助数据创建条形图，通过设置格式将其变形为散点后面的滑竿，方法如下。

Step 01：将"1 月"数据创建为散点图，如图 4-72 所示。选中"1 月"及"y 轴"数据，创建散点图。

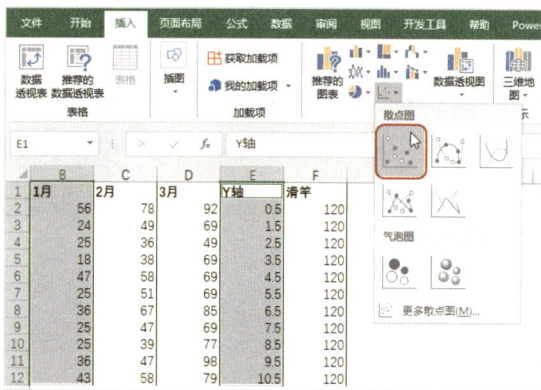

图 4-72　将"1 月"数据创建成散点图

Step 02：添加数据。创建图表后，单击"图表设计"→"选择数据"，打开"选择数据源"对话框，单击"添加"按钮，如图 4-73 所示。

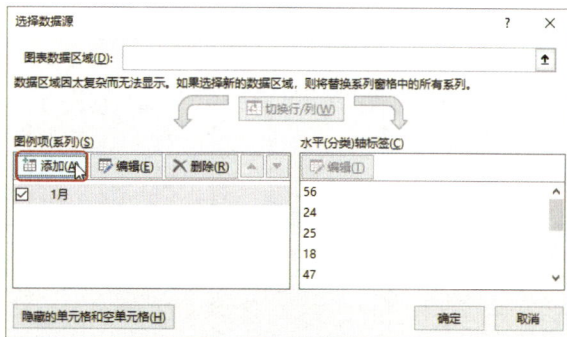

图 4-73　添加数据

Step 03：添加"2 月"数据、"3 月"数据，如图 4-74 所示。

❶ 在"编辑数据系列"对话框中，分别设置数据系列名称、x 轴系列值和 y 轴系列值，以达到添加"2 月"数据的目的。

❷ 单击"确定"按钮。用同样的方法添加"3 月"数据，"3 月"数据的 y 轴数据也是 E1:E12 单元格区域的数据。

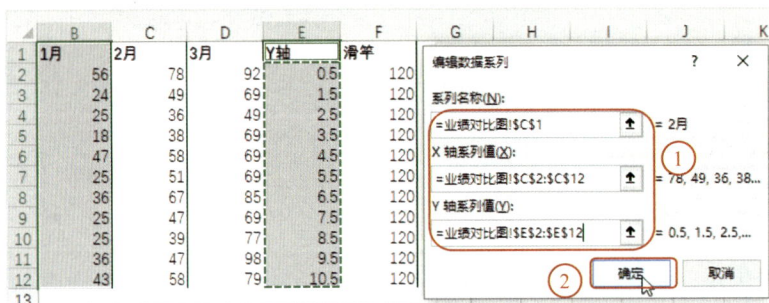

图 4-74　添加"2 月"数据、"3 月"数据

Step 04：添加"滑竿"数据，如图 4-75 所示。

❶ 按住"Ctrl"键，同时选中 A1:A12 和 F1:F12 单元格区域，按"Ctrl+C"组合键进行复制。

❷ 选中图表，按"Ctrl+V"组合键进行粘贴，将复制的数据添加到图表中。

❸ 单击"更改图表类型"按钮，进行类型设置。

Step 05：更改图表类型，将"滑竿"数据设置成条形图，如图 4-76 所示。

❶ 选择"组合图"类型。

❷ 分别设置不同数据系列的图表类型。

❸ 单击"确定"按钮。

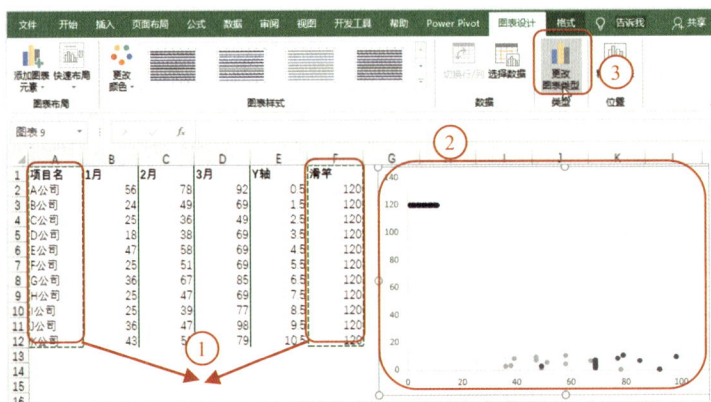

图 4-75　添加"滑竿"数据

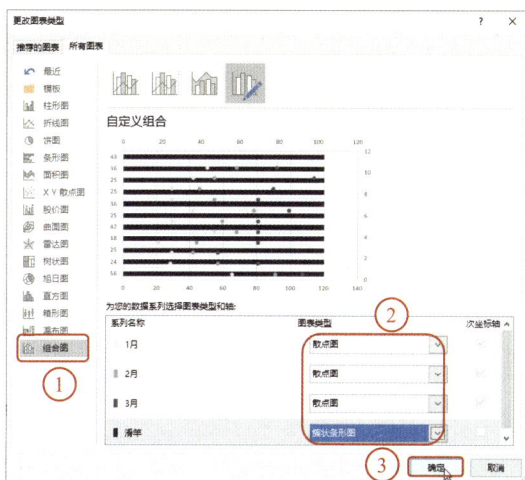

图 4-76　更改图表类型

▶ 制表小技巧——2 种添加数据的方法

在制作复杂图表时，如果我们先选中所有原始数据，再创建图表，往往会创建出混乱且达不到要求的图表，此时应将不同系列的数据一项一项地添加进去。

方法 1 为对话框添加法，可用于添加同类型图表数据。如图 4-73 所示，创建好"1月"数据的散点图后，通过对话框的"添加"按钮来添加"2月"数据、"3月"数据，让数据有条理地变成散点图中的系列。

方法 2 为复制粘贴法。如图 4-75 所示的方法便是复制粘贴法。用这种方法添加条形图数据时，应直接将数据添加到图表中，再进行图表类型设置。

Step 06：此时图表雏形已成，只需要设置格式即可，如图 4-77 所示。

❶ 选中条形图，将其设置为"无填充"格式。

❷ 将边框设置为"实线"，并设置线的粗细和颜色。

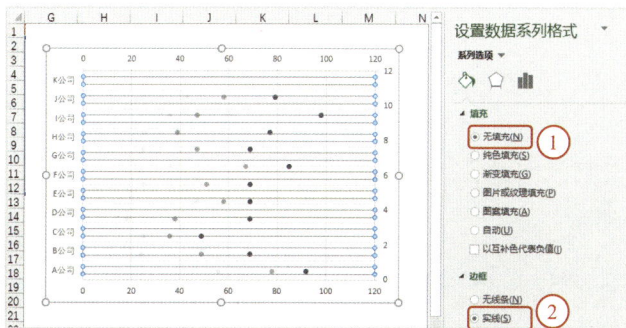

图 4-77　设置"滑竿"条形图格式

4.4 对比指标在两年内的变化：市场占有率变化图

应用场景：

在进行年终总结、分析同期数据对比等情况下，图表需要展示两个时间节点的指标变化，其侧重点是指标的变化量，而非项目本身的大小。此时我们可设计指标变化的方向，以便读图者一目了然地看出数据的变动情况。

示例文件为 4.4 两项指标在两年内的变化。

制表目标：❶用图表体现两年时间内 5 种产品在推广前和推广后的市场占有率的变化情况；❷使读图者快速了解产品的市场占有率的变化情况。

扫码看视频

经过综合分析可发现，如图 4-78 所示的常规对比图的两组柱形间有一定的距离，这样的图表很难在视觉上体现出两年内的指标变化情况。如果两年的市场占有率差别不大，读图者会更难判断指标是增加了还是减少了。将图表设计成如图 4-79 所示的形式后，指标变化的对比更加直观。

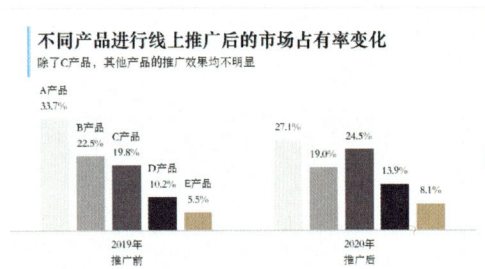

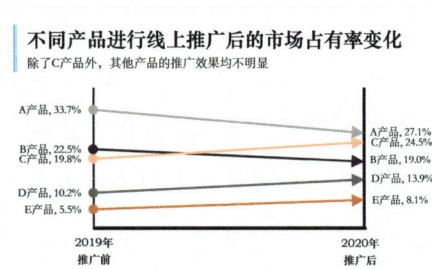

图 4-78 常规对比图　　　　图 4-79 指标变化对比图

指标变化对比图的制作思路是：将不同产品两年内的数据制作成散点图，为散点图添加线性趋势线，这样前后两年的时间节点之间就增加了相连的线段；将辅助数据制作成散点图，为散点图添加误差线，误差线可以作为两个时间节点的虚假 y 轴；设置散点、趋势线、误差线的格式，即可图表制作，具体方法如下。

Step 01：选择数据，创建图表。由于案例中的图表比较复杂，所以在表格中输入数据后，应先创建一个数据系列的图表，再依次添加数据系列，如图 4-80 所示。

❶ 选中 A 产品在 2019 年和 2020 年的数据。

❷ 单击"散点图"按钮，创建图表。

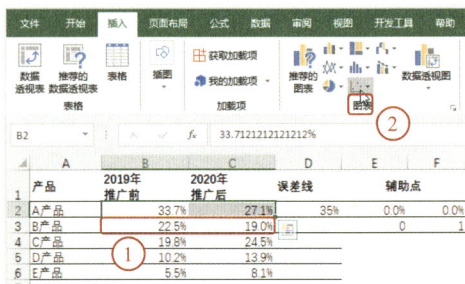

图 4-80 选择数据，创建图表

Step 02：完成图表创建后，编辑 A 产品数据，确保散点数据符合需求，打开"选择数据源"对话框，如图 4-81 所示。

❶ 选中第一个数据系列。

❷ 单击"编辑"按钮。

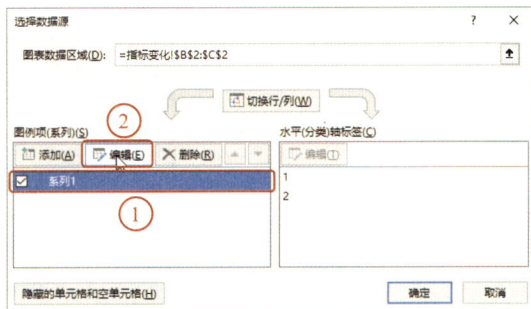

图 4-81　进入图表数据编辑状态

Step 03：编辑 A 产品数据，如图 4-82 所示。

❶ 在"编辑数据系列"对话框中，依次编辑数据的系列名称、x 轴系列值、y 轴系列值。

❷ 单击"确定"按钮。

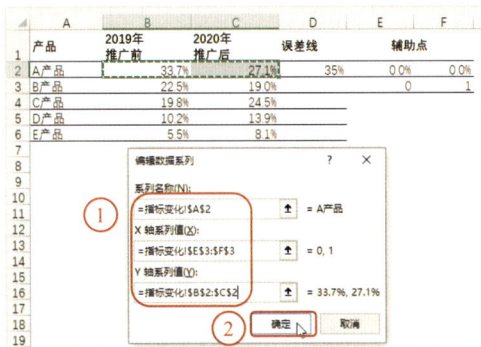

图 4-82　编辑 A 产品数据

Step 04：编辑 B 产品和其他产品的数据。单击"选择数据源"对话框中的"添加"按钮，之后的操作如图 4-83 所示。

❶ 编辑 B 产品数据。

❷ 单击"确定"按钮。用同样的方法完成其他产品数据的编辑。其要点是使所有产品数据的 x 轴系列值相同、y 轴系列值不同，从而保证 2019 年和 2020 的散点位于一条垂直线上。

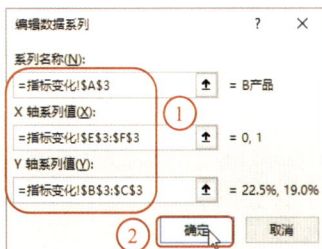

图 4-83　编辑 B 产品和其他产品的数据

Step 05：编辑辅助散点数据，如图 4-84 所示。

❶ 设置辅助散点数据，这样的数据设置可以让两个点处于一条水平线上。

❷ 单击"确定"按钮。

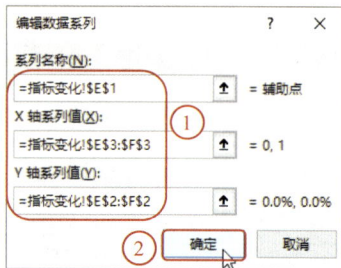

图 4-84　编辑辅助散点数据

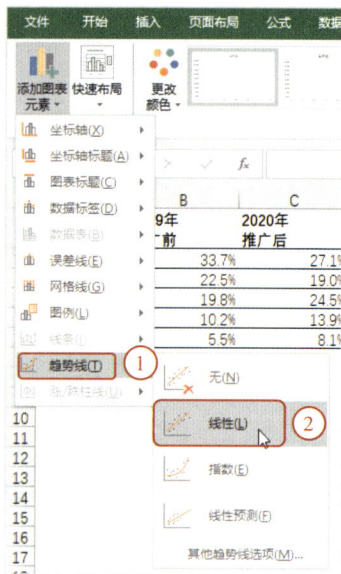

Step 06：添加线性趋势线，如图 4-85 所示。

❶ 选中 A 产品的数据系列，选择"添加图表元素"菜单中的"趋势线"选项。

❷ 单击"线性"趋势线选项。

图 4-85　添加线性趋势线

Step 07：设置趋势线格式，如图 4-86 所示。

❶ 选中 A 产品的线性趋势线，打开"设置趋势线格式"窗格。

❷ 设置线的颜色为灰色，线型为实线，宽度为 1.75 磅。

❸ 将"开始箭头类型"设置为"圆形箭头"，"结尾箭头类型"设置为"箭头"。这样散点就能被一条带圆点和箭头的线连接起来。用同样的方法为其他产品的散点设置连接线。

Step 08：为辅助散点设置误差线。选中辅助的散点，添加误差线，如图 4-87 所示。

❶ 在"设置误差线格式"窗格中，设置误差线的类型、样式。

❷ 将误差量设置为"自定义"，并单击"指定值"按钮。

❸ 将 D2 单元格的值作为指定值。因为产品的市场占有率最大值为 33.7%，所以将散点的误差设置为 35%，使误差线的高度刚好比最高的散点高一点，以符合 y 轴的需要。

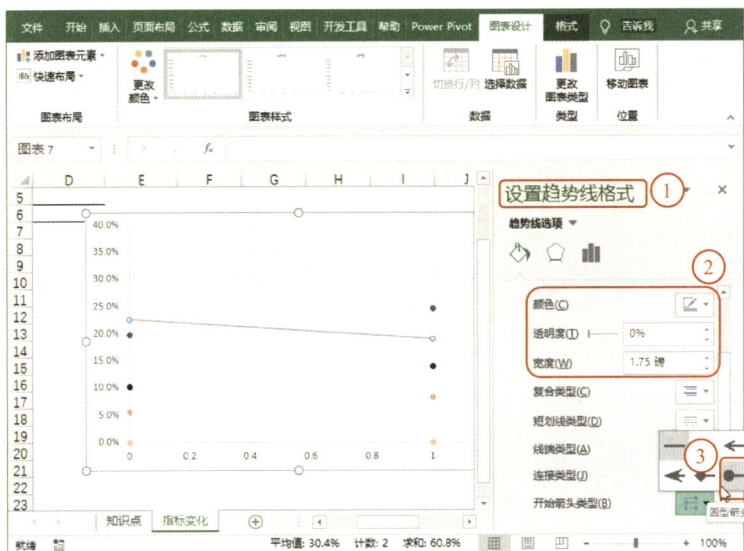

图 4-86 设置趋势线格式

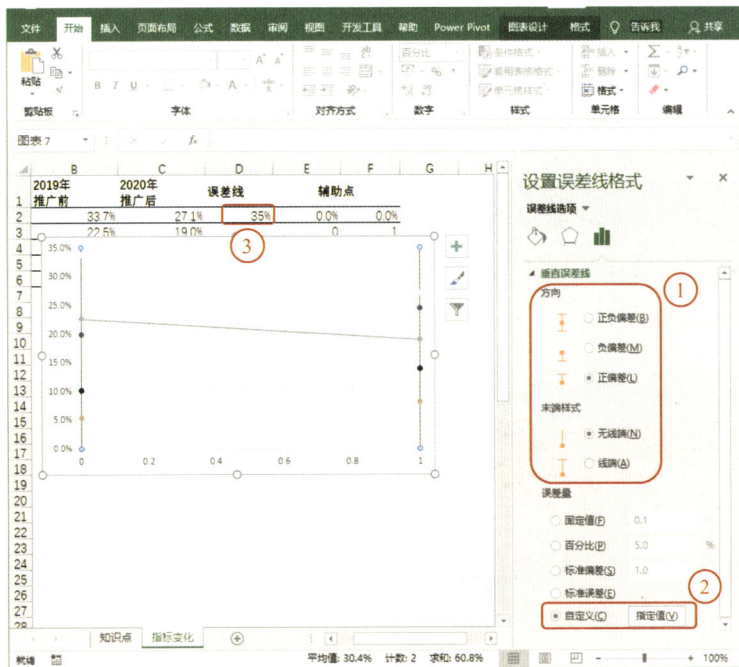

图 4-87 为辅助散点设置误差线

Step 09：设置误差线格式。此时需要让误差线更粗，以实现 y 轴效果，如图 4-88 所示。

❶ 选中误差线，将其颜色设置为黑色。

❷ 将宽度设置为 2 磅。接下来进行细节完善，即可完成图表制作。

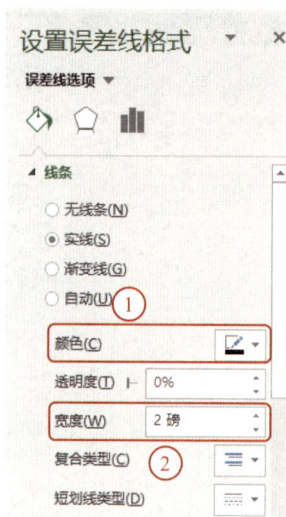

图 4-88　设置误差线格式

4.5　同时对比数据的分量与总量

在进行数据对比时，我们常常需要在对比项目数量时对比同组项目的总量。常规带合计对比图如图 4-89 所示。

图 4-89 存在两个问题：第一，如果不仔细看，读图者会以为总销量数据是另一个分店的数据；第二，总量与分量并排对比，效果不够直观。

根据不同对比的情况，我们可以设计出更专业的分量与总量对比图。

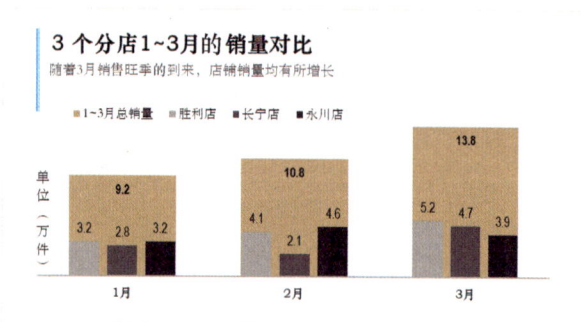

图 4-89　常规带合计对比图

4.5.1　重点对比分量与总量：分店销量对比图

应用场景：

在分析分店销量等情况下，当图表要体现每个月不同分店的销量并强调每个月所有店铺的总销量时，无论是分量还是总量，均是图表的重点。

示例文件为 4.5.1 同时对比分量与总量。

制表目标：用图表对比 3 个分店 1～3 月的销量，并对比每个月所有分店的总销量。

经过综合分析，我们可将图表制作成如图 4-90 所示的对比图，它可轻松实现分店销量与月份总销量的对比。

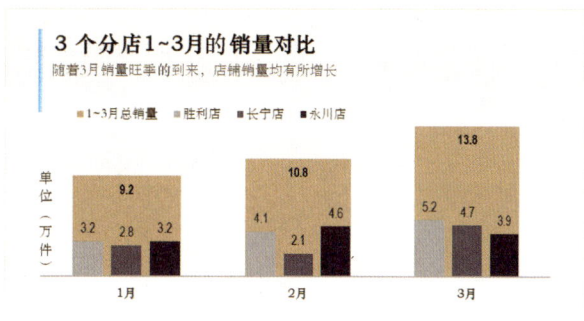

图 4-90　同时对比分量与总量

分店销量对比图实际上是由简单的柱形图"变形"而成的，制作该图表的核心思路是，将 3 个分店的数据放到次坐标轴上，在前面显示；增加在后面显示的"1～3 月总销量"数据的间隙宽度，以便让柱形更宽。次坐标轴的应用在第 4.1.2 节中详细讲解过，这里不再赘述。

▶ 制表小技巧——快速选中图表的每项元素

在编辑图表元素时，有些元素可能因被隐藏、遮挡而难以选中。例如，本例中设置在次坐标轴上的数据位于前面，它们会挡住后面的数据，此时可通过"系列选项"菜单来快速选中需要编辑的元素，如图 4-91 所示。

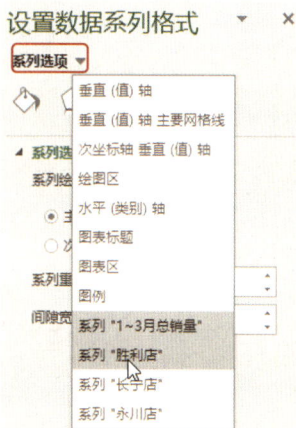

图 4-91　通过菜单选择图表元素

拓展：对比上半年、下半年、当前/计划完成数据

我们利用上面案例中的核心操作，即次坐标轴的设置，还可以制作如图 4-92 和图 4-93 所示的对比图，在图中将上半年、下半年、当前/计划完成数据制作成对比图，数据系列的重叠显示让对比更加直观。请在"Excel 偷懒的技术"微信公众号中发送关键词"对比上半年"，以获取具体制作方法。

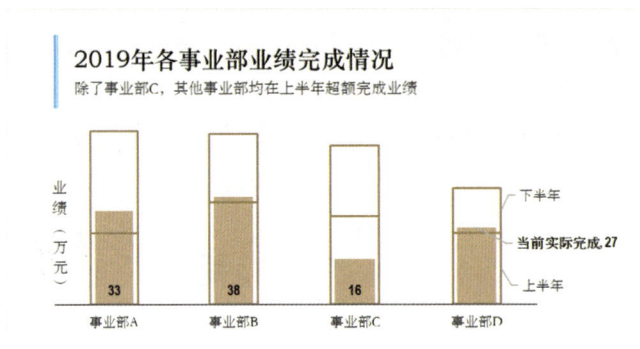

图 4-92　强调当前进度

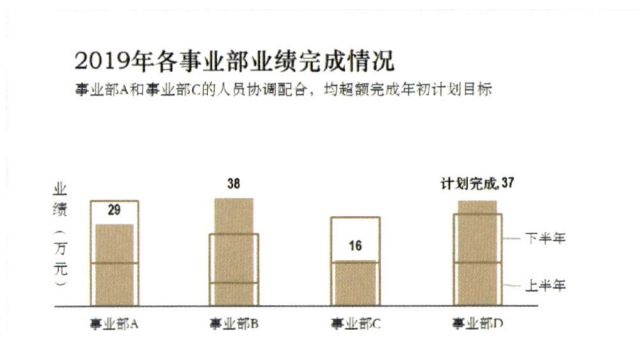

图 4-93　强调全年完成进度

4.5.2　重点对比分量，次要对比总量：分店销量对比图

应用场景：

在月度销量分析、分店销量统计等情况下，当我们需要重点对比不同月份下不同分店的销量并体现月度总销量数据时，可用堆积图表来实现。

示例文件为 4.5.2　重点对比分量，次要对比总量。

制表目标：❶用图表体现不同月份不同分店的销量；❷重点展示每个月各分店贡献的销量。

扫码看视频

根据项目数量和展示工具的尺寸，我们可合理选择堆积柱形图/条形图，当数据分类较多时，选择柱形图，如图 4-94 所示；当数据分类较少时，为了让版面更充实，选用条形图，如图 4-95 所示。

需要注意的是，数据中的一个项目量特别大或特别小的情况不适合选用堆积图表，因为太大的项目量会让其他项目难以清晰显示，而太小的项目本身无法清晰显示。

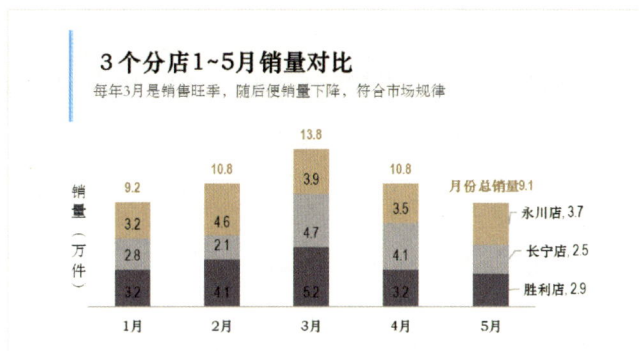

图 4-94　堆积柱形图

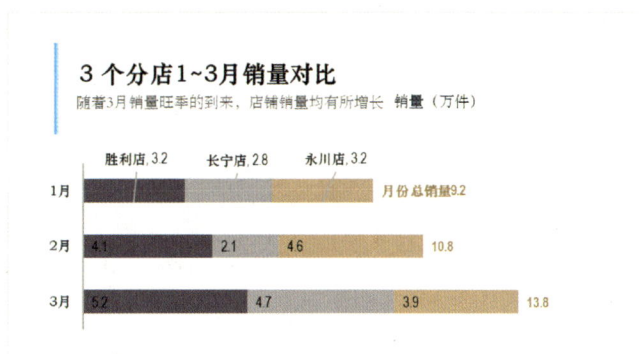

图 4-95　堆积条形图

堆积柱形图和堆积条形图的制作方法都比较简单，难点在于如何让总量数据标签完美地显示出来。制作思路为：先将总量数据设置为 0，这样不会影响其他数据的显示；然后通过选择标签值的方法来设置正确的总量数据标签，方法如下。

Step 01：创建堆积柱形图并添加数据标签，如图 4-96 所示。

❶ 选中店铺数据及辅助数据。

❷ 创建堆积柱形图，并添加数据标签。

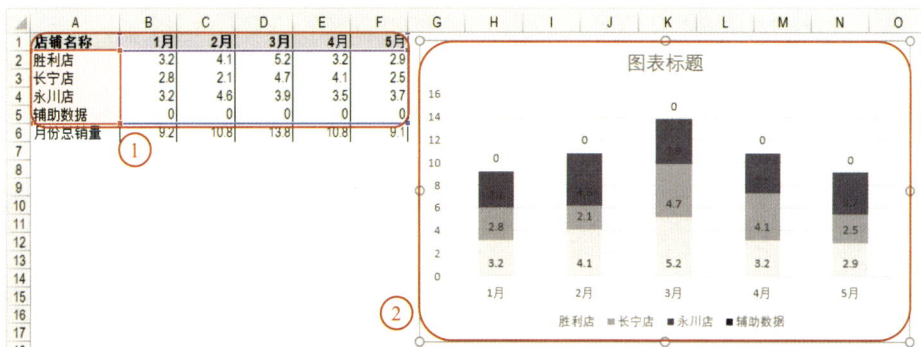

图 4-96　创建堆积柱形图并添加数据标签

Step 02：设置合计项目的标签，如图 4-97 所示。

❶ 选中合计项目的标签，设置标签选项为"单元格中的值"。

❷ 在"数据标签区域"对话框中选择正确的总销量数据单元格。

❸ 单击"确定"按钮。

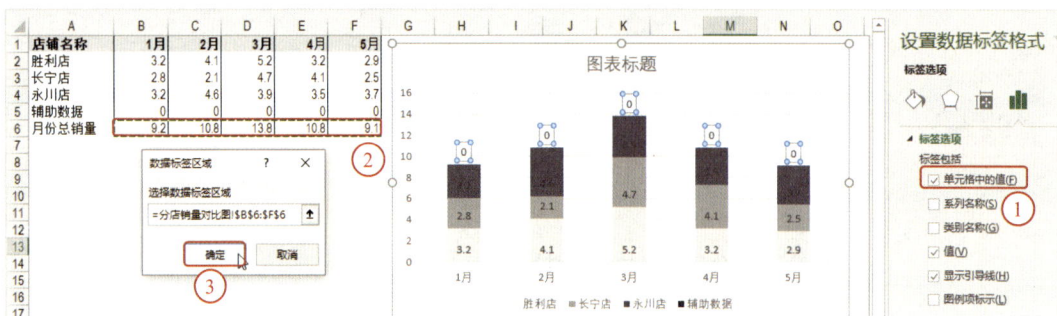

图 4-97　设置合计项目的标签

拓展：更直观地对比总量与分量

示例文件为 4.5.2 重点对比分量，次要对比总量。

制表目标：将分量与总量更直观地进行比较。

如果数据的分量相加不等于总量，那么我们可通过堆积柱形图+簇状柱形图的组合图表来进行直观对比，效果如图 4-98 所示。

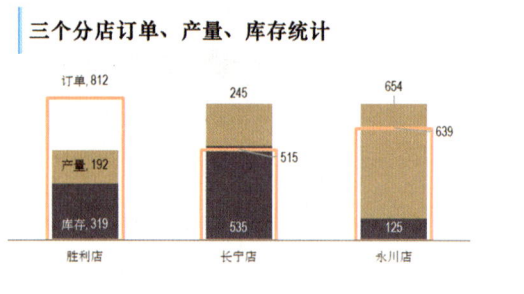

图 4-98　直观对比总量与分量

4.6　对比数据的变化、差距：**库存变化图、同期对比图**

应用场景：

当图表需要强烈体现数据对比后的差异时，我们可利用误差线制作箭头及差异线段，从而体现数据变化的方向和差距。

1. 变动方向的表示

如果图表只需要体现数据对比后的变动方向，不需要体现具体的差异值，那么我们可直接设置带箭头的误差线。

示例文件为 4.6 数据变动方向。

制表目标：❶用图表体现 2019 年和 2020 年 6 个仓库的库存量变化情况；❷用图表直观体现 2019 年到 2020 年的库存是增加了还是减少了。

图 4-99 是带变动方向的对比图，箭头是通过对误差线进行设置得到的效果。其制作思路是，将 2019 年和 2020 年的库存数据制作成散点图，选中"2019 年"数据系列，添加 y 误差线，并设置误差线属性，方法如下。

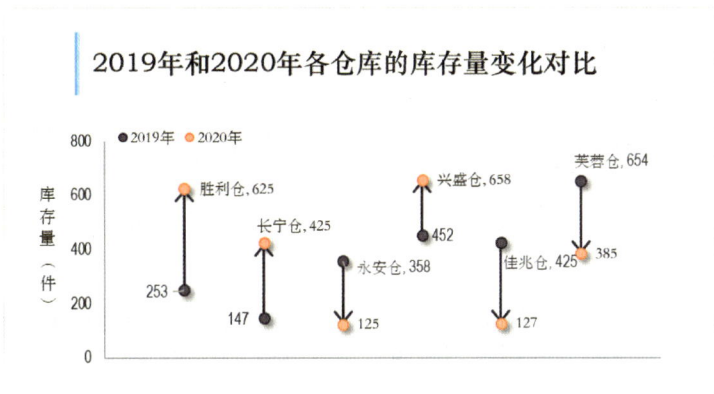

扫码看视频

图 4-99 带变动方向的对比图

Step 01：设置误差线格式，如图 4-100 所示。

❶ 选中"2019 年"数据系列添加的散点，设置垂直误差线的方向及末端样式。

❷ 将误差量设置为"自定义"，单击"指定值"按钮。

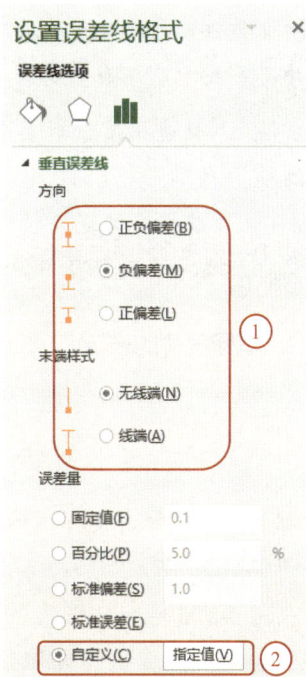

图 4-100 设置误差线格式

Step 02：设置误差线参数，如图 4-101 所示。

❶ 将误差线的"负错误值"设置为 D2:D7 单元格区域。

❷ 单击"确定"按钮。

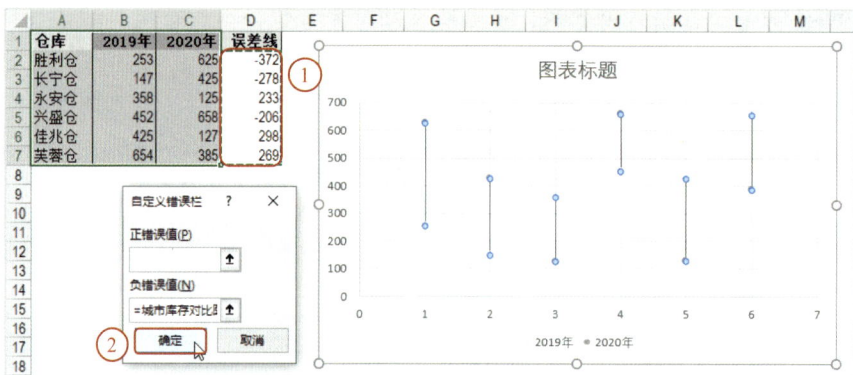

图 4-101　设置误差线参数

▶ **制表小技巧——如何正确设置误差线**

理解了误差线的本质才能快速正确地设置误差线。以散点图为例，当我们在图表中添加误差线时，图表中会自动出现 y 误差线和 x 误差线（见图 4-102），每种误差线都有正负之分。

因此，误差线有 3 种类型，即正负偏差、负偏差、正偏差。我们应根据误差的方向来选择需要的误差线，再设置误差线的误差量，最后调整误差线的格式，如带箭头格式等，即可实现本节案例中的效果。

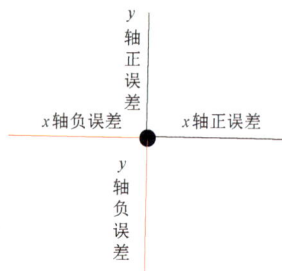

图 4-102　通过菜单选择图表元素

2. 指标差异的表示

如果图表要体现出数据对比后的差距值，那么我们需要分别设置正差数据和负差数据。

示例文件为 4.6 数据变动差异。

制表目标：❶用图表对比 2019 年和 2020 年的销售收入；❷用图表体现两年的销售收入的差异。

在图 4-103 中，柱形上的黄色矩形精确体现了两年的销售收入的差异。如果想进一步体现正差异和负差异，我们可为误差线填充不同颜色，效果如图 4-104 所示。

扫码看视频

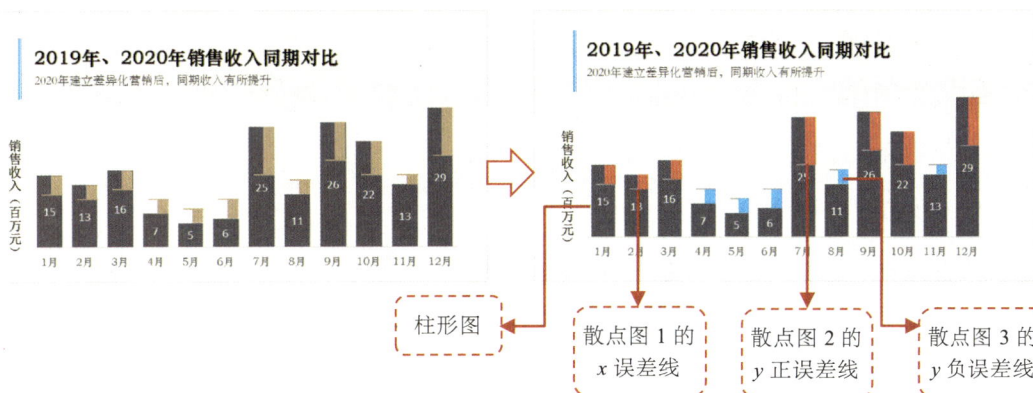

图 4-103　带指标差异的对比图　　　　图 4-104　指标差异颜色不同的对比图

图 4-104 中的图表的实现思路是，图表由柱形图和 3 张散点图构成；散点图 1 的作用是设置误差下面的那根横线，对应图 4-100 中的"2019 年"数据系列；散点图 2 的作用是设置正误差，对应图 4-105 中的"正差"数据系列；散点图 3 的作用是设置负误差，对应图 4-105 中的"负差"数据系列。

图 4-105　图表的数据系列

图 4-106 是设置横线的误差线参数的方法。

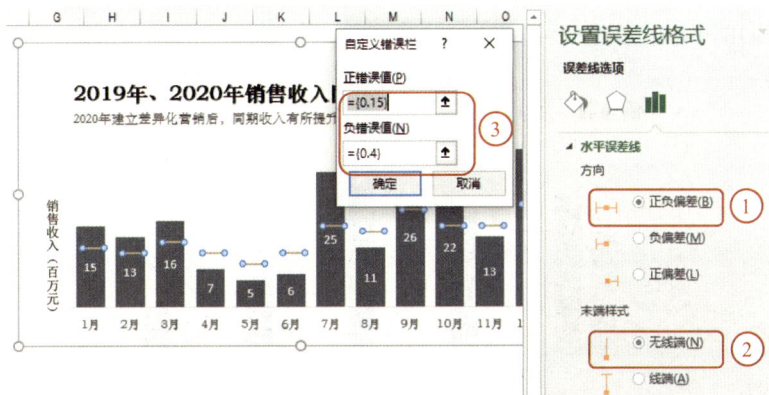

图 4-106　设置横线的误差线参数的方法

❶ 将误差线方向设置为"正负偏差"。

❷ 将末端样式设置为"无线端"。

❸ 设置自定义的误差线的正负值。

设置正误差，如图 4-107 所示。

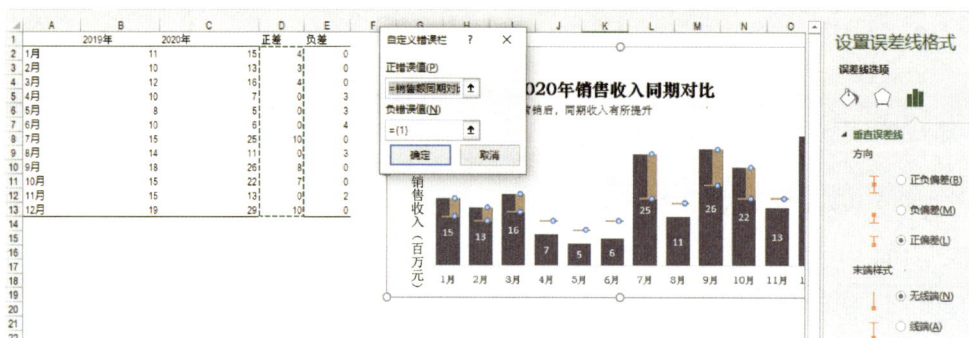

图 4-107　设置正误差

设置负误差，如图 4-108 所示。

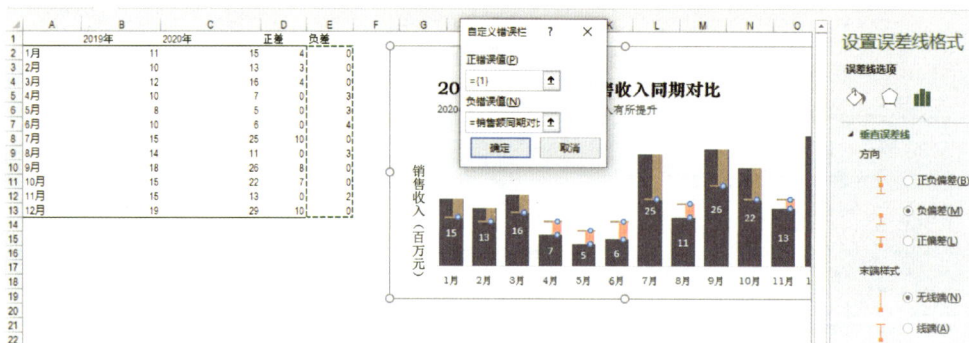

图 4-108　设置负误差

我们用相同的方法还可以制作如图 4-109 和图 4-110 所示的带箭头和差异值的对比图。

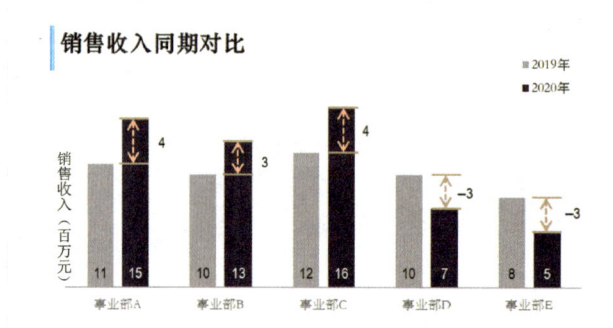

图 4-109　双系列带变动差异的对比图

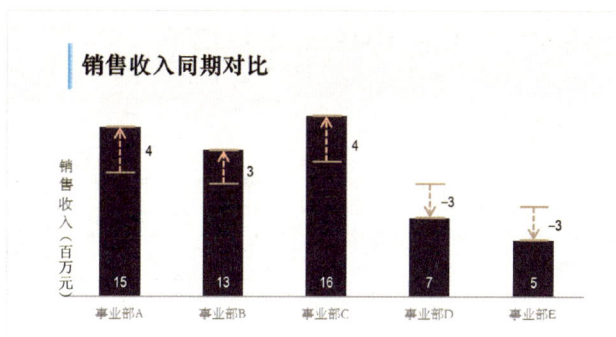

图 4-110　单系列带变动差异的对比图

如果想用更具体的方式来体现数据的变动方向和差异，我们可通过图表拼接的方法来实现。图 4-111 是由三张条形图拼接在一起的差异对比图。

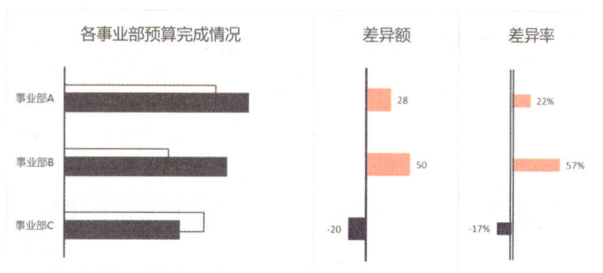

图 4-111　由三张条形图拼接在一起的差异对比图

工具妙用：用 REPT 函数一键生成对比条形图

我们在 Excel 单元格中可用 REPT 函数快速生成柱形图或条形图。该函数的语法是 REPT("字符串",重复次数)，作用是使指定的字符串重复多次并显示出来。

因此，我们通过 REPT 函数让特别的字符串根据单元格数据进行重复显示，再调整格式，这样就可以制作出条形图、漏斗图、旋风图了。

示例文件为工具妙用：用 REPT 函数生成对比图。

制表目标：在 Excel 单元格中通过图形来直观地展示数据。

Step 01：输入函数，如图 4-112 所示。在表格中输入基本数据，在 D 列和 E 列中输入函数，D 列、E 列的字符数量根据 B 列的数据显示，如 D2 单元格根据 B2 单元格的数据显示不同数量的"|"符号。

图 4-112　输入函数

Step 02：设置字体格式，如图 4-113 所示。

❶ 选中 D2:E6 单元格区域。

❷ 设置字体格式为"Playbill"，并设置字体的字号和颜色，这样就完成了条形图制作。

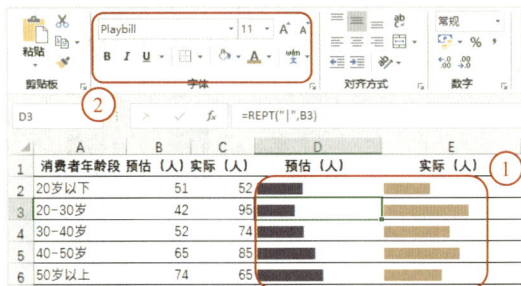

图 4-113　设置字体格式

我们可通过设置字体在单元格的对齐方式来实现多种样式的条形图效果，如图 4-114 所示。图 4-114 使用了"居中"对齐方式，从而实现了漏斗条形图效果。

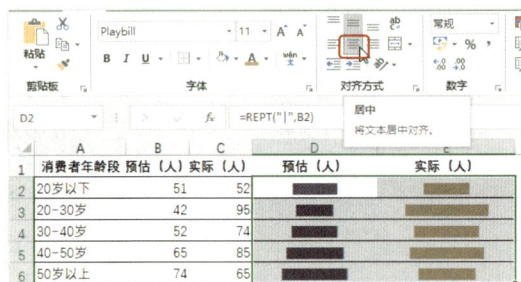

图 4-114　调整对齐方式，制作漏斗图

我们可以使 D2:D6 单元格数据的对齐方式为右对齐、E2:E6 单元格数据的对齐方式为左对齐，从而实现旋风条形图效果，如图 4-115 所示。

图 4-115　调整对齐方式，制作旋风图

第 5 章

趋势分析及经典应用场景

  我们可通过图表来体现数据趋势,进而分析事件的波动情况并预测未来。折线图和面积图是最常用的两种趋势图表,前者用来体现趋势概况,后者还可以用来分析总值变化。在特殊情况下,我们还需要用柱形图来比较数值并分析趋势。

  除了常规趋势图,我们可能需要在趋势图中强调重点、特殊阶段、平均值。万变不离其宗,我们只要掌握核心思路,并稍微修改趋势图的表现方式,就能制作专业性极强的商务趋势图。

本章将介绍如何用 5 类图表实现数据的趋势可视化。

1. 单纯地体现趋势：折线图

折线图通过上下起伏的波动走势来直观地体现项目数据的趋势，如图 5-1 所示。

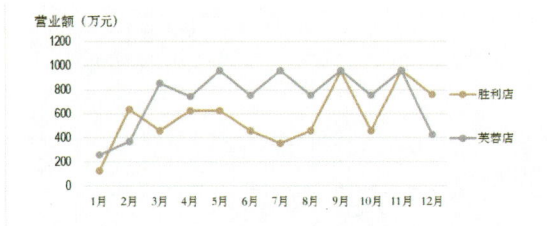

图 5-1　单纯地体现趋势

2. 体现数量累积趋势：面积图

面积图可用颜色填充面积，因此它的"量"的概念更强。这种图表通过面积的大小变化来体现累积趋势,如图 5-2 所示。

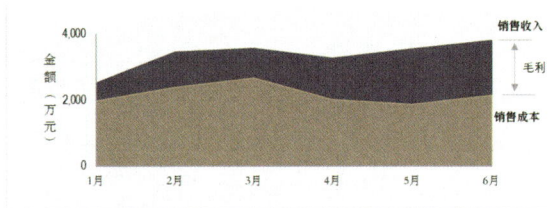

图 5-2　体现数量累积趋势

3. 体现指标值的变化趋势：簇状柱形图

如果要体现某时间段内的指标值的变化趋势，我们应选择簇状柱形图，通过连续柱形的高低走势来判断指标的趋势规律，如图 5-3 所示。

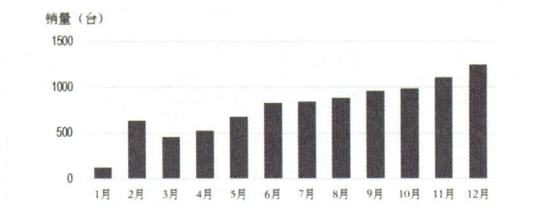

图 5-3　体现指标值的变化趋势

4. 在趋势图中强调特殊值、特殊阶段

我们对趋势图中的某个点、某一段进行特别的设计后，可实现强调效果，如图 5-4 和图 5-5 所示。

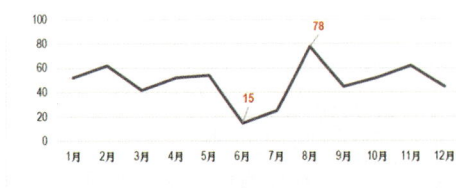

图 5-4　强调特殊值

图 5-5　强调特殊阶段

5. 在趋势图中体现平均值

我们在趋势图中添加代表平均值的平均线后,不仅能分析数据的趋势,还能判断项目在不同阶段的水平,如图 5-6 和图 5-7 所示。

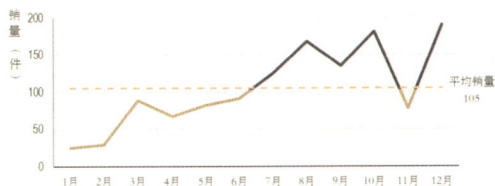

图 5-6　在折线图中体现平均值

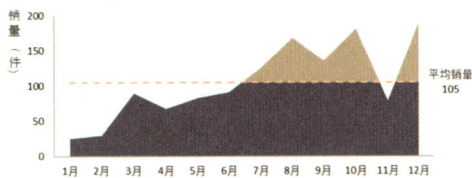

图 5-7　在面积图中体现平均值

5.1　制作 3 种趋势分析常规图表

趋势图的作用是分析一段连续时间内的事物的发展趋势,从而总结出规律或预测未来发展。在 Excel 中,常规的趋势图是折线图和面积图,在特定情况下,我们也可以使用柱形图来体现事物的发展趋势。本节将介绍如何选择这 3 种图表来恰当地表达趋势。

5.1.1　用折线图单纯体现趋势:全年营业额趋势图

折线图是反映连续时间段内数据变化趋势的常用图表,读图者通过分析折线图的高低起伏的走势,可快速判断数据的波动情况。

应用场景:

在分析全年营销额变化或上半年销量变化等情况下,图表的作用集中在体现趋势上,当图表不用特别体现项目值的大小、项目累积量的大小时,我们可选用简单的折线图。

折线图的使用频率极高,制作方法也很简单,但是要想制作专业的折线图,有一些细节需要注意。

▶ **重点速记——让折线图更专业的 5 个要素**

❶ 数据应属于一段连续的时间,而且时间节点应大于或等于 6 个。如果时间节点太少,则图表无法客观地反映趋势。

❷ 在同一折线图中,折线数量应不多于 3 条,因为折线太多会形成干扰,读图者反而不容易观察到趋势。当数据项目太多时,我们可以为每个项目单独创建一张折线图。

❸ 通常情况下,y 轴的起点是零值,改变 y 轴的边界值会影响数据呈现的趋势程

度，从而让图表失去严谨性并对读图者产生误导。在特殊情况下，我们需要通过改变 y 轴的边界值来体现趋势，此时应在 y 轴的起点处添加闪电形符号。

❹ 应注意布局规范，即网格线不可太显眼，可用浅色虚线，折线应占 y 轴高度的 2/3 的空间，图例应放在对应的折线尾部或附近位置。

❺ 折线不要太粗或太细，1.5 磅或 1.75 磅比较理想。

通过折线图来体现项目趋势时，项目数量最好不要超过 3 条，因为图表中折线太多会使读图者无法观察到特定项目的趋势。

图 5-8 中有 4 条折线，折线之间交叉重叠，这使读图者无法看出不同业务员全年业绩的趋势变化。因此，我们将每位业务员的业绩趋势单独放在一张图表中，如图 5-9 所示，这样的图表更加直观清晰。

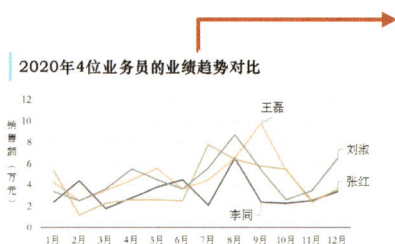

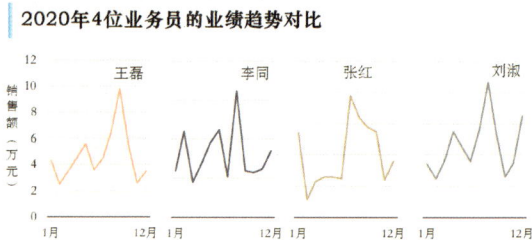

图 5-8 将四个项目的折线放在一起   图 5-9 将四个项目的折线分开

和其他图表一样，严谨是衡量折线图是否专业的重要标准。因此，通常情况下，y 轴的起点为零值。但在特殊情况下，如折线的最小值与零值有着较大距离，为了强调趋势的波动情况，我们可以调整 y 轴的边界值。当 y 轴的起点不为零时，图表中有闪电形符号作为提醒，如图 5-10 所示。

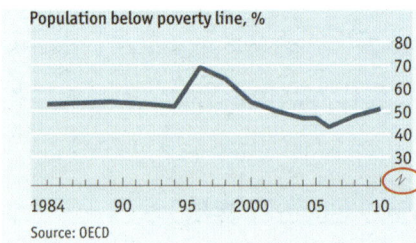

图 5-10 y 轴的起点不为零的图表

为了让折线图更专业简洁，我们可从《经济学人》的图表中借鉴不少优点。图 5-11 中的折线图的网格线的粗细及颜色应设置得当，在折线图中不会喧宾夺主；x 轴的时间节点的数量应大于 6，这样可以让折线图信息丰富且美观，而且能客观地体现趋势；折线所占空间位置应恰当，不能使图表看起来太拥挤；最值得学习的是在折线上面或下面标出折线代表的项目名称，这便于读图者将折线与项目信息快速对应起来。

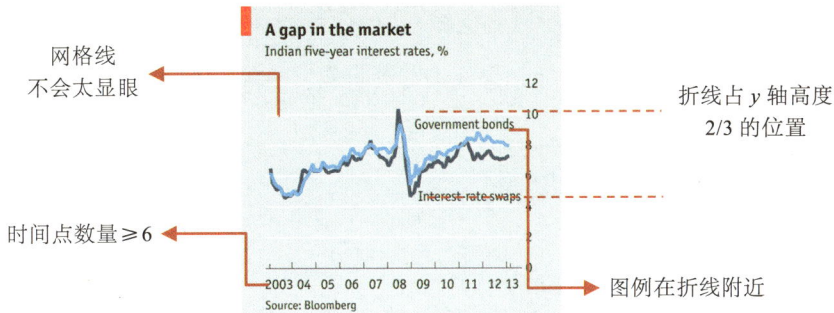

图 5-11　布局合理的图表

示例文件为 5.1.1 全年营业额趋势图。

制表目标：❶用适当的图表体现 2 个分店的全年营业额趋势；❷突出显示每个月份的时间节点。

扫码看视频

在图 5-12 中，我们根据需求将 2 个分店的全年营业额数据制作成折线图，并设置数据标记格式，让每个月份以圆点的形式体现出来，店铺名称位于折线尾部。该趋势图的制作方法如下。

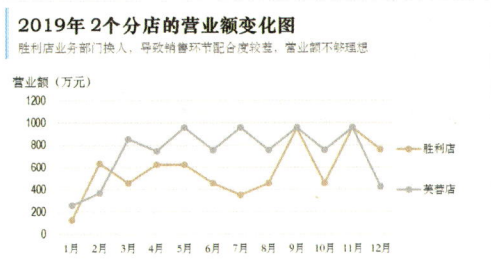

图 5-12　排序后的原始数据

Step 01：插入折线图，如图 5-13 所示。

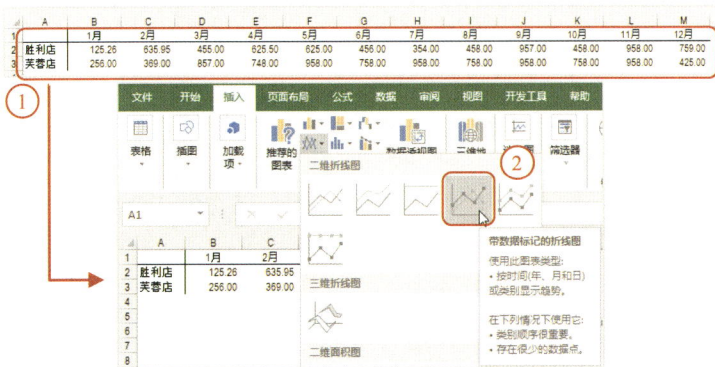

图 5-13　插入折线图

❶ 在表格中输入 2 个分店的营业额数据。

❷ 选中数据，创建带数据标记的折线图。

Step 02：设置折线的颜色、粗细。双击"芙蓉店"折线，打开"设置数据系列格式"窗格，如图 5-14 所示。

❶ 切换到"线条"选项卡下。

❷ 设置折线的颜色。

❸ 将折线的宽度设置为 1.75 磅。

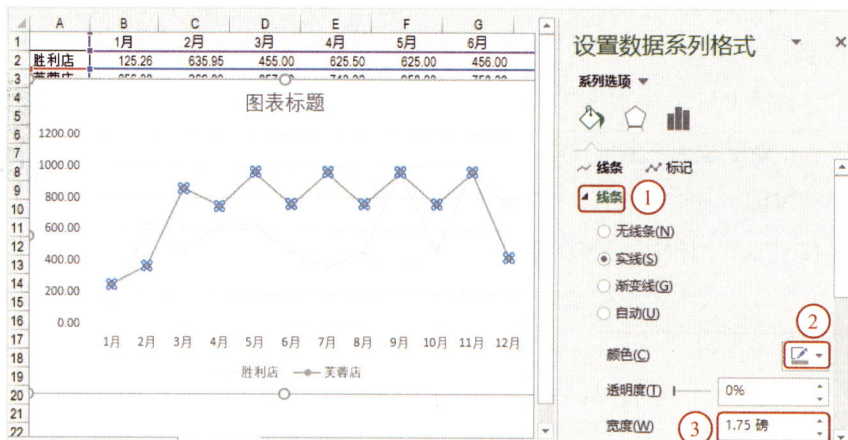

图 5-14　设置折线的颜色、粗细

Step 03：设置数据标记格式，如图 5-15 所示。

❶ 切换到"标记"选项卡下。

❷ 将标记设置为"内置"类型，并将形状设置为●，大小设置为 5。

❸ 在"填充"和"边框"菜单中设置标记的填充色和边框色，使之与折线颜色一致。

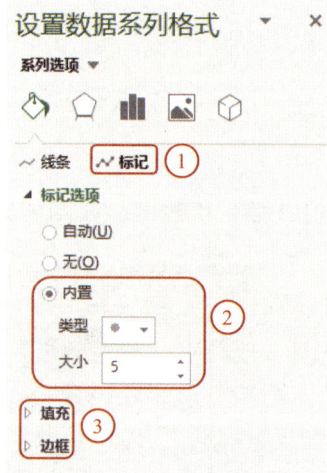

图 5-15　设置数据标记格式

Step 04：设置图例位置，如图 5-16 所示。选中图例，将其移动到折线尾部，并调整图例框大小，让图例名称与折线位置对应。

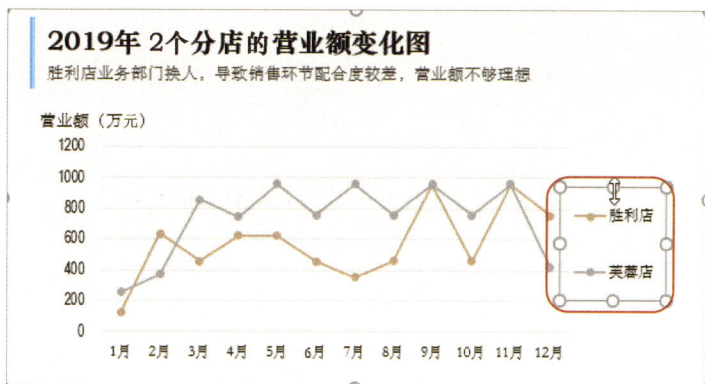

图 5-16　设置图例位置

▶ **制表小技巧——折线数量不同时，图例应如何做才专业**

❶ 当图表只有 1 条折线时，我们通常会删除图例，因为从图表标题、坐标轴标题中就能知道折线代表什么项目。

❷ 当图表有 2 条折线时，如图 5-16 所示，直接移动图例位置、调整图例框大小，让图例与折线尾部对齐即可。

❸ 当图表的折线数量超过 2 条时，尤其是在折线尾部有重叠的情况下，直接移动图例难以让项目名称与折线尾部对齐。此时可删除图例，并单独选中折线的某一个数据点，在该数据点附近添加数据标签，然后使数据标签不显示值、仅显示类别名称，效果如图 5-8 所示，具体做法可参考第 4 章的"在折线尾部显示数据名称和值"的小技巧。

拓展：弱化折线图的时间节点

图 5-12 中的折线图因为有数据标记，所以其时间节点被强调出来。如果想要弱化时间节点、仅体现全年趋势概况，那么我们可删除数据标记，方法如图 5-17 所示，即分别选中折线，设置"标记选项"为"无"，效果如图 5-18 所示。

图 5-17　取消显示数据标记　　　　图 5-18　没有数据标记的折线

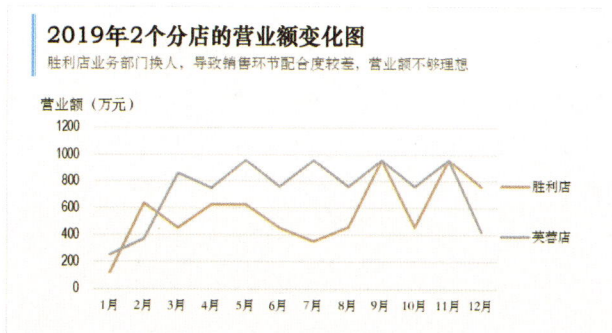

如果我们需要进一步弱化时间节点，从而让趋势概况得以充分体现，可分别选中折线，在"线条"菜单中选中"平滑线"，如图 5-19 所示。平滑线趋势线如图 5-20 所示。我们可从图中快速了解全年的营业额波动概况，而非将注意力集中在某个月份。

图 5-19　让折线变平滑线

图 5-20　平滑线趋势线

5.1.2　用面积图强调数量累积趋势：销售收入变化图

面积图相当于在折线图下方添加了阴影，这个阴影可进一步强化本数据系列的整体性及其与横坐标的距离。因此，面积图更能体现数量值变化的整体趋势及其与其他数据系列的差值，而且堆积面积图比堆积折线图更能体现各数据系列累加值的大小。

应用场景：

在分析销售收入与销售成本、商品产量趋势时，图表不仅需要体现项目的趋势概况，还要体现量的变化，此时面积图是首选。

常用的面积图有两种，即常规面积图和堆积面积图，两者的表达侧重点有所不同。

示例文件为 5.1.2　销售收入变化图。

制表目标：❶用适当的图表体现销售收入与销售成本的变化趋势；❷使读图者能直观地判断收入、成本、利润的大小。

经过分析，我们制作出如图 5-21 所示的图表。我们通过不同颜色的面积来快速对比收入与成本的大小，并通过对比面积之间的差距来判断毛利的变化趋势。

扫码看视频

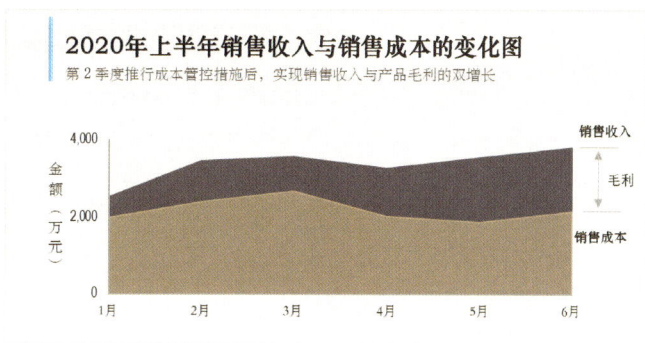

图 5-21　常规面积图

示例文件为 5.1.2 商品产量趋势图。

制表目标：❶用适当的图表体现商品产量趋势；❷用图表体现不同车间的生产量。

经过分析，我们制作出如图 5-22 所示的堆积面积图。图表中不同车间的产量叠加在一起表示商品总产量，我们可通过分析不同车间的面积趋势来判断车间在不同月份的产量贡献。

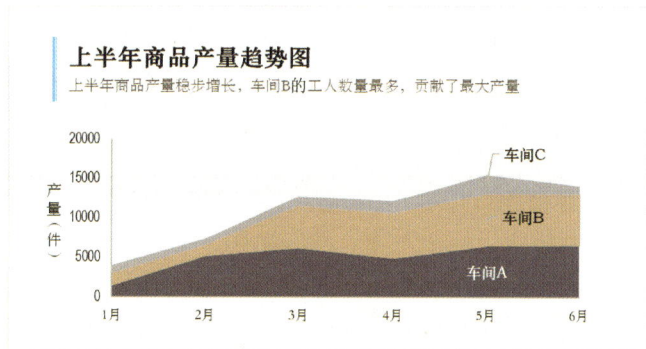

图 5-22　堆积面积图

▶ **重点速记——让面积图更专业的 2 个要素**

❶ 在制作常规面积图时，如果前面的面积挡住了后面的面积，我们可以通过设置填充色透明度来让后面的面积显示出来。

❷ 在制作堆积图面积图时，我们需要设置各面积的填充色，从上到下的颜色应由浅入深，否则面积图会显得"头重脚轻"或有"斑马线"效果。

常规面积图和堆积面积图的制作方法比较简单，只需要选中数据，单击"面积图"按钮或"堆积面积图"按钮，再设置图表细节即可。下面以图 5-21 的图表为例，讲解制作方法。

Step 01：创建图表，如图 5-23 所示。

❶ 在表格中输入数据，选中数据。

❷ 单击"面积图"按钮。

图 5-23　创建图表

Step 02：设置面积图填充色，选中"销售收入"数据系列面积，如图 5-24 所示。

❶ 填充方式选择"纯色填充"。

❷ 单击"颜色"按钮。

❸ 选择一种填充色。

用同样的方法为"销售成本"数据系列面积设置填充色。

如果不想让前面的"销售成本"数据系列面积挡住后面的"销售收入"数据系列面积，那么我们可以为"销售成本"数据系列面积设置"透明度"参数。

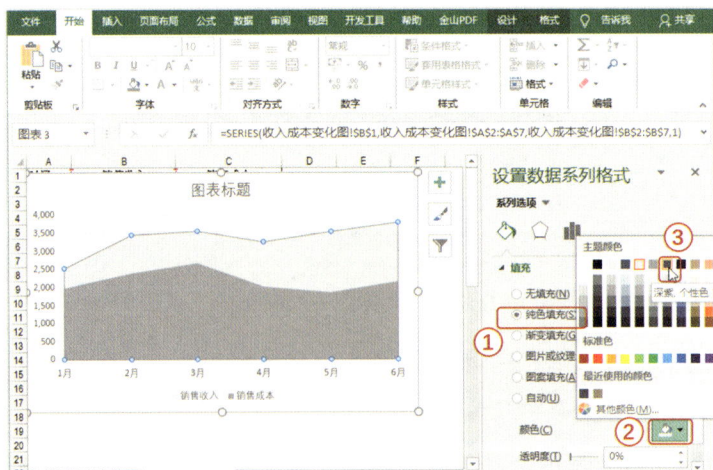

图 5-24　设置面积图填充色

拓展：单独体现项目的数量趋势

当面积图中的项目数量超过 2 种时，多个面积同时显示会导致面积互相遮挡，即使我们设置了透明度，也难以快速了解各项目数量的变化趋势。此时我们可利用如图 5-25 所示的单独体现项目数量趋势的多项目面积图。

示例文件为 5.1.2 自媒体粉丝数量变化图。

制表目标：❶用适当的图表体现微信、简书、今日头条的粉丝量的变化趋势；❷使读图者能直观地分析出不同平台的变化情况。

扫码看视频

图 5-25　多项目面积图

要制作如图 5-25 所示的面积图，我们只需要在原始数据的设计上用点技巧，如图 5-26 所示，对原始数据进行如下处理。

❶ A1:D19 单元格区域是面积图的原始数据，其特点为：时间删除了 "2 月" "4 月" "5 月"，这是为了让 x 轴的标签更加简洁；三个平台的数据错行显示，目的是避免面积重叠。

❷ F1:G19 单元格区域为面积之间的分隔线数据。将这些数据制作成散点图，再设置向下的负误差线，最后隐藏散点和次坐标轴即可。如果无法制作出理想分割线，那么读者可扫描相应二维码观看视频教学。

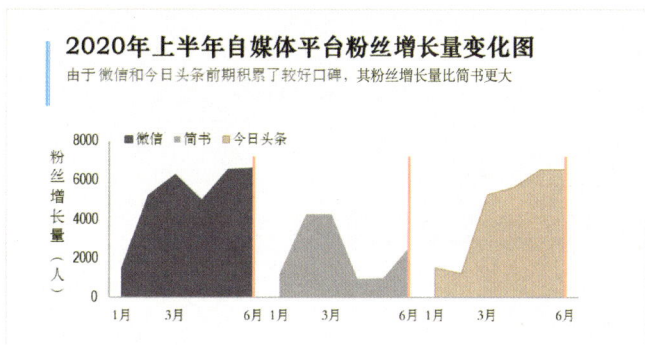

图 5-26　多项目面积图的原始数据

5.1.3　用柱形图体现趋势并对比数据：销量趋势图

柱形图的主要作用是对比项目值的大小，但是读图者通过柱形的高低起伏还可以判断事物的趋势。只不过在使用柱形图与折线图时，我们需要区分具体场景，两者不可混用。

应用场景：

当需要体现价格、比率或某时间节点的数据的变化趋势时，我们可选择折线图。折线图通过各数据点之间的连线来反映数据在不同时间节点的变化趋势。

如果要反映数据指标在某个时间段内的变化，如销售收入、销量的变化，那么我们需要将不同时间段的数据大小进行对比，此时选择柱形图。

示例文件为 5.1.3 销量趋势分析图。

制表目标：❶用适当的图表表示电子产品全年销量趋势；❷通过图表来对比不同月份的产品销量。

根据需求，我们制作出如图 5-27 所示的销量趋势图，通过柱形高低来进行销量对比和趋势判断。

如果我们要体现产品的价格趋势，则用如图 5-28 所示的图表来反映不同时间节点的价格情况及价格趋势。

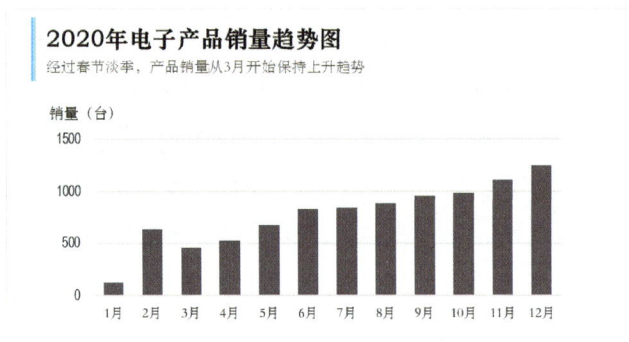

图 5-27　用柱形图体现趋势

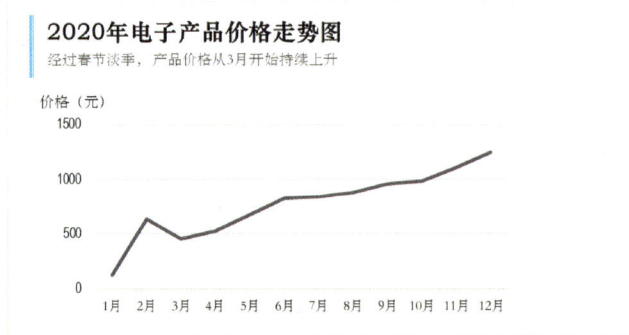

图 5-28　用折线图体现趋势

5.2　在趋势图中强调重点数据：价格波动趋势图

我们通过折线图体现数据趋势时，可能需要强调特定时间节点的数据，如特殊数据、最大数据、最小数据，此时需要对数据进行强调。

应用场景：

在分析价格变化、客户满意度变化时，我们需要将重点数据标注出来，以引起读图者的注意，这就需要我们对折线图的特定时间节点的数据进行处理。

▶ **重点速记——在折线图中体现重点数据的 3 种方法**

强调折线图中的重点数据的基本思路是突出显示这个时间节点，具体方法有 3 种。

❶ 为特定时间节点的数据添加数据标签。

❷ 设置特定时间节点的数据标记格式，如将数据标记填充成红色以引起关注。

❸ 为特定时间节点添加数据标签，并设置数据标记格式。

用不同的方法突出折线图中的重点数据，效果如图 5-29 到图 5-32 所示。其中，图 5-29 和图 5-30 的强调效果稍微弱一些，而图 5-31 使用了数据标签+数据标记的方法，其突出程度最强。

考虑到美观性，我们也可以将数据标签放到数据标记内，如图 5-32 所示。其制作思路是，使数据标记变大，并添加"居中"的数据标签。

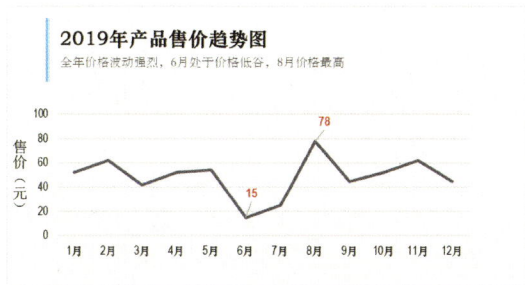

图 5-29　用数据标签突出重点

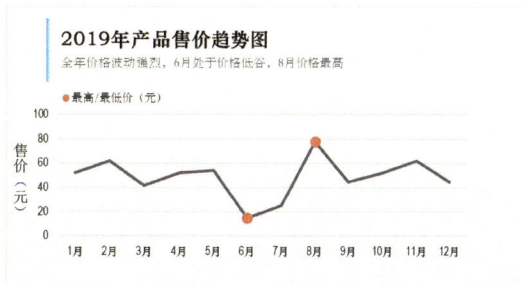

图 5-30　用数据标记突出重点

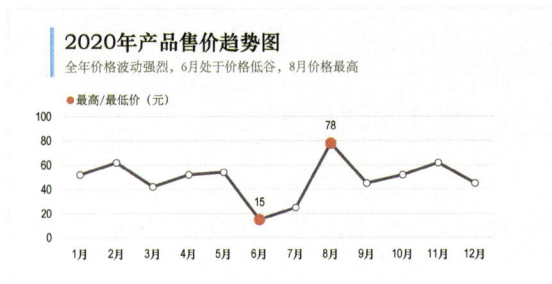

图 5-31 用数据标签+数据标记突出重点

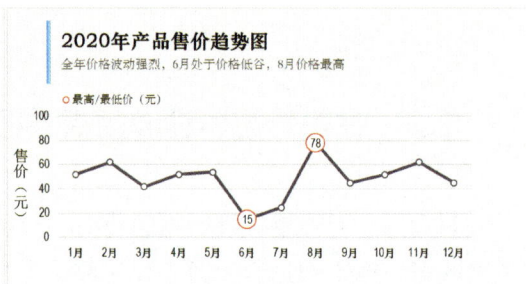

图 5-32 让数据标签位于数据标记内

示例文件为 5.2 价格波动趋势图。

制表目标：❶用适当的图表表示产品在不同月份的售价；❷用图表显示最高价、最低价；❸最高价、最低价可根据原始数据的变动自动调整位置。

扫码看视频

在折线图中突出显示重点数据时，直接设置数据标签或数据标记的方法虽然简单，却有不足之处。当原始数据改变时，重点数据位置发生改变，此时我们应重新设置数据点。我们可通过函数来控制重点数据，并制作折线图，从而实现重点数据位置自动变化的效果。我们以图 5-31 为例来介绍制作方法。

Step 01：通过函数计算最高/最低价，如图 5-33 所示。在表格中输入时间和售价数据，并使用函数计算 B 列售价数据的最高价和最低价。

如果函数计算出了 B 列的最大值或最小值，则 C 列显示具体数据，否则显示"#N/A"。

图 5-33 通过函数计算最高/最低价

Step 02：创建图表，设置格式。选中上面步骤中 A1:C13 单元格区域中的数据，创建折线图。然后双击"最高/最低价（元）"数据系列，如图 5-34 所示。

❶ 切换到"标记"选项卡下。

❷ 将标记设置为"内置"格式。

❸ 将标记的填充颜色设置为红色。

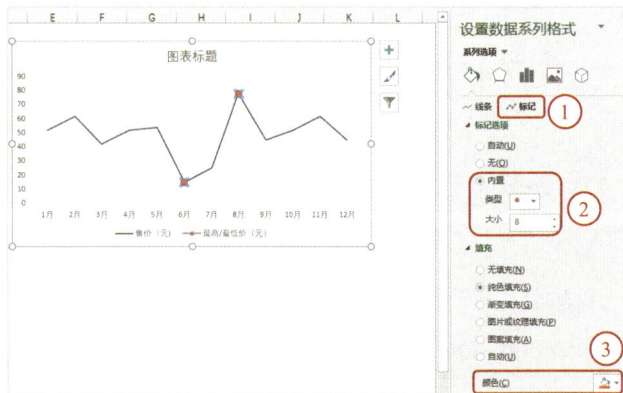

图 5-34 创建图表，设置格式

此时对图表进行细节完善即可完成图表制作。最终效果是最高/最低值的点随着售价数据的改变自动发生变化，如图 5-35 和图 5-36 所示。

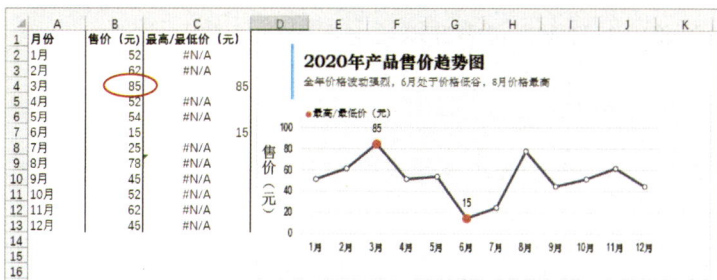

图 5-35　改变售价最大值

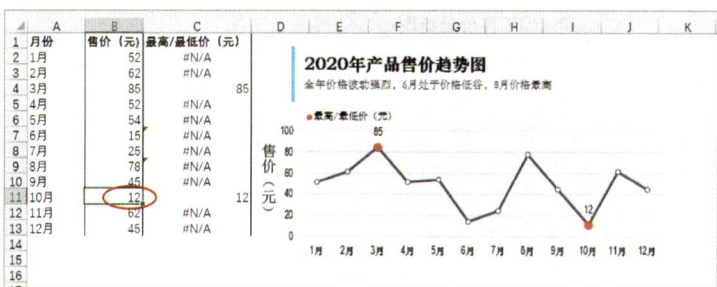

图 5-36　改变售价最小值

5.3　在趋势图中强调特殊阶段：售价/销量趋势图、预测图

当我们需要在趋势图中强调某个重点数据时，只需要对相应的数据点设置数据标签或数据标记。但是如果要强调的数据不是某个时间节点，而是某个时间段，那么我们就需要使用其他方法。

应用场景：

在分析价格、销量时，如果图表需要重点强调一段时间，如价格持续下降的一段时间、销量保持增长的一段时间，或者需要强调未来一段时间的预测值，那么我们需要对这段时间的数据展示方式进行特殊处理。

▶ **重点速记——在趋势图中强调某阶段数据**

在趋势图中强调特别阶段的思路是让该阶段的数据形式与其他阶段的数据形式不同，具体方法有三种。

❶ 为特别阶段的折线设置其他颜色。

❷ 让特别阶段的折线为虚线，这一般用来表示未来预测阶段。

❸ 为特别阶段添加阴影，阴影可以是面积图或柱形图。

示例文件为 5.3 售价趋势图。

制表目标：❶用适当的图表表示全年售价趋势；❷使图表区分显示售价的上升阶段和下降阶段。

根据分析，我们可制作出如图 5-37 所示的折线图，对售价的下降阶段设置分段颜色。

扫码看视频

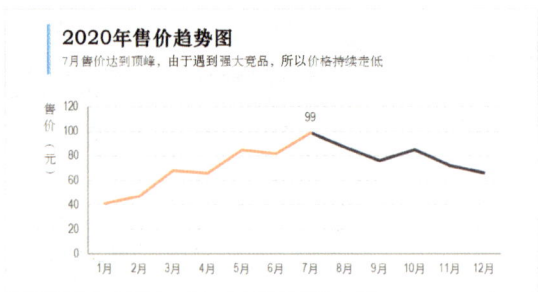

图 5-37　用颜色区分售价的上升阶段和下降阶段

设置折线图颜色分段的思路如图 5-38 所示。

❶ 选中折线，在"线条"菜单下选择"渐变线"。

❷ 将渐变方向设置为"线性"，并选择线性向右的方向；

❸ 设置两个渐变光圈的颜色，并将位置设置为 55%。这是因为折线有 12 个数据点，即 11 个分段，整个折线图从 7 月开始分段，7 月之前有 6 段，因此右边的 6 段的所处位置是 6/11 ≈ 55%。

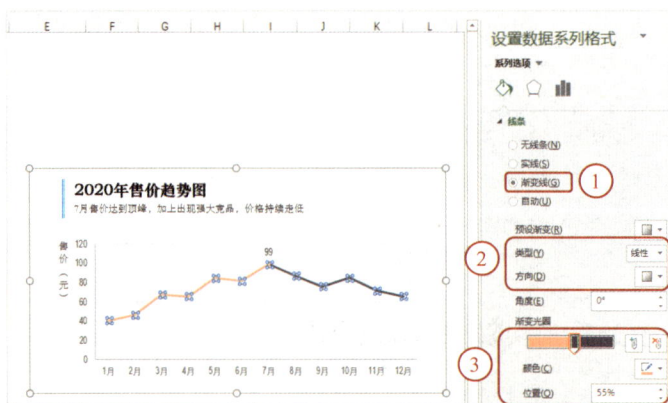

图 5-38　设置折线图颜色分段的思路

示例文件为 5.3 销量预测图。

制表目标：❶用适当的图表体现 2004 年到 2019 年的销量增长率趋势；❷用图表体现未来的销量增长率趋势。

根据分析，我们可制作出如图 5-39 所示的折线图，将未来预测值设置为虚线格式。

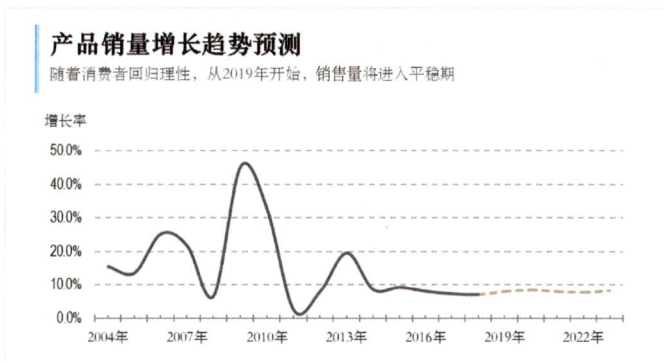

图 5-39 用虚线表示未来预测阶段

我们在设置折线图的虚线格式时，不需要用特别的技巧，只需要单独选中数据点并进行设置即可，如图 5-40 所示。

❶ 双击"2019 年"的数据点，即可单独选中这一点。

❷ 在"线条"菜单中，设置线条颜色。

❸ 将短画线类型设置为"方点"。这样就能将该数据点左右的线段设置成不同颜色的虚线。

之后可用同样的方法设置"2020 年""2021 年"等未来时间点左右的线段格式。

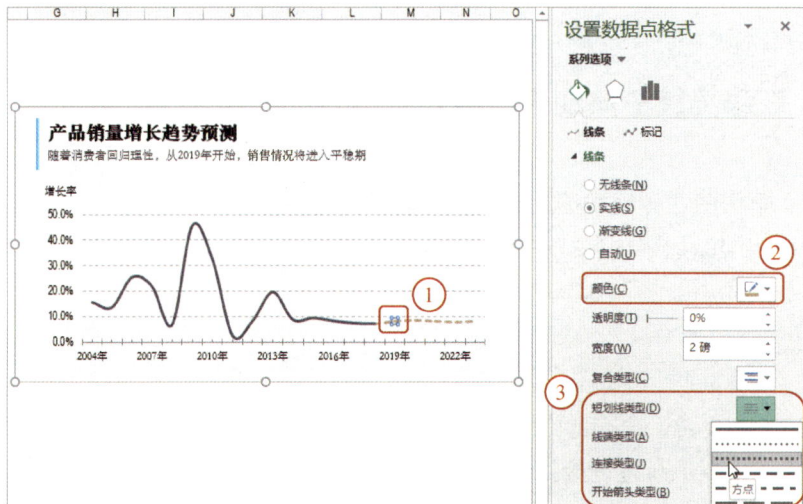

图 5-40 设置折线图分段为虚线的方法

示例文件为 5.3 销量趋势图。

制表目标：❶用适当的图表体现投放广告前后的销量变化趋势；❷用阴影强调投放广告后的趋势。

根据分析，我们可制作出如图 5-41 所示的带阴影的折线图，阴影部分用于强调。

带阴影的折线图需要特别设置原始数据。在图 5-42 中，我们将"投放广告后"数据单独列出来，并设置相同的值，然后将"销量"数据制作成折线图，将"投放广告后"数据创建成面积图，并将面积图的填充颜色设置为较浅的颜色，即可完成图表制作。

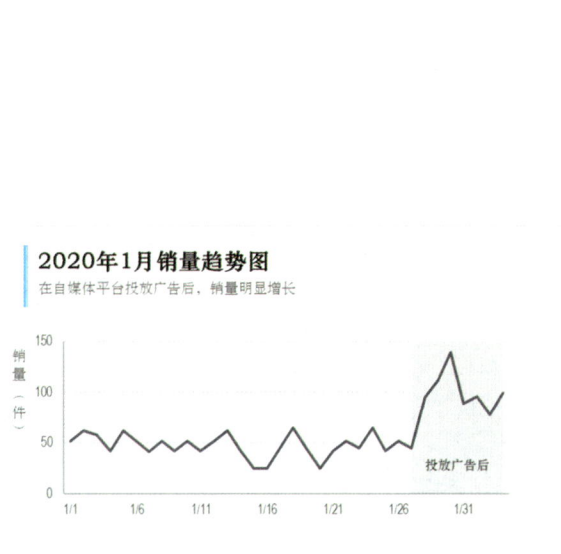

图 5-41 用阴影强调销量增长阶段

图 5-42 带阴影的折线图的原始数据

5.4 在趋势图中体现平均值：价格波动趋势图

折线图、面积图在体现数据趋势时，可能还需要体现数据的平均值。此时我们需要在折线图或面积图中添加平均线或设置填充色，让平均线的上方、下方显示不同的颜色，以便区分。

应用场景：

在分析价格变化、销量变化时，我们需要分析哪些时段的数据位于平均值之下、哪些时段的数据位于平均值之上，以及这些数据的趋势是从什么时候开始高于平均值的，此时就要用到体现平均值的趋势图。

▶ **重点速记——在趋势图中体现平均值**

无论是折线图还是面积图，它们体现平均值的思路是类似的。

❶ 添加平均线：直接在原始数据中增加平均值数据，将平均值制作成折线图。

❷ 设置渐变填充：计算出渐变光圈的位置，让折线图或面积图的平均值的上下的颜色不同。

示例文件为 5.4 销量趋势图-折线。

制表目标：❶用适当的图表体现销量趋势；❷区分显示平均值上下的数据。

根据分析，我们可制作出如图 5-43 所示的带平均线且平均线上下颜色不同的折线图。读图者不仅可以从图中分析出全年销量趋势，还可以快速判断出下半年的销量几乎都在平均线以上。

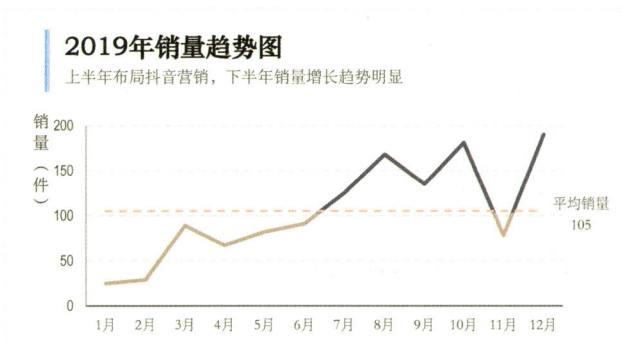

图 5-43　带平均线且平均线上下颜色不同的折线图

示例文件为 5.4 销量趋势图-面积。

制表目标：❶用适当的图表体现销量趋势；❷用图表体现总销量变化；❸区分显示平均值上下的数据。

根据分析，我们可制作出如图 5-44 所示的带平均线且平均线上下填充颜色不同的面积图。读图者从图中可以分析出全年销量趋势，并得出下半年的销量贡献更大且几乎都在平均线之上的结论。

扫码看视频

在如图 5-43 和图 5-44 所示的折线图和面积图中，设置平均线上下的颜色不同的思路是一致的。使折线的边框色或面积图的填充色为线性填充，并使渐变光圈位置为平均线上面的值/整体值，只不过折线图和面积图的整体值有所不同。在图 5-45 中，折线图的整体值为最大值-最小值；在图 5-46 中，面积图的整体值为最大值。

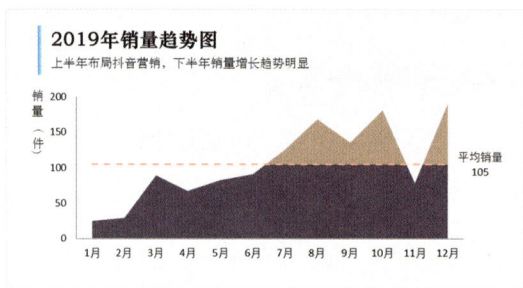

图 5-44　带平均线且平均线上下填充颜色的面积图

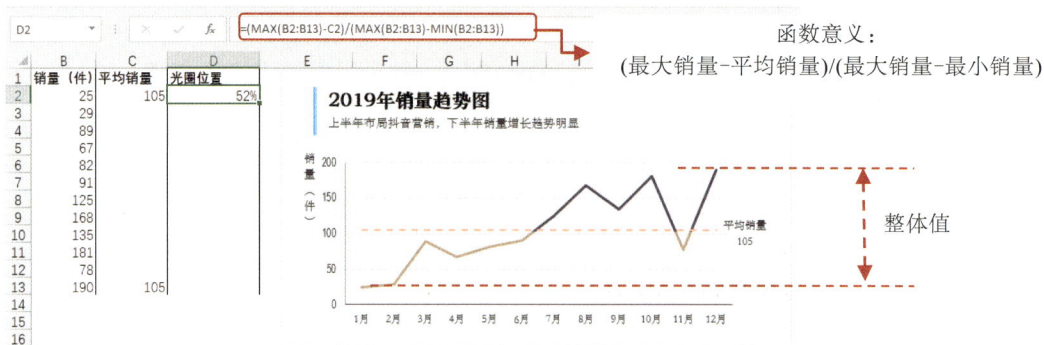

图 5-45　计算折线图的渐变光圈位置

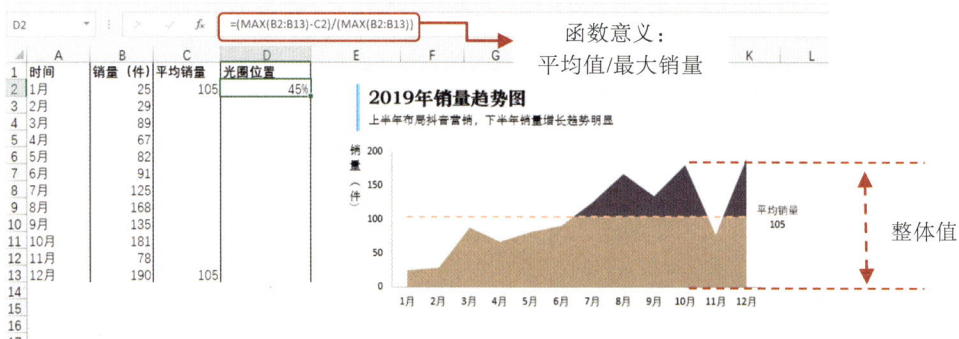

图 5-46　计算面积图的渐变光圈位置

完成渐变光圈比例的计算后，图表制作就变得十分容易。下面以图 **5-44** 的案例为例，讲解制作方法。

Step 01：创建组合图表，如图 5-47 所示。

❶ 选中表格中的原始数据。

❷ 打开"插入图表"对话框，选择"组合图"类型 。

❸ 设置图表类型并单击"确定"按钮。

Step 02：打开"隐藏的单元格和空单元格"对话框，如图 5-48 所示。

❶ 选中"平均销量"数据系列。

❷ 单击"隐藏的单元格和空单元格"按钮。

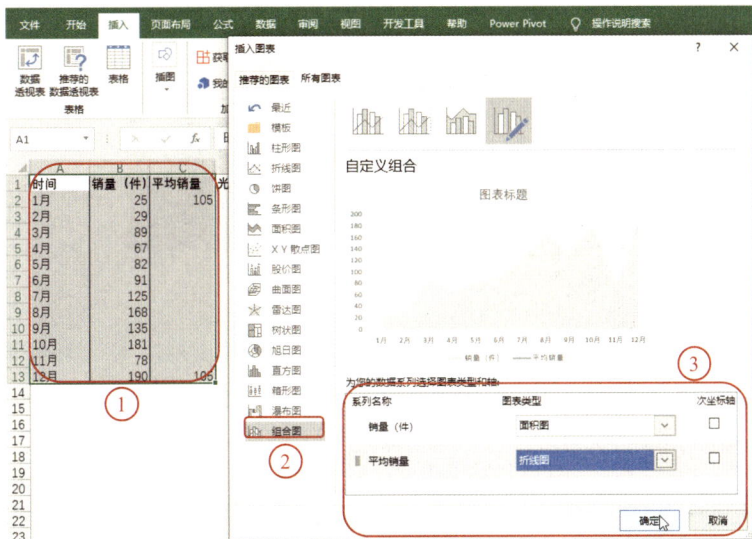

图 5-47 创建组合图表

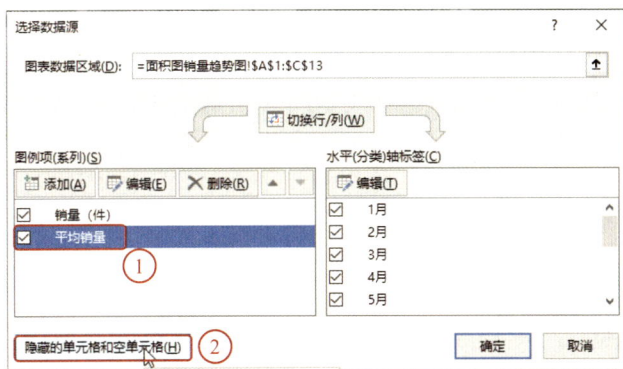

图 5-48 打开"隐藏的单元格和空单元格"对话框

Step 03：设置折线图的空单元格的显示方式，如图 5-49 所示。

❶ 选择"用直线连接数据点"，目的是让平均值折线成为一条直线。

❷ 单击"确定"按钮。

Step 04：设置面积图渐变光圈，如图 5-50 所示，选中表示销量的面积图。

❶ 在"填充"菜单中选择"渐变填充"方式。

❷ 设置预设渐变的类型为"线性"，并将方向设置为线性向下。

❸ 设置两个渐变光圈的填充色，并让两个光圈的位置均为 45%。接下来美化图表细节，即可完成这张带平均线的面积图的制作。

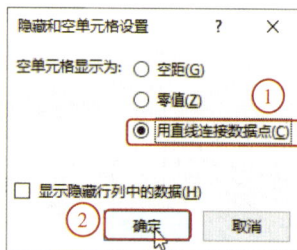

图 5-49　设置折线图的空单元格
的显示方式

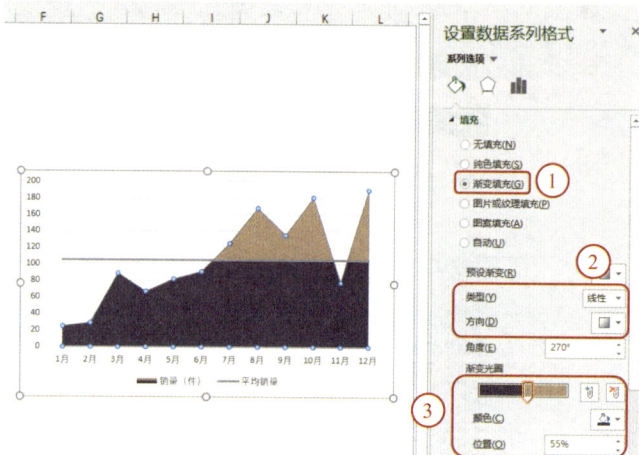

图 5-50　设置面积图渐变光圈

拓展：制作有区间的折线图

我们通过灵活应用本节知识点，可制作出表达其他含义的图表，如制作有区间的价格走势图，以便读图者快速分析商品售价是否处于理想状态。

示例文件为 5.4 价格走势图。

制表目标：❶用适当的图表体现 1 月售价走势；❷用不同颜色区分"危险"区间、"警示"区间、"安全"区间，以便读图者快速了解不同时间点的价格所处的状态。

对于如图 5-51 所示的图表原始数据，我们将"危险""警示""安全"三项数据制作成堆积面积图，将"价格"数据制作成折线图，再设置图表格式，即可制作出如图 5-52 所示的图表。读图者可从图表中快速分析出，价格在 1 月中旬以后会上升并处于"安全"状态。读者可在"Excel 偷懒的技术"微信公众号中发送关键词"价格走势图"来学习具体制作方法。

图 5-51　图表原始数据

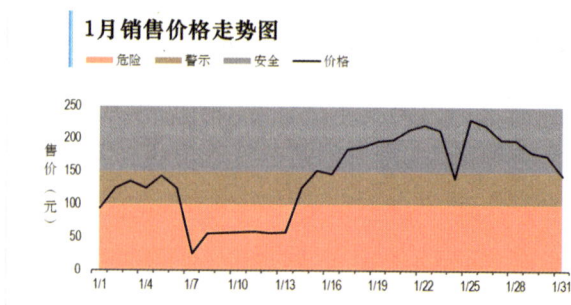

图 5-52　有区间的折线图

第 6 章

组成结构分析及经典应用场景

结构分析的目的是使读图者认识每组数据的组成结构并通过每组数据的项目百分比来判断项目内部特征、对结构规律进行总结。结构分析类图表的应用十分广泛,主要有饼图、圆环图、堆积类图表、树状图、旭日图。我们可根据表达的目的和侧重点选择相应的图表类型。

本章将介绍如何用 6 类图表实现数据的百分比组成结构、层级关系的可视化。

1. 一组数据的百分比：圆环图/饼图

一个饼图或圆环图代表一组数据，图中的分区表示不同项目的百分比，如图 6-1 和图 6-2 所示。

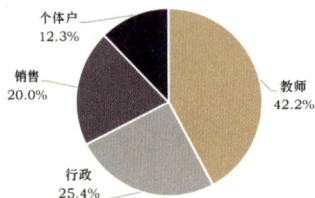 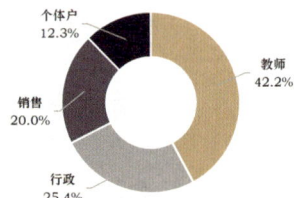

图 6-1 饼图　　　　　　　图 6-2 圆环图

2. 有二级细分项目或需要列示其他项目的明细时：复合饼图

如果一组数据有占比较小的项目，那么我们将占比小的项目归为"其他"，并用复合系饼图列示，如图 6-3 和图 6-4 所示。

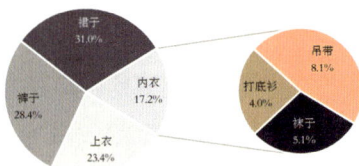 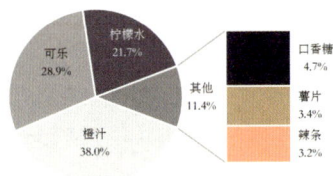

图 6-3 子母饼图　　　　　图 6-4 复合条饼图

3. 多组数据的百分比：百分比堆积柱形图/条形图

当数据分组太多时，不要用多层圆环图，可以用百分比堆积柱形图来清晰地表达每组数据的百分比结构，如图 6-5 所示。

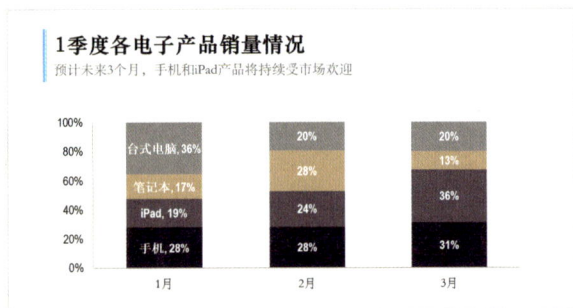

图 6-5 百分比堆积柱形图

4. 整体与个体的组成结构：树状图

树状图通过不同颜色的矩形色块来显示整体与个体的从属关系及数据大小等信息，如图 6-6 所示。

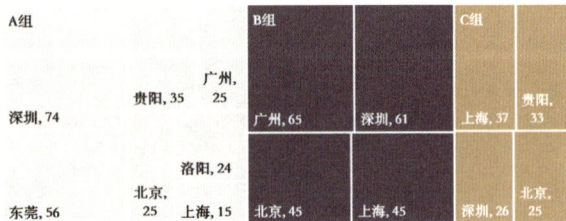

图 6-6 树状图

5. 数据多层级组成结构：旭日图

旭日图的数据从圆心位置向外扩散，层级逐渐降低。每一层的圆弧代表这层项目的数据构成。这种图表常用于多层级数据展示，如图 6-7 所示。

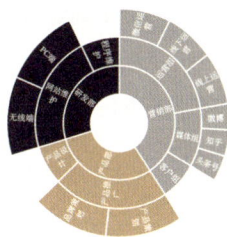

图 6-7　旭日图

6. 实现百分比数据强调：分离扇区、单独填充颜色

若要强调特定数据，让它看起来与众不同，则可通过分离扇区或单独填充颜色来实现，如图 6-8 和图 6-9 所示。

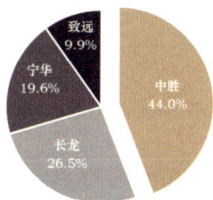

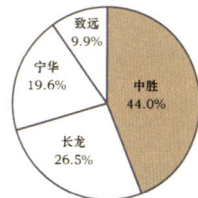

图 6-8　分离扇区　　　　图 6-9　单独填充颜色

6.1　用饼图或圆环图体现一组数据的百分比：消费者职业分析图

对一组数据中的不同项目占整体的比重的分析称为百分比分析。我们通过分析数据的百分比来判断各项目的表现情况并观察数据整体的结构。在将一组数据转化成有利于百分比分析的图表时，我们可使用饼图或圆环图。一个完整的饼图或圆环图代表 100%的百分比，读图者可通过观察图表的扇区、圆环的分段来了解各项目的百分比。

应用场景：

在需要同时满足以下两点需求的情况下，饼图或圆环图是理想选择。

❶ 在分析消费者职业百分比分布、市场份额等信息时，数据的表达重点是百分比，而非具体数量值。

❷ 需要观察、分析不同项目在同组数据中所占的比重。

示例文件为 6.1 产品消费者职业分析图。

制表目标：❶用图表体现从事不同职业的消费者人数的百分比；❷使读图者能快速了解从事哪些职业的消费者较多、从事哪些职业的消费者较少；❸使读图者能快速对比从事不同职业的消费者人数的百分比。

扫码看视频

通过分析制表目标，我们可制作出如图 6-10 所示的饼图及如图 6-11 所示的圆环图。读图者可通过扇区、圆环的分段大小来快速了解消费者的职业分布。扇区和圆环的分段从 12 点钟的位置开始沿顺时针方向从大到小排列，这有利于读图者进行百分比对比，并快速掌握各职业的百分比概况。

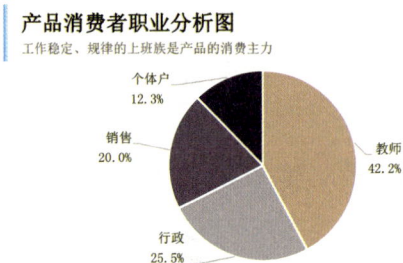

图 6-10　用饼图体现一组数据的百分比

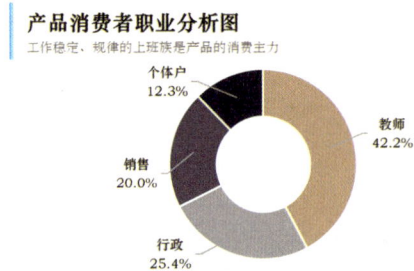

图 6-11　用圆环图体现一组数据的百分比

▶ **重点速记——从 4 个方面入手，让 Excel 默认饼图变成专业商务饼图**

Excel 默认饼图经过改进才能更合理地体现数据。根据 IBCS 规范，我们可从以下 4 个方面来优化图表设计。

❶ 数据按顺时针方向从大到小排列，最大的扇区从 12 点钟的位置开始分布。

❷ 删除图例，让数据标签在扇区附近显示，数据标签由百分比数据和扇区名称组成。

❸ 控制数据项目的数量。一个饼图体现一组数据百分比，这组数据的项目数量最好不超过 6，否则扇区太多会使百分比的显示弱化。

❹ 图表数据不能有太小的数据，尤其是接近零的数据，否则扇区会因面积太小而难以识别。

下面根据专业饼图的 4 个重点来介绍如何制作如图 6-10 所示的图表。图 6-11 的制作方法与图 6-10 相似，因此这里不再赘述。

Step 01：对原始数据进行排序，如图 6-12 所示。

❶ 在 Excel 表格中输入原始数据。

❷ 选中 B1 单元格，单击"数据"选项卡下的"降序"按钮，从而使原始数据从大到小地排列。该操作的目的是让饼图扇区沿顺时针方向从大到小地排列。

Step 02：创建饼图，如图 6-13 所示。

❶ 选中原始数据。

❷ 单击"插入"选项卡下的"饼图"选项。

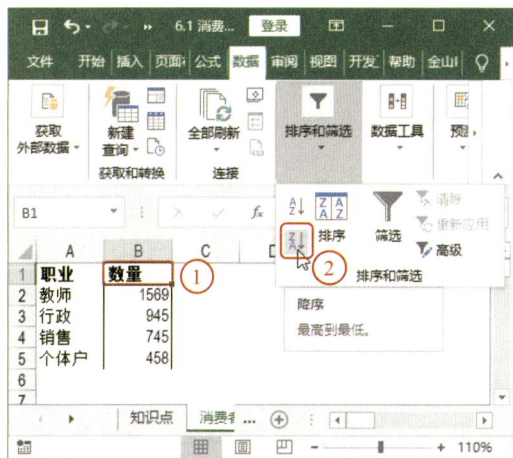

图 6-12　对原始数据进行排序　　　　图 6-13　创建饼图

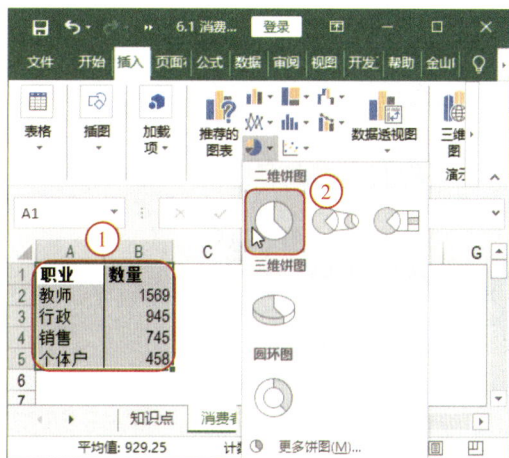

Step 03：调整扇区角度，如图 6-14 所示。调整"第一扇区起始角度"参数，让最大扇区从 12 点钟的位置开始显示。

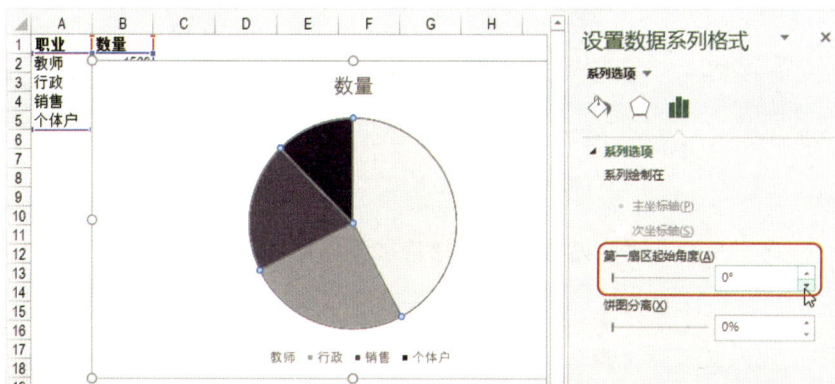

图 6-14　调整扇区角度

Step 04：设置数据标签。删除图例，添加数据标签。数据标签的设置方法如图 6-15 所示，即在"设置数据标签格式"窗格中的"标签包括"下勾选"类别名称""百分比""显示引导线"。

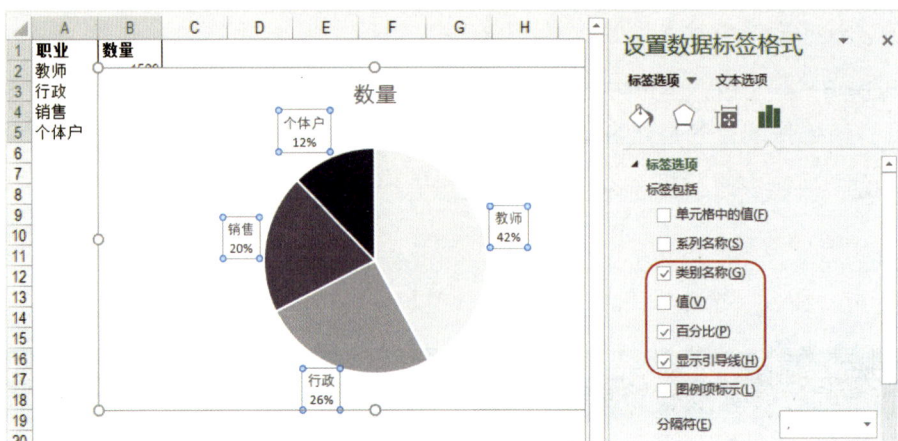

图 6-15　数据标签的设置方法

Step 05：设置百分比小数位数，如图 6-16 所示。在"数字"菜单中，数字类别选择"百分比"，小数位数设置为"1"，这样可让扇区附近的数据标签显示为带 1 位小数的百分比数据。接下来我们只需要调整数据标签的位置，设置图表颜色，就可以完成该图表的制作了。

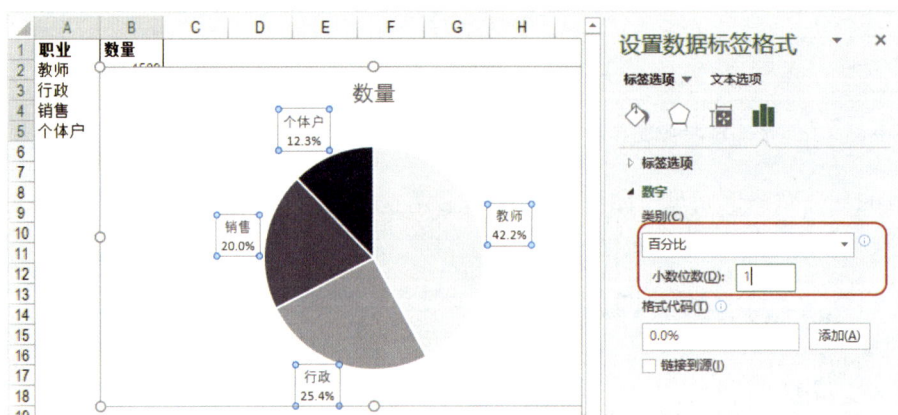

图 6-16　设置百分比小数位数

▶ **制表小技巧——没有对原始数据进行排序或原始数据不是百分比时应该怎么办**

　　Excel 图表的制作过程是灵活的。如果在制作饼图时没有对原始数据进行排序就创建图表，那么我们只需要对原始数据进行排序，图表中的扇区顺序会随之相应地发生变化；如果原始数据不是百分比数据，那么只需要将数据标签的数字类别设置为"百分比"，这样数据标签就可以根据数据值自动显示百分比。

拓展 1：单独体现不同项目的百分比

　　饼图的扇区代表不同的项目。对于一个完整的常规饼图，人们会比较关注最大扇区、最小扇区代表的项目，对其他项目不会过于关注。这是常规饼图的局限性，即无法强调每个项目所占的百分比，也不能动态展示项目的百分比变化过程。

应用场景：

在下面两种情况下，我们可考虑将常规饼图换成多个饼图来单独展示项目百分比。

❶ 在分析产品市场份额时，如果需要重点展示、分析每个产品的市场份额百分比，那么我们可以将每个产品的市场份额单独放在一个饼图中。

❷ 如果需要展示某业务员业绩的动态变化过程，那么我们可将不同时期的业绩放在单独的饼图中，从而展示业绩百分比越来越大或越来越小的动态。

示例文件为 6.1 产品市场份额图。

制表目标：❶用适当的图表展示产品进入市场 3 年期间的每年的市场份额；❷用图表体现市场份额的动态变化规律。

我们经过分析，将产品不同时间的市场份额百分比数据放在不同的饼图中，如图 6-17 所示。这种分开的饼图能让每个数据受到同等关注，并且能让图表简洁美观。此外，连续的饼图还能体现数据动态变化过程。

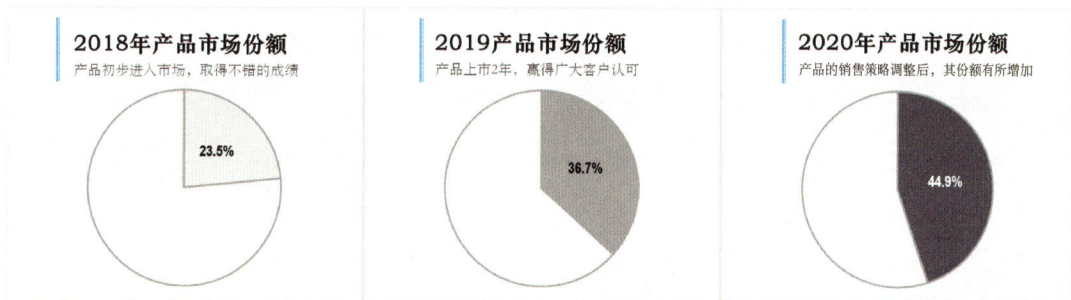

图 6-17 产品市场份额图

▶ **制表小技巧——让扇区隐藏的另外两种方法**

在本节中，隐藏扇区的方法是设置"无填充"格式，没有填充色的扇区看起来像是白色的，因此这种方法适用于白色背景、浅色背景的图表。对于以下两种隐藏扇区的方法，我们可根据不同情况来选择使用。

❶ 可通过将扇区的填充色的"透明度"参数设置为 100%来让扇区消失，如果扇区下面有其他内容，那么这些内容也能显示出来。

❷ 使扇区的填充色与图表区的背景颜色相同。例如，背景颜色是蓝色，扇区也是蓝色，这样就能实现隐藏效果，若扇区下有其他内容，则这些内容不会显示出来。

拓展 2：只有一项百分比数据的饼图可以更美观

本节讲解的将每个项目的数据单独放在一张饼图中的方法同样适用于只有一项百分比数据的饼图。当饼图只有一项百分比数据时，图表可能会显得单调，下面提供另外两种制图思路。

示例文件为 6.1 电子产品市场份额图。

制表目标：❶用适当的图表展示电子产品市场份额；❷让图表简洁美观。

将数据制作成圆环图，并隐藏其他市场份额，只留下电子产品份额，如图 6-18 所示。

扫码看视频

图 6-18　只有一项百分比数据的圆环图

图 6-18 中的圆环图的制表思路是，将图 6-19 中的 A1:B2 单元格区域中的原始数据创建成圆环图，选中 A1:B2 单元格区域的数据，增加一个圆环图数据。此时图表变成了圆环图+圆环图，即两层圆环叠加在一起，接下来只要设置图表的填充、边框及圆环的大小格式，就能实现案例中的效果。读者可自己动手尝试，若不成功，可扫描相应的二维码观看视频。

图 6-19　创建圆环图+圆环图组合图表

示例文件为 6.1 新产品市场份额图。

制表目标：❶用适当的图表展示新产品市场份额；❷让图表美观且不单调。

为了让只有一项数据的饼图更加美观丰富，我们制作出如图 6-20 所示的图表，下层的圆环图代表 100%的市场份额，而饼图新产品占有 24%的市场份额。

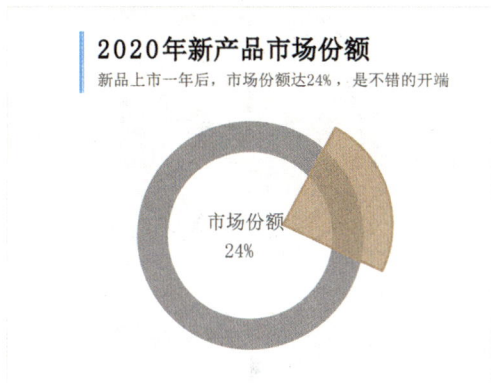

图 6-20　只有一项数据的圆环图+饼图

图 6-20 的制作思路为，将"辅助"数据和"市场份额"数据制作成饼图，将"圆环"数据制作成圆环图，使饼图位于次坐标轴上，目的是使饼图显示在上层。之后设置饼图的"第一扇区起始角度"及"点分离"参数，即可做出大致效果，如图 6-21 所示。接下来设置图表的填充、边框格式，即可完成制作。

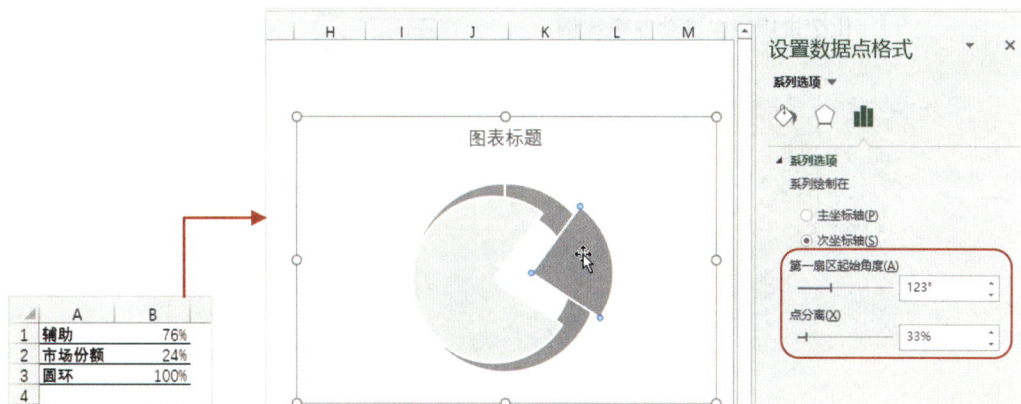

图 6-21　创建圆环图+饼图组合图表

拓展 3：比萨饼市场份额图

示例文件为 6.1 比萨饼市场份额图。

制表目标：用适当的图表形象展示比萨饼店铺 4 个季度的营业额百分比。

饼图中的"饼"字很有象征意义，这种图表用饼的切片大小代表百分比。为了使饼图更形象生动，我们可用圆形的饼状、球状素材图片进行填充，从而制作可视化信息图表，如图 6-22 所示。图 6-22 用比萨饼切片的大小代表比萨饼店铺不同季度的营业额。

扫码看视频

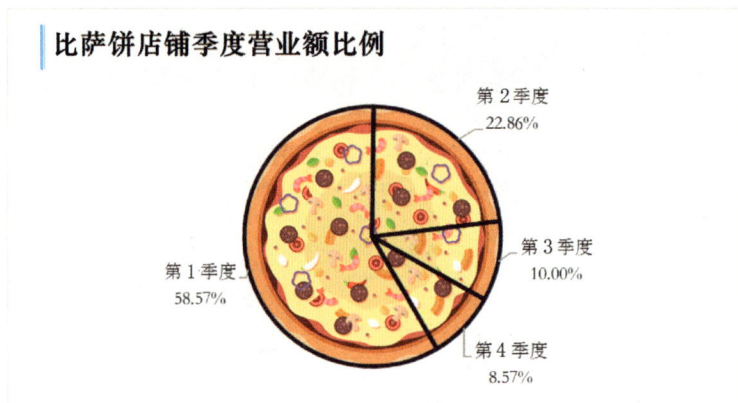

图 6-22　比萨饼市场份额图

饼图填充的特殊之处在于，饼图素材图片要填充在"绘图区"，而非数据系列。

设置饼图填充的方法如图 6-23 所示。

❶ 用素材图片填充绘图区。

❷ 设置图片的偏移度，从而让图片位置与饼图轮廓完全重合。

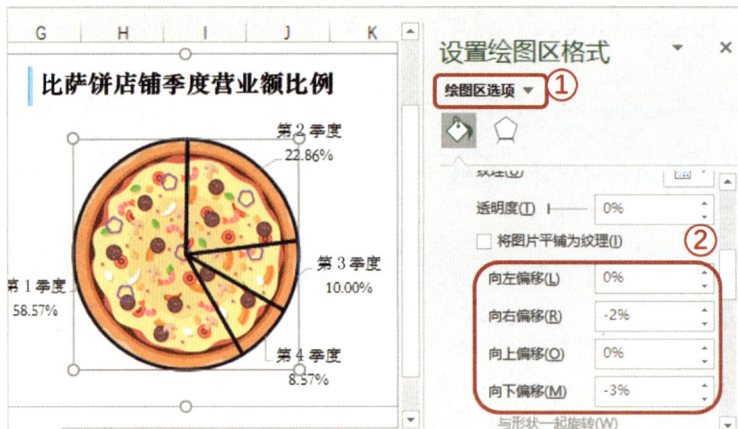

图 6-23　设置饼图填充的方法

6.2　用复合饼图体现细分数据的百分比：商品销量百分比图

6.1 节讲到制作饼图时项目数量不能超过 6，而且不能有太小的数据。如果要展示的数据中有比较小的分类数据，那么我们可以选用复合饼图。复合饼图包括子母饼图和复合条饼图。

应用场景：

当图表需要同时满足以下两种需求时，我们可用复合饼图。

❶ 在分析商品销量、销售额等数据时，数据项目超过 6 项。

❷ 当数据中有较小的数据存在，尤其是较小的数据可以归为一类时，应使用复合饼图。当较小数据和较大数据是同类数据时，应选择子母饼图；当较小数据和较大数据在类别上有区别时，应选择复合条饼图 。

示例文件为 6.2 商品销量百分比图。

制表目标：❶用图表体现不同服装商品的销量百分比；❷使销量百分比较小的商品数据能得到清晰的展示。

结合制表目标和数据，我们发现销量百分比较小的数据（如"吊带""袜子""打底衫"）都可以归类为"内衣"数据，而"内衣"和"裙子"等百分比较大的数据同属服装商品。因此，我们制作出如图 6-24 所示的子母饼图，使较小的百分比数据在子饼图中得到清晰的展示。

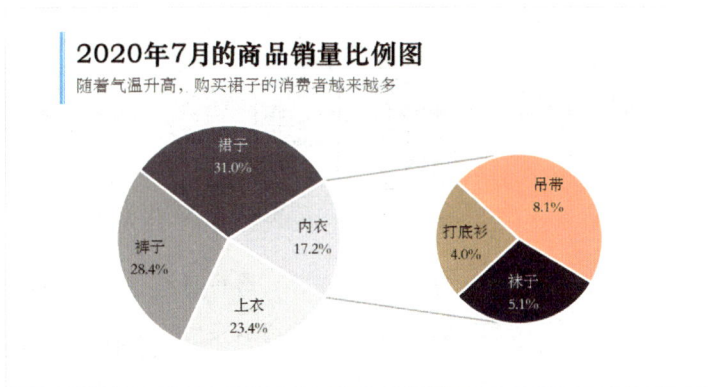

图 6-24　用子母饼图体现一组数据的百分比

示例文件为 6.2 商品销售额构成图。

制表目标：❶用图表体现不同饮品和食品的销售额百分比；❷使销售额百分比较小的商品数据能得到清晰的展示。

结合目标和数据，我们发现"口香糖""薯片"等食品与"柠檬水"等饮品的类别不同，前者是零食类，后者是饮品。因此，通过使用复合条饼图来让两者之间有一个细微的区别，从而体现差异，如图 6-25 所示。

子母饼图和复合条饼图的制作难点在于如何让较小的百分比数据在子饼图、柱形图中显示。Excel 提供了"位置""值""百分比值""自定义"4 种分隔方法。其中，"值"的分隔方式比较常用，也容易操作。其原理是，根据值的大小，使小于某个值的数据在子饼图、柱形图中显示。

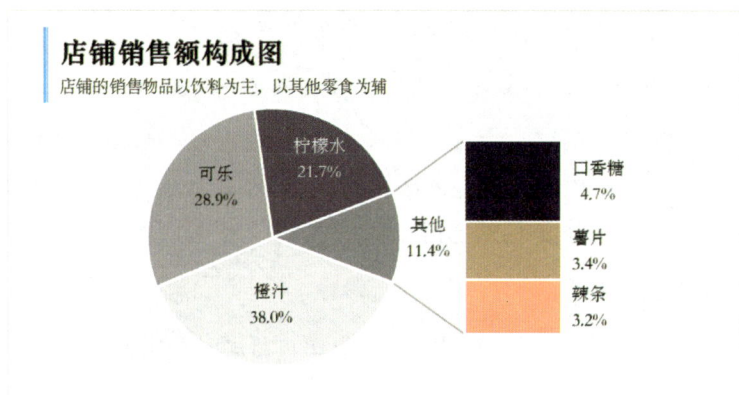

图 6-25　用复合条饼图体现一组数据的百分比

图 6-24 子母饼图的分隔设置如图 6-26 所示，该操作可让值小于"500.0"的数据在子饼图中显示。

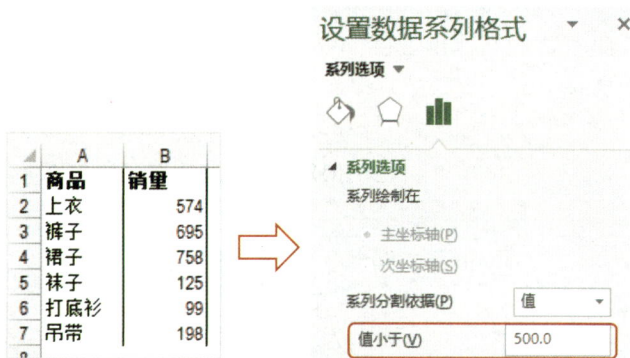

图 6-26　图 6-24 的子母饼图的分隔设置

图 6-25 的复合条饼图的分隔设置如图 6-27 所示，该操作可让值小于"200.0"的数据在柱形图中显示。

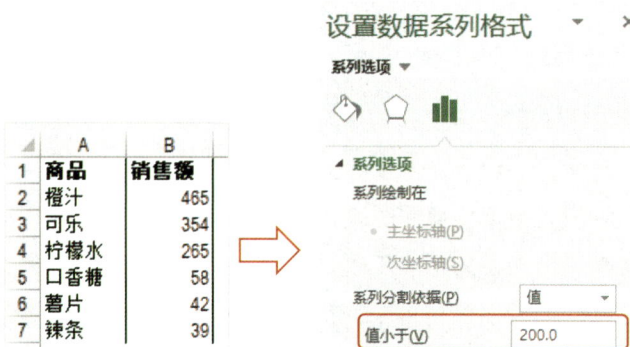

图 6-27　图 6-25 的复合条饼图的分隔设置

▶ 制表小技巧——轻松控制复合饼图的间距、大小

在制作复合饼图时，我们可以在"设置数据系列格式"窗格中设置图表的间距和大小，如图 6-28 所示。

❶ 通过对"间隙宽度"数据进行调整，让母饼图与子饼图/柱形图之间的间隙增加或减少。

❷ 通过调整"第二绘图区大小"来控制子饼图/柱形图的大小。

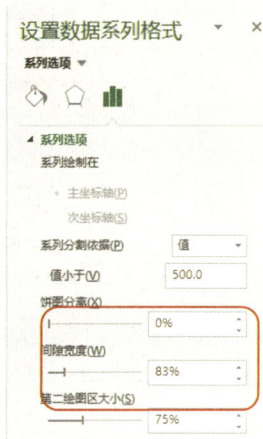

图 6-28　设置复合饼图的间距、大小

6.3　用百分比堆积柱形图体现多组数据的百分比：各电子产品销量情况图

在 Excel 中，我们可以将圆环图变成多层圆环图。但是不建议读者使用多层圆环图来表示多组数据的百分比，因为多层圆环会使读图者难以分析多组数据的百分比。用百分比堆积柱形图表示多组数据的百分比结构更为合适。

应用场景：

在分析两组以上的数据的百分比时（如 3 个月的产品销量百分比、4 位业务员的业绩百分比等），我们需要对比分析多组数据中不同项目的百分比情况，此时应使用百分比堆积柱形图。在百分比堆积柱形图的每组数据中，项目的百分比总和均为 100%，读图者可清晰地观察到每个项目所占的百分比。

示例文件为 6.3 电子产品销量情况图。

制表目标：❶用适当的图表展示第 1 季度各电子产品的销量情况；❷使读图者能分析出每个月各产品的销量百分比。

根据分析，我们可制作出如图 6-29 所示的百分比堆积柱形图，每个月各产品的销量百分比总和为 100%，读图者可通过分析柱形图结构来了解每种产品占当月的销量百分比。

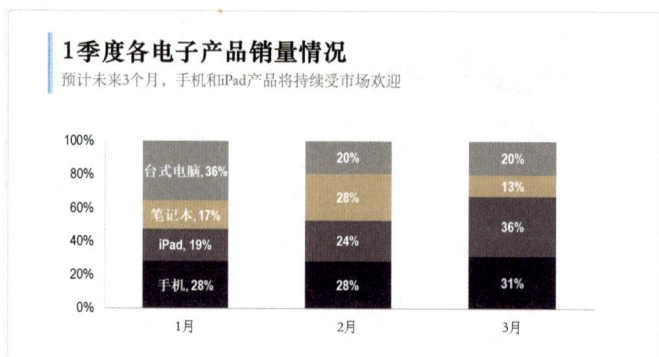

图 6-29 用百分比堆积柱形图体现各电子产品的销量百分比

百分比堆积柱形图的创建方法比较简单，如图 6-30 所示。选中输入的原始数据并单击"百分比堆积柱形图"按钮就可以创建成功；然后添加数据标签并美化设计，这样就可快速完成图表制作。

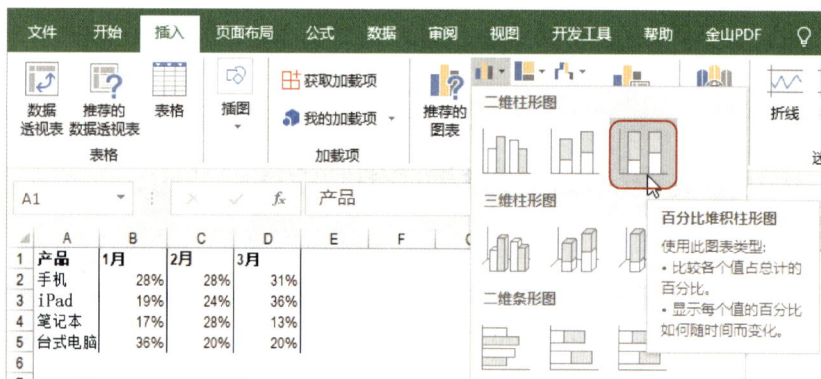

图 6-30 创建百分比堆积柱形图

拓展：体现两组数据的百分比

一张饼图可体现一组数据的百分比，百分比堆积柱形图可体现多组数据的百分比。当图表展示的侧重点在于百分比对比，而且数据只有两组时，我们可以考虑使用双层圆环图。

应用场景：

当图表需要同时满足以下两个条件时，双层圆环图是首选。

❶ 图表需要对比两组百分比数据，而且数据与时间相关，如同比数据、环比数据。

❷ 每组数据都具有完整性。例如，在展示两年内的不同季度的店铺营业额百分比时，每一层圆环代表一整年的数据。这是因为圆环首尾相连，其整体性比堆积柱形图更强。

示例文件为 6.3 两年营业额百分比图。

制表目标：用适当的图表体现店铺在两年内的不同季度的营业额百分比。

根据分析，我们制作出如图 6-31 所示的双层圆环图，以体现两个分店在不同季度的营业额百分比。在图 6-31 中，图例可删除，而且在设置数据标签时，应使外层圆环显示季度信息，使右上角圆环分段显示年份名称。

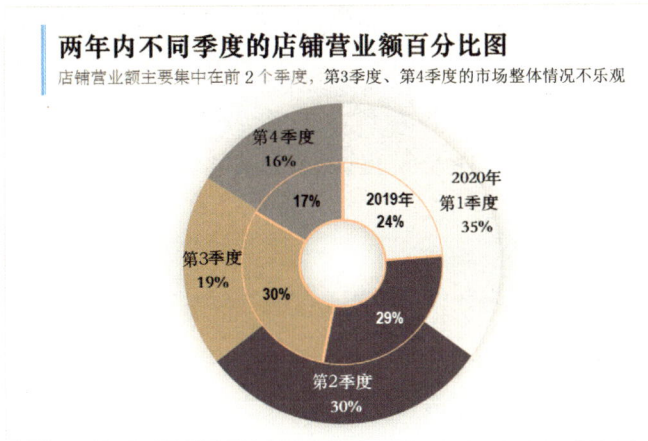

两年内不同季度的店铺营业额百分比图
店铺营业额主要集中在前 2 个季度，第3季度、第4季度的市场整体情况不乐观

图 6-31　用双层圆环图体现分店营业额百分比

6.4　用树状图体现整体与个体的组成结构：销售目标分解图

Excel 的树状图通过矩形区域来表示数据信息，适合用来体现整体与个体的结构信息。在树状图中，我们还能了解整体与个体之间的从属关系。

应用场景：

在销售目标拆解、项目规划等情况下，如果既要体现总目标/总项目的分解情况，又要可视化展示每个项目值的大小，那么我们可使用树状图。

示例文件为 6.4 销售目标分解图。

制表目标：❶用适当的图表展示不同小组在不同城市的销售目标；❷通过图表来对比各小组的总目标大小。

经过分析，我们可通过制作如图 6-32 所示的树状图来体现各组销售目标的分解数据。读图者可从图表中了解每个小组在不同城市的销售目标百分比，并且通过对比不同小组的色块区域来发现各小组的销售目标的大小排序为 A 组>B 组>C 组。

扫码看视频

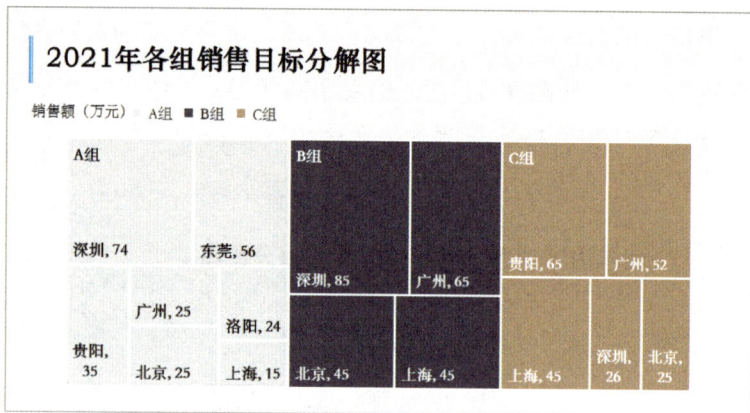

图 6-32　用树状图体现整体与个体的百分比

树状图的制作难点在于原始数据的设置，下面是具体制作方法。

Step 01：在表格中输入原始数据，如图 6-33 所示。其中，第一列数据是小组名称（整体），第二列数据是城市名称（个体），第三列数据是小组在具体城市的目标销售额。

图 6-33　在表格中输入原始数据

Step 02：创建树状图。选中输入的原始数据，打开"插入图表"对话框，之后的操作如图 6-34 所示。

❶ 选择"树状图"。

❷ 单击"确定"按钮，即可完成树状图的创建。

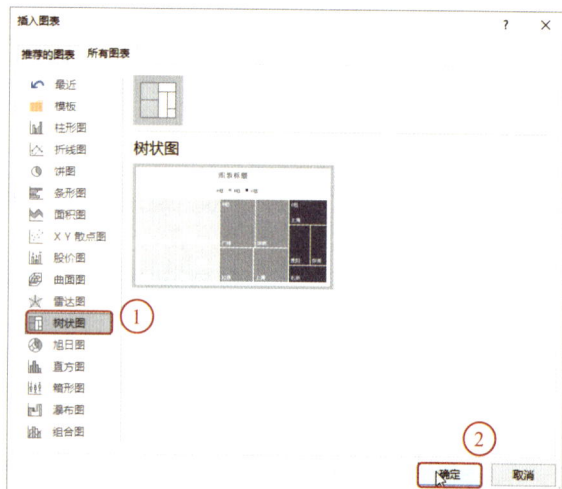

图 6-34　创建树状图

拓展：精准对比整体与个体的数据结构

在本节中，树状图可以体现不同组数据的组成结构。但是它有一个弊端，即当各组数据相差不大时，色块面积的大小相似，因此读图者难以精准判断哪组数据更大。同样地，每组数据中的不同项目的数值一旦接近，读图者很难从视觉上区分它们的大小。在这种情况下，我们可以用 4.5.2 节介绍过的堆积柱形图或堆积条形图来精准体现整体与个体的数据结构。

示例文件为 6.4 分公司业绩结构图。

制表目标：❶用适当的图表展示不同分公司在第 1 季度的不同月份的业绩构成；❷使读图者能精准地进行业绩比较。

由于图表需要精准体现数据的组成结构，所以我们制作出如图 6-35 所示的堆积柱形图。读图者通过网格线对视线的引导和数据标签，能明确地知道不同月份每个公司的业绩，以及每个公司第 1 季度的业绩结构。

除了堆积柱形图，我们还可以使用堆积条形图来精准体现数据结构，如图 6-36 所示。

图 6-36 中的每一排条形表示一个年份的数据构成。为了加强同一项目在不同年份的对比，该图表添加了"系列线"，从而直观地体现项目在两个年份中的变化情况。

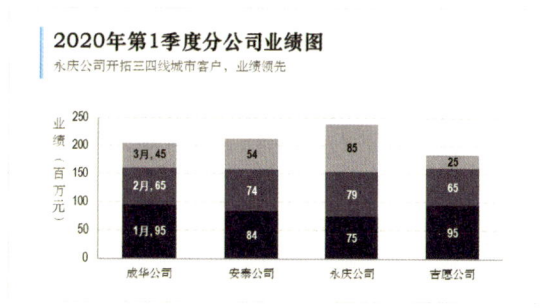

图 6-35　用堆积柱形图体现结构

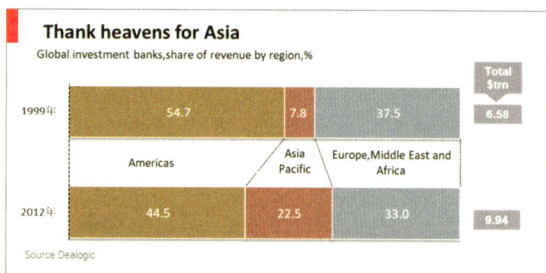

图 6-36　用堆积条形图体现业绩结构

6.5　用旭日图体现不同层级的组成结构：公司组成结构图

6.4 节介绍的树状图可展示整体与个体之间的结构关系。如果需要展示多个层级的项目结构，那么我们就要用到旭日图。旭日图用同心环表示分层数据，每个圆环的分段弧表示数据百分比的大小。

应用场景：

在体现公司各部门的层级关系及人数多少时，图表需要体现多个层级的项目的百分比，此时我们应选择旭日图。在旭日图中，越靠近圆心的圆环的层级越高，越外层的圆环的层级越低。

示例文件为 6.5 公司组成结构图。

制表目标：❶用适当的图表展示公司的组成结构；❷使读图者了解各部门的人数情况。

经过分析，我们制作出如图 6-37 所示的旭日图。读图者通过图表可了解到公司由"研发部""营销部""产品部"三大部门组成，每个部门又细分为其他下级部门。在"研发部"的下级部门中，"网站维护"部的人数多于"程序维护"部。

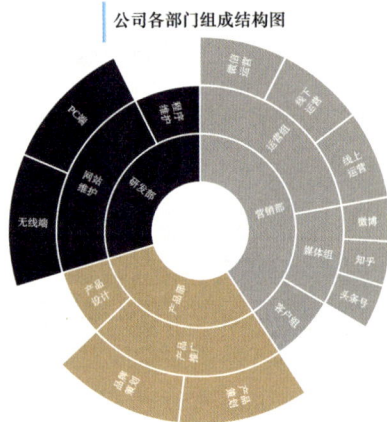

图 6-37　用旭日图体现层级百分比

旭日图的制作比较简单，关键在于原始数据的设置，如图 6-38 所示。在表格中输入原始数据，从左到右，层级依次降低，最右边的一列为具体数值，完成数据输入后，选中数据并创建旭日图即可。

	A	B	C	D
1	部门	分组	职位	人数
2	营销部	客户组		2
3	营销部	运营组	线上运营	2
4	营销部	运营组	线下运营	2
5	营销部	运营组	微信运营	2
6	营销部	媒体组	头条号	1
7	营销部	媒体组	知乎	1
8	营销部	媒体组	微博	1
9	研发部	网站维护	PC端	3
10	研发部	网站维护	无线端	3
11	研发部	程序维护		2
12	产品部	产品推广	品牌策划	3
13	产品部	产品推广	产品策划	3
14	产品部	产品设计		2

图 6-38　旭日图原始数据

拓展 1：体现季度数据与月度数据的百分比

季度数据与月度数据之间有层级关系和从属关系。每个季度的数据由 3 个月的数据构成，因此季度数据和月度数据是有层级关系的数据类型。

应用场景：

当图表需要同时体现季度与月度的百分比数据时，我们可用饼图+圆环图。

这种图表与旭日图不同，旭日图侧重于体现层级关系，其每个项目的具体的百分比却不明显；饼图+圆环图既能体现两层数据关系，又能将百分比数据较好地体现出来。

示例文件为 6.5 季度与月度销售额百分比图。

制表目标：用适当的图表同时展示一年内 4 个季度、12 个月的销售额百分比。

我们根据分析制作出如图 6-39 所示的组合图表，外层圆环图代表月度数据，内层饼图代表季度数据。

扫码看视频

图 6-39 强调月度数据的百分比图

图 6-39 中的饼图+圆环图的制作思路为，将季度数据创建为饼图，并将其设置在次坐标轴上，将月度数据创建为圆环图，下面是制作方法。

Step 01：选择要创建图表的数据，如图 6-40 所示。在表格中输入原始数据，其中季度数据是由对应的月度数据相加得到的。按住"Ctrl"键，选中 A1:B13 单元格区域和 D1:D5 单元格区域中的数据。

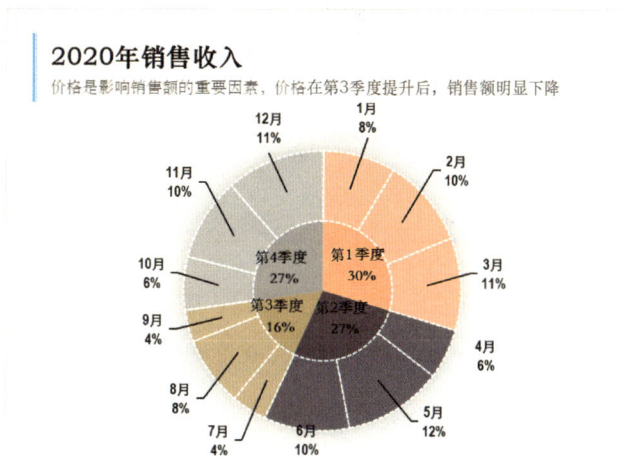

图 6-40 选择要创建图表的数据

Step 02：设置组合图表。选中数据后，打开"插入图表"对话框，如图 6-41 所示。

❶ 选择"组合图"图表。

❷ 设置图表类型。

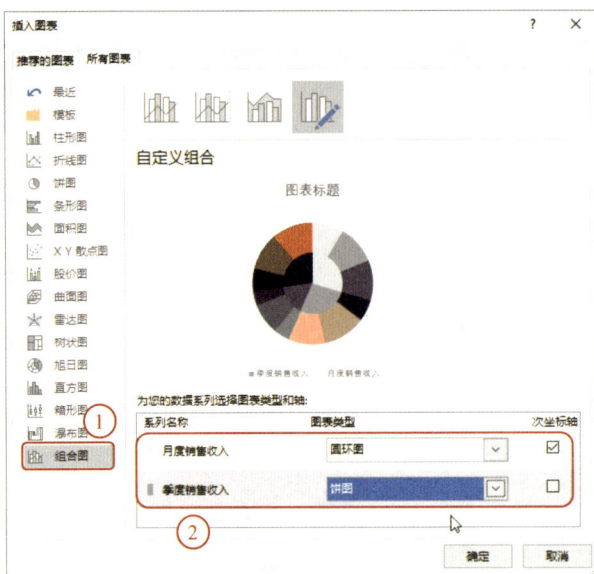

图 6-41 设置组合图表

Step 03：设置季度数据标签。为图表添加数据标签，并选中季度数据的标签，如图 6-42 所示。

❶ 在"设置数据标签格式"对话框中选择"单元格中的值"。

❷ 在"数据标签区域"对话框中选择 C2:C5 单元格区域。

❸ 单击"确定"按钮。

此时，季度数据标签会显示季度文字。接下来只要调整细节，就可以完成图表制作。

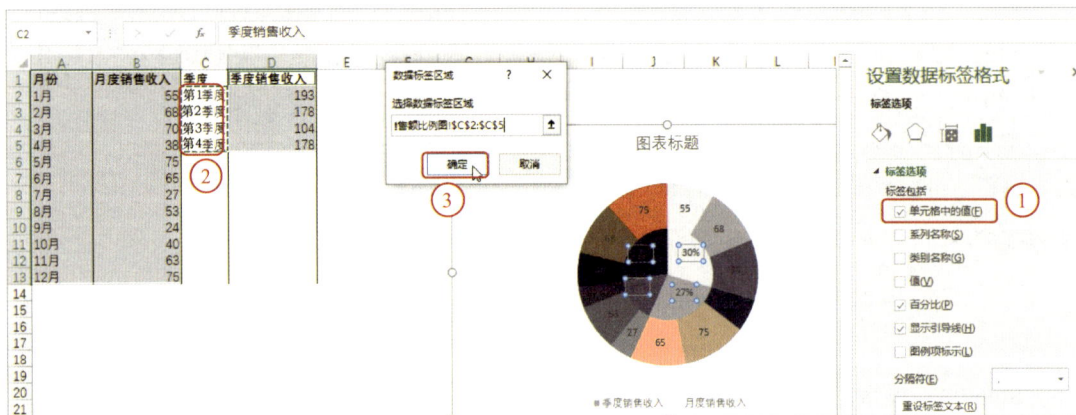

图 6-42 设置季度数据标签

拓展 2：金字塔形层级图

示例文件为 6.5 金字塔形层级图。

制表目标：用适当的图表形象展示项目的各个阶段及实施时长。

在展示数据的层级关系时，如果层级关系比较简单，如从上到下的层级关系，而且每层只有一项数据需要说明，那么我们可以考虑使用形象的金字塔形层级图。图 6-43 展示了图中项目最基础的阶段到最高级的阶段，每层的高度显示了不同阶段的耗时。

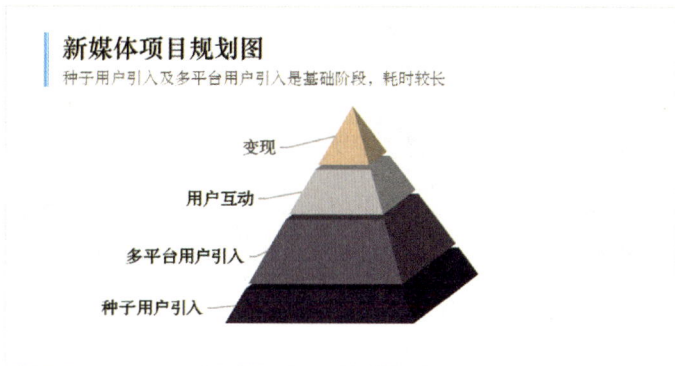

图 6-43　金字塔形层级图

金字塔形层级图的制作方法如图 6-44 所示，将项目层级数据制作成"三维堆积柱形图"。

❶ 将柱体的形状设置为"完整棱锥"。

❷ 设置"间隙深度"参数，从而控制金字塔层级间的间隙；设置"间隙宽度"参数，从而控制金字塔的"胖瘦"。

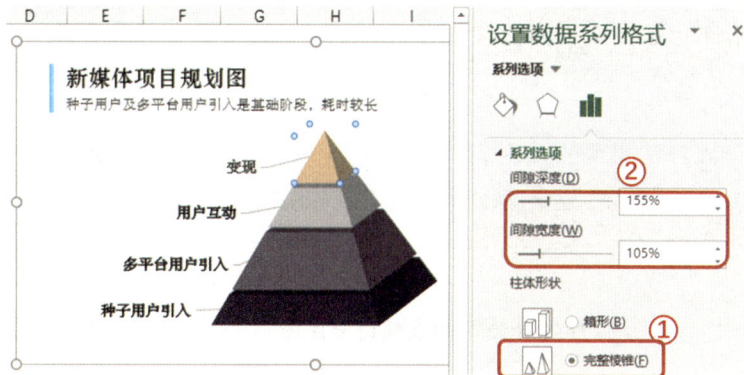

图 6-44　金字塔形层级图的制作方法

6.6　在饼图中强调数据：分公司业绩百分比图

和其他类型的图表一样，当饼图中有多个项目数据时，该图表可能需要重点强调其中一项数据，此时我们需要在图表设计上花点心思。

应用场景：

在比较分公司业绩、业务员销量、产品市场份额等数据时，若某个项目的百分比数据需要进行强调说明，则我们可通过让扇区分离、设置扇区颜色、设置扇区数据标签的方法来实现数据强调。

▶ ■ **重点速记——在饼图中强调数据时的三大注意事项**

❶ 不要使用两种及两种以上的强调效果，如让扇区分离+设置特殊填充色。太多的强调效果只会过犹不及。

❷ 不要同时强调两项及更多项目的数据，被强调的数据太多等于没有强调，一张饼图强调一项数据是理想的状态。

❸ 需要强调的数据不一定是最大或最小的数据。对于需要特别说明的数据，我们可以为对应的扇区设置特殊格式。

示例文件为 6.6 分公司业绩百分比图。

制表目标：❶用适当的图表表示不同分公司的业绩百分比；❷在图表中突出显示业绩百分比最大的公司。

为了实现制表目标，我们有两种方法可以使用。

方法 1：扇区分离。

通过扇区分离方法实现的强调效果如图 6-45 所示。图 6-45 通过对中胜公司的扇区设置"点分离"参数来实现扇区分离效果。这是最常用的饼图数据强调方式，即通过位置的特殊性强调重点数据。

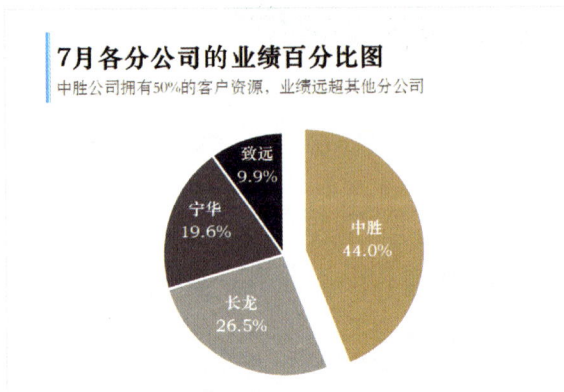

7月各分公司的业绩百分比图
中胜公司拥有50%的客户资源，业绩远超其他分公司

致远 9.9%
宁华 19.6%
中胜 44.0%
长龙 26.5%

图 6-45　通过扇区分离方法实现的强调效果

方法 2：单独填充颜色。

如果想让图表更简洁，那么我们可将其他数据的扇区设置为无填充色，或者将其填充为白色，并为中胜公司的扇区填充其他颜色，从而实现数据强调效果，如图 6-46 所示。

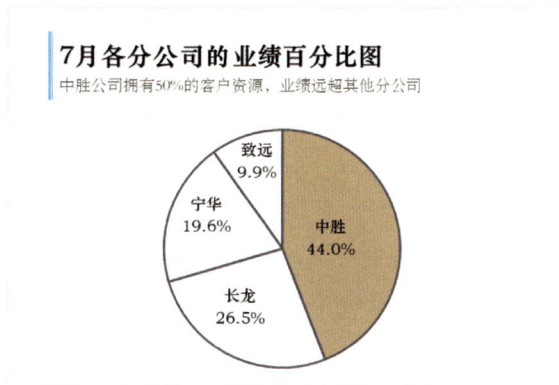

图 6-46　通过单独填充颜色来实现强调效果

工具妙用：用 Radial Bar Chart 一键生成多层圆环图

在 Excel 中，我们只能创建常规的饼图或圆环图，如果需要更丰富、特别的效果来实现更多的数据效果，就需要对图表的布局元素属性进行别出心裁的设计。不过从 Excel 2013 版本开始，微软提供官方插件，其中有不少创建图表的插件，它们可用于一键生成效果丰富的图表。例如，我们可以用 Radial Bar Chart 一键生成多层圆环图。

应用场景：

在比较分公司业绩、业务员目标完成率等数据时，图表不仅需要体现项目的百分比数据，还需要直观地体现百分比数据的差距。多层圆环图最适合用于这种情况。

示例文件为工具妙用：业务员目标完成率情况图。

制表目标：❶用恰当的图表体现不同业务员的目标完成率；❷通过图表来直观地比较每位业务员的完成情况。

我们通过制作如图 6-47 所示的多层圆环图来展示不同业务员的目标完成率。读图者通过单独观察每层圆环的长度，可直观判断该业务员的目标完成情况；通过对比每层圆环的长度，可直观判断业务员之

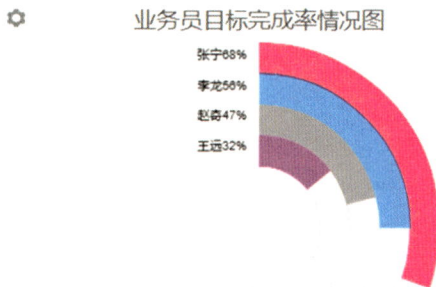

图 6-47　多层圆环图

间的目标完成率差距。

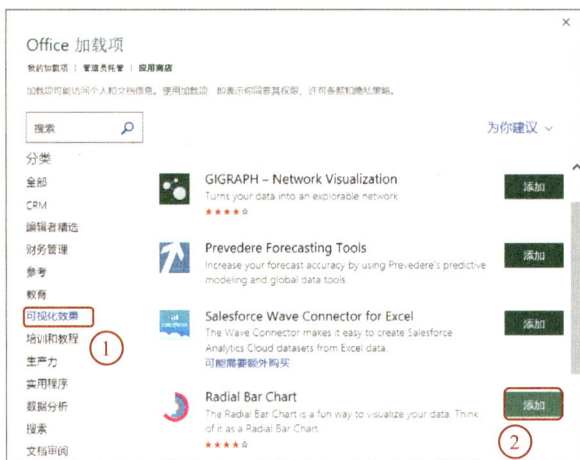

图 6-48　添加插件

Step 01：添加插件。单击"开发工具"选项卡下的"加载项"，如图 6-48 所示。

❶ 选择"可视化效果"选项。

❷ 单击"Radial Bar Chart"加载项的"添加"按钮，即可完成插件添加。

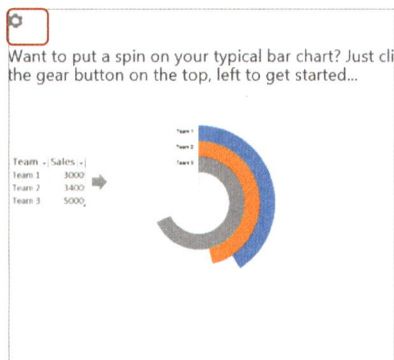

图 6-49　进入设置

Step 02：进入设置，如图 6-49 所示。单击图表插件左上角的设置按钮 ⚙。

图 6-50　设置图表参数

Step 03：设置图表参数，如图 6-50 所示。

❶ 单击"Select Data"按钮。

❷ 选择表格中的原始数据，单击"确定"按钮。

❸ 在"Pick a color theme"中选择主题色，在"Set a title"中输入图表标题。

❹ 单击"Save"按钮即可完成设置、生成多层圆环图。

第 7 章

影响因素分析及经典应用场景

在分析数据时，从纯数字中探索规律的难度排序依次是：比较数据大小<分析数据发展趋势<找出数据间相互影响的关系。

在探索数据之间的相互关系时，用图表进行可视化分析是必备手段。读图者通过可视化的图形元素，可一目了然地观察到两项或三项因素之间的关系、各因素的影响程度、关键的影响因素。

读者一旦学会应用这类图表，必定能挖掘出更多的数据价值。

本章将介绍如何用 5 类图表来实现数据的内在相互关系的可视化。

1. 分析两项因素间的关系：散点图

散点图中的散点位置由 x 轴坐标、y 轴坐标共同决定，它们表示两个维度的数据，如图 7-1 所示。读图者可通过散点的分布来发现 x 轴坐标、y 轴坐标所代表数据间的关系。

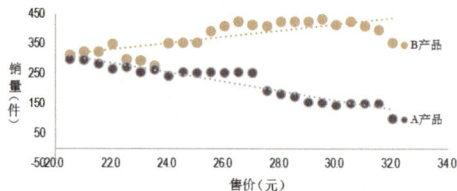

图 7-1　散点图

2. 分析三项因素间的关系：气泡图

气泡图中的气泡由 x 轴坐标、y 轴坐标和气泡大小共同决定，它们分别表示三个维度的数据，如图 7-2 所示。读图者可通过分析气泡位置、大小来判断三项数据间的关系。

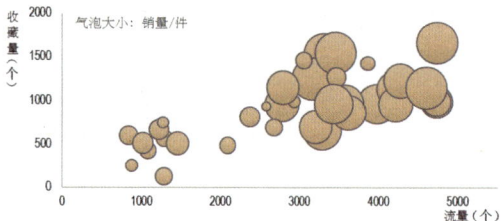

图 7-2　气泡图

3. 体现各因素的影响程度：瀑布图

在瀑布图中，各影响因素从左到右排列，如图 7-3 所示。读图者通过图表可观察到最右边的结果是如何被一系列程度不同的因素影响的。

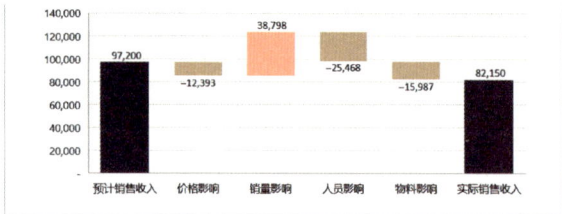

图 7-3　瀑布图

4. 体现各影响因素的敏感性：敏感性分析图

在敏感性分析图中，每项因素用一条线来表示，线的斜率越大、与 x 轴的交点到原点的距离越小，说明该因素的敏感性越大，如图 7-4 所示。

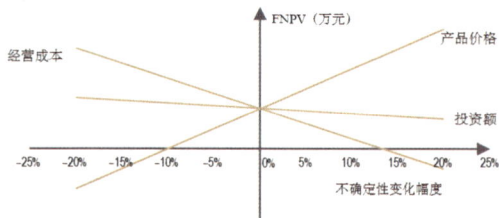

图 7-4　敏感性分析图

5. 通过颜色来体现因素间的关系：色块图

单元格中的横向、纵向分别代表 1 项因素，单元格中的值由横向数据、纵向数据共同决定，如图 7-5 所示。读图者可通过单元格颜色来判断两项因素取不同值对结果的影响。

	500	600	700	800	900	1000	1100	1200	1300	1400	实际/日平均数
	58	95	85	75	121	85	95	98	75	25	0
	24	85	45	65	95	90	124	125	95	65	1
	25	58	47	56	74	150	153	142	124	52	2
	62	65	58	47	52	189	169	159	152	152	3
	25	52	65	85	62	210	185	168	142	142	4
	25	85	45	65	45	290	175	175	125	121	5
	62	55	25	24	25	300	268	265	111	98	6

转发量：25 135 310

图 7-5　色块图

7.1　用散点图分析两项因素间的关系：价格和销量关系图

散点图也称 x、y 散点图，坐标轴中的数据点位置由 x 轴和 y 轴的值共同决定。读图者可根据一系列散点的位置变化分析出 x 轴、y 轴代表的两个变量值之间的关系及它们的影响程度。

如果变量之间不存在特定的关系，那么我们可利用散点图分析数据的分布情况，这是散点图的另一用法，请参阅第 9 章。

应用场景：

当我们分析两个变量之间的关系，并判断两者之间是否相互影响及影响程度如何时，可使用散点图。

1. 散点图的相关性形态

我们在散点图中分析变量之间的具体关系时，可通过散点的形态来进行判断。

首先，可以判断变量之间有没有相关性、有哪种相关性。当 x 轴的值变化时，y 轴的值有 4 种情况，即同步变化（正相关）、反向变化（负相关）、几乎保持不变或随机波动（不相关），如图 7-6 到图 7-9 所示。

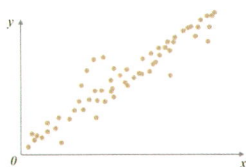
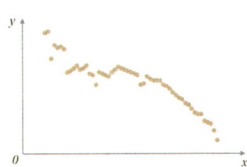

图 7-6　正相关　　图 7-7　负相关　　图 7-8　几乎保持不变（不相关）　　图 7-9　随机波动（不相关）

其次，我们可判断出变量之间相关性的强弱程度，如图 7-10 和图 7-11 所示，随着 x 轴的值的变化，y 轴的值会出现两种情况，即紧密陡峭地变化（相关性强）、零散缓慢地变化（相关性弱）。

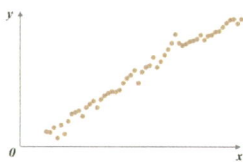

图 7-10　相关性强　　　　　　　　　　图 7-11　相关性弱

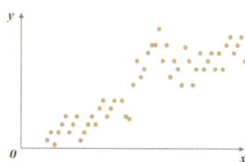

有些变量之间除了存在一定强弱的相关性，还可能存在某种特定的相关关系，如线性相关、指数相关。图 7-12 的散点形态呈线性变化趋势。图 7-13 的散点形态呈指数变化趋势。

图 7-12　线性相关　　　　　　　　　　图 7-13　指数相关

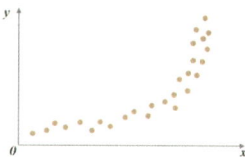

2. 散点图制作分析

示例文件为 7.1 售价与销量关系图。

制表目标：❶用适当的图表展示两种产品的售价及销量关系；❷使读图者能直观地分析售价对销量的影响。

我们经过分析制作出如图 7-14 所示的散点图。图中不同颜色的散点分别代表 A 产品、B 产品，读图者根据散点的趋势可知，B 产品的销量随着售价增加而增加，A 产品的销量随着售价增加而减少。

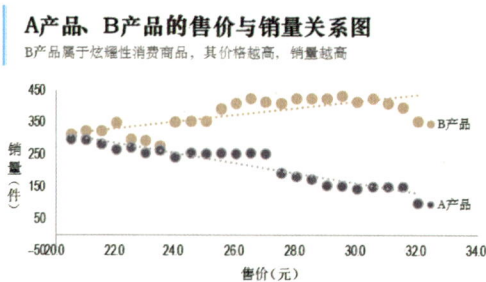

图 7-14　售价与销量关系图

为了更直观地分析售价与销量之间的相关性，我们为散点图添加了线性趋势线，通过直接分析趋势线来判断趋势。

散点图的制作关键点包括原始数据的设置、坐标轴边界值的设置、散点颜色和大小的设置，方法如下。

Step 01：创建散点图，如图 7-15 所示。

❶ 选中 A 产品、B 产品的数据，四列数据分别代表 A 产品、B 产品的 x 轴和 y 轴的值。

❷ 将工具栏切换到"插入"选项卡。

❸ 选择"散点图"图表。

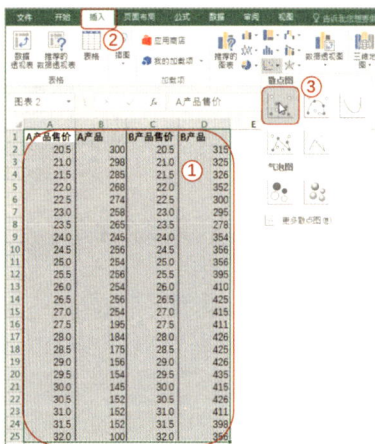

图 7-15　创建散点图

Step 02：设置 x 轴边界值，如图 7-16 所示。

❶ 双击 x 轴。

❷ 在"设置坐标轴格式"窗格中单击"坐标轴选项"按钮。

❸ 设置坐标轴的范围，该范围与散点的 x 轴的最大值和最小值接近即可，目的是让散点尽量充满图表空间。

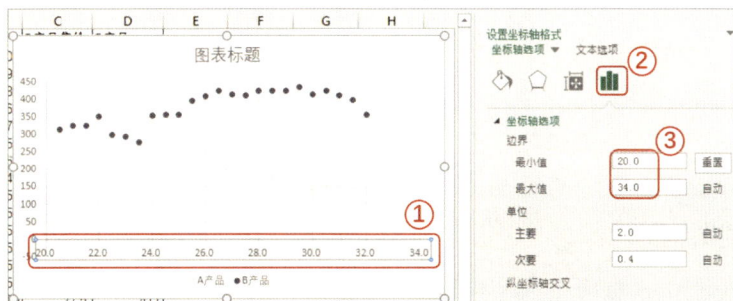

图 7-16　设置 x 轴边界值

Step 03：设置 A 产品散点格式，如图 7-17 所示。

❶ 选中 A 产品的散点，将"设置数据系列格式"窗格内容切换到"标记"菜单下。

❷ 设置"数据标记选项"。

❸ 选择一种散点填充色。

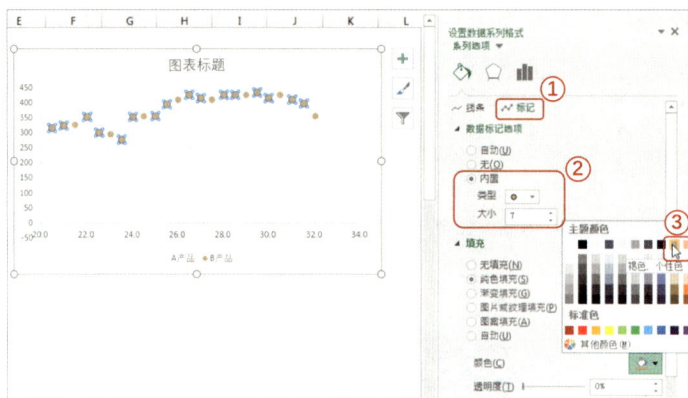

图 7-17　设置 A 产品散点格式

Step 04：添加线性趋势线，如图 7-18 所示。

❶ 单击"设计"选项卡下的"添加图表元素"按钮。

❷ 选择"趋势线"选项。

❸ 选择"线性"趋势线。随后分别选择 A 产品、B 产品，即可添加趋势线。

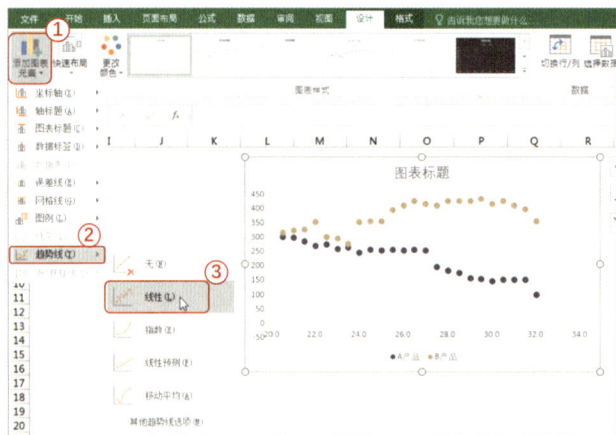

图 7-18　添加线性趋势线

拓展：水果散点图

示例文件为 7.1 水果散点图。

制表目标：用图片形象地展示不同收入和消费水平人群购买水果的偏好。

我们用图片填充散点图中的数据系列，可制作出形象的关系图。水果散点图如图 7-19

所示，我们用橙子图片和草莓图片填充消费者选购两种水果情况的调查数据，从而使图表直观地体现出消费者选购水果的规律与月收入、月消费之间的关系。

该图表的制作方法很简单，即复制水果素材图片并将其粘贴到散点中。

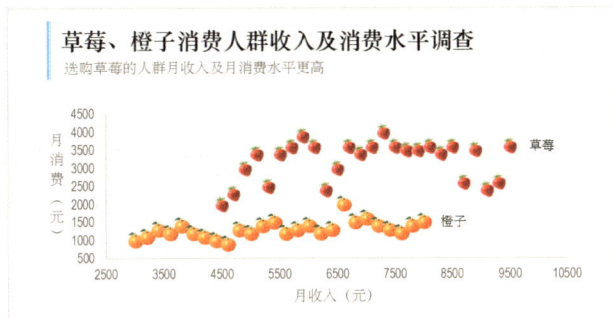

图 7-19　水果散点图

7.2　用气泡图分析三项因素间的关系：网店商品的流量、收藏量、销量关系图

散点图中的数据点的位置由 x 轴和 y 轴的值共同决定，它们代表两个变量。而气泡图是散点的变体，气泡图中的变量不仅有 x 轴和 y 轴的值，还包括气泡大小这一维度的变量。故气泡图可用来分析三个变量间的关系。

如果变量之间不存在特定的关系，那么我们可利用气泡图分析数据的分布情况，这是气泡图的另一用法，请参阅第 9 章。

应用场景：

当我们分析三个变量之间的关系并判断它们如何相互影响时，可用气泡图。

示例文件为 7.2 网店商品流量、收藏量、销量关系图。

制表目标：用适当的图表展示网店商品的流量、收藏量、销量之间的关系。

我们经过分析，制作出如图 7-20 所示的气泡图，从图中可发现，随着流量增加，商品的收藏量也在增加；随着流量和收藏量增加，商品的销量也在增加。

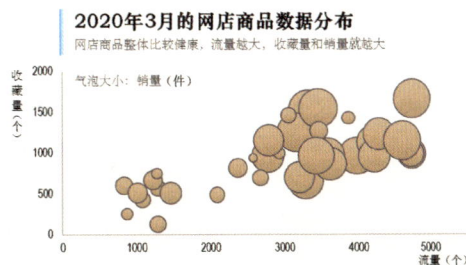

图 7-20　网店商品的流量、收藏量、销量关系图

气泡图的制作方法与散点图类似，只不过应避免使气泡图中的气泡太大、太多，否则面积大的气泡挤在图表中，会使图表信息难以传达。

制作气泡图的方法如图 7-21 所示。

❶ 选中代表三个变量的三列数据。

❷ 插入气泡图。

接下来只要调整坐标轴的值，并对图表进行细节美化，就可以完成图表制作。

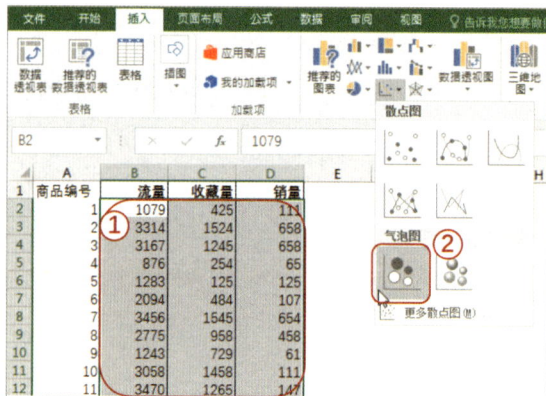

图 7-21　制作气泡图的方法

▶ **制表小技巧——调整气泡 x 轴、y 轴、气泡大小代表的数据**

气泡图有三个变量，在我们选中三列数据创建气泡图后可能会出现 x 轴、y 轴、气泡大小三个维度的数据不符合实际需求的状况。此时可重新编辑数据，打开"选择数据源"对话框，选择数据系列后单击"编辑"按钮，就可以在如图 7-22 所示的对话框中重新编辑 x 轴、y 轴和气泡大小代表的数据。

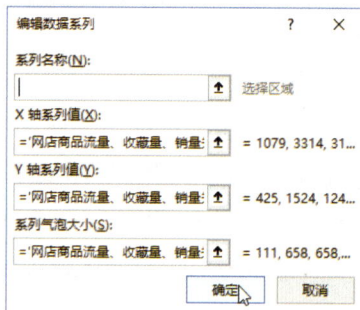

图 7-22　编辑气泡图数据

拓展：足球气泡图

示例文件为 7.2 足球气泡图。

制表目标：用适当的图表形象地体现不同地区的人口、足球俱乐部数量及二者的比值。

气泡图可用圆形的素材图片填充，如图 7-23 所示。用足球图片填充足球俱乐部调查数据图表是一种十分形象的方法。

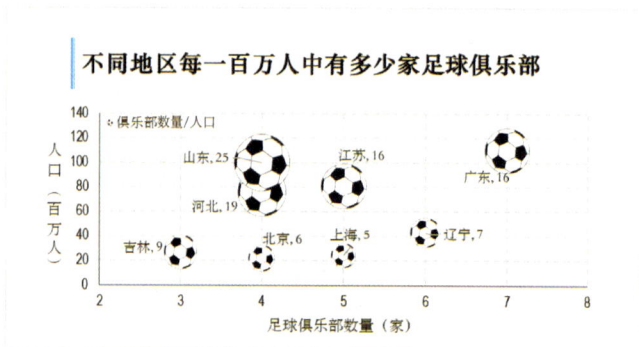

图 7-23　足球气泡图

7.3 用瀑布图体现各因素的影响程度：价差与量差分析图

瀑布图是麦肯锡公司创作的图表，通过与瀑布流水类似的图表形状来体现数量的变化过程。读图者可通过这类图表来分析不同因素是如何影响数量变化的，以及其影响程度有多大。

应用场景：

❶ 当我们分析数据受到了哪些因素影响，以及各因素的影响程度如何时，可用瀑布图。例如，瀑布图可用于分析商品在销售过程中的价格和销量对实际收入的影响。

❷ 当图表需要体现数量的变化过程时，我们可使用瀑布图。例如，月初与月末店铺销量变化图可将一个月中对销量有影响的因素体现出来，读图者可利用它观察分析数值的增减关系，并找出销量变化的规律。

示例文件为 7.3 销售收入影响分析。

制表目标：❶用适当的图表表示商品在销售过程中受价格、销量、人员、物料等因素影响的最终实际收入；❷用图表直观地体现各因素是如何影响商品销售收入的；❸使读图者看到预计收入到实际收入的变化过程。

我们根据分析，制作出如图 7-24 所示的瀑布图，从图中可看到价格、人员、物料是负面影响因素，销量是正面影响因素，而且负面影响因素的影响程度比正面影响因素大，因此实际收入是低于预计收入的。

在这张图中，我们还能看到预计收入是如何经过一系列因素的影响变化到实际收入的。

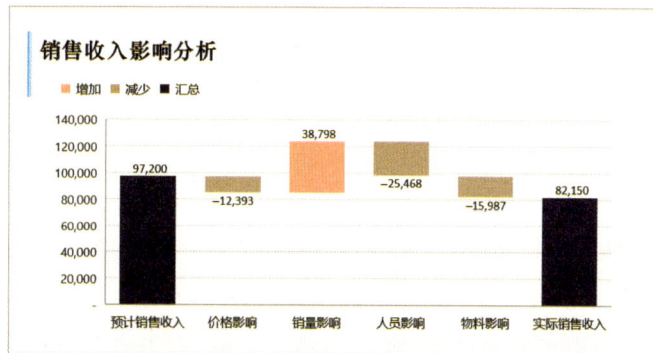

图 7-24 收入影响瀑布图

Step 01：插入瀑布图。在 Excel 2016 及以上版本中一键插入瀑布图，如图 7-25 所示。

❶ 选中数据。

❷ 单击"瀑布图"按钮。

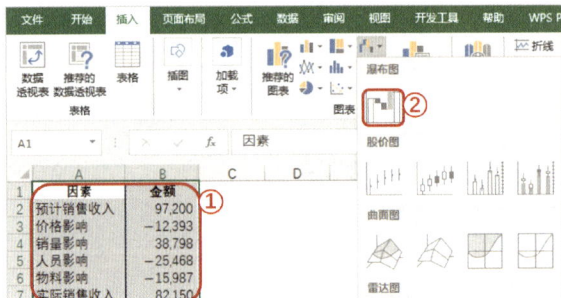

图 7-25　插入瀑布图

Step02：设置汇总数据，如图 7-26 所示。选中瀑布图中的汇总数据，即"实际销售收入"数据，右击，选择"设置为汇总"。用同样的方法对"预计销售收入"数据设置汇总。

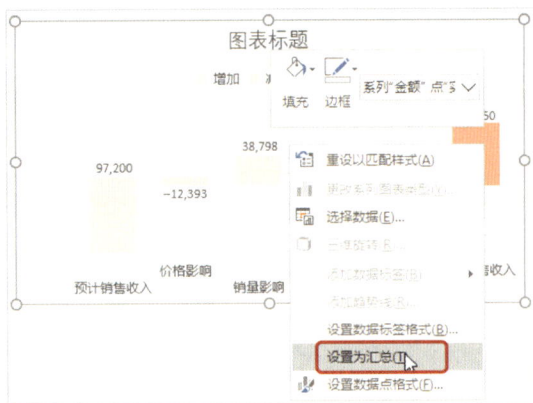

图 7-26　设置汇总数据

拓展 1：用堆积柱形图制作 EBIT 瀑布图，让图表细节更完美

我们在 Excel 2016 及以上版本中可轻松插入瀑布图，但是如果电脑中没有安装相应版本的 Excel 软件，那么可用堆积柱形图来制作瀑布图。用这种方法制作的瀑布图在细节设置上更灵活方便，可使瀑布图的表达更明确。

示例文件为 7.3 EBIT 影响因素分析图。

制表目标：❶用适当的图表展示 EBIT 的预算值和实际值；❷用图表体现预算值变化到实际值的过程，从而使读图者判断出企业的盈利情况。

我们经过分析，制作了如图 7-27 所示的图表。图 7-27 具备瀑布图的效果，并且用 x 轴上的标签进行了分类，使读图者可以清楚地区分 EBIT 预算值及影响因素，以及最后的 EBIT 实际值。

扫码看视频

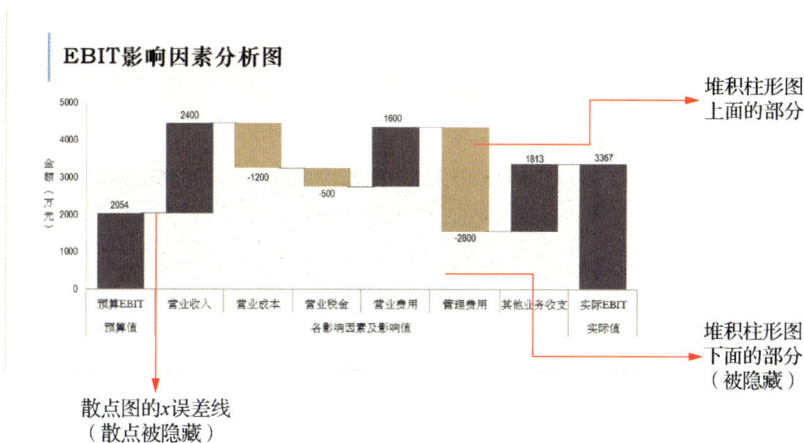

图 7-27　EBIT 影响因素分析图

这张图表的制作思路是，将堆积柱形图作为图表的"瀑布"，同时将下面不需要的部分隐藏；将散点图的 x 误差线作为图中的引导线，以强调经每项因素影响后的结果值。具体制作方法可参考 4.6 节，这里不再赘述。读者在动手尝试后，可扫描相应的二维码观看视频并学习制作步骤。

拓展 2：漏斗图可以表示有顺序的变化过程

顾名思义，漏斗图是漏斗形状的图表，我们通过对它从上到下进行分析，可看到事件推进过程中的每个环节、每项影响因素，以及经过各环节、因素影响的最终的数量。这种图表不仅方便读图者分析流程，还能体现各环节或因素作用的强弱。

▶ **重点速记——瀑布图与漏斗图的区别：是否有逻辑顺序**

与瀑布图不同的是，漏斗图从上到下有严格的逻辑关系，因此适合用来体现有顺序的事件。例如，网店转化过程为流量入口➡首页流量➡商品详情页流量➡购买人数➡付款人数，这是一个可用漏斗图分析的事件。

示例文件为 7.3 网店转化分析。

制表目标：❶用适当的图表体现网店从流量入口到商品成交的数据变化；❷通过图表来直观判断哪个环节对交易的影响最大。

我们根据分析，制作出如图 7-28 所示的漏斗图，从图表中可观察到流量在网店中的流动过程及流量减少的具体情况，而且可发现流量在商品详情页到购买人数这个环节中急剧减少，但是从首页到商品详情页的流量变化不大。由此可知，客户对商品是感兴趣的，因此会点击进入商品详情页，但是商品详情页的描述无法说服客户，使他们购买商品，这是网店转化率不高的重要原因。网店应优化商品详情页，以增加转化率。

新版本的 Excel 可直接插入漏斗图，老版本的 Excel 可以使用辅助列结合堆积条形图来制作漏斗图，漏斗左侧的条形设置为无色即可。

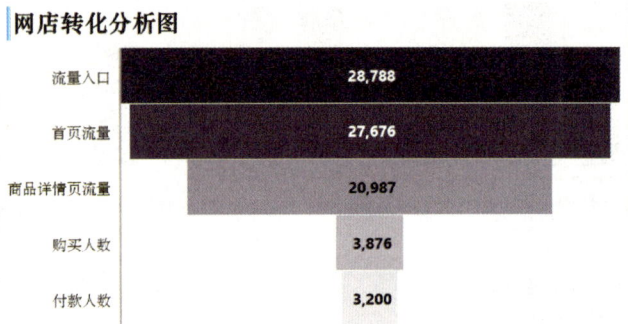

网店转化分析图

流量入口	28,788
首页流量	27,676
商品详情页流量	20,987
购买人数	3,876
付款人数	3,200

图 7-28 漏斗图

7.4 用敏感性分析图体现各影响因素的敏感性：财务影响因素分析图

在经济分析中，我们常常用到敏感性分析法。其原理是找到可能影响项目指标的多项因素，并分析每项因素对项目的影响程度和敏感程度，从而对项目进行客观判断。

"敏感"指的是因素发生较小幅度的变化能引起指标较大的变动。具体的分析步骤是，确定需要分析的指标、列出确定的因素、计算每个不确定因素的波动幅度、计算因素对指标的增减影响。

应用场景：

根据敏感性分析法的步骤完成数据分析后，我们需要将数据列成表，然后进一步将表中数据制作成敏感性分析图，从图中更直观地分析各项因素的影响。

示例文件为 7.4 影响因素敏感性分析图。

制表目标：用图表体现经营成本、投资额、产品价格对财务净现值的影响。

扫码看视频

将敏感性分析数据表制作成如图 7-29 所示的图表。图表可从以下两个角度进行敏感性分析。

❶ 斜率越大，影响因素越敏感，故产品价格和经营成本是两项敏感性较强的影响因素。

❷ 线与 x 轴的交点到原点的距离越近，相应的影响因素越敏感，故经营成本的敏感性比产品价格更弱。

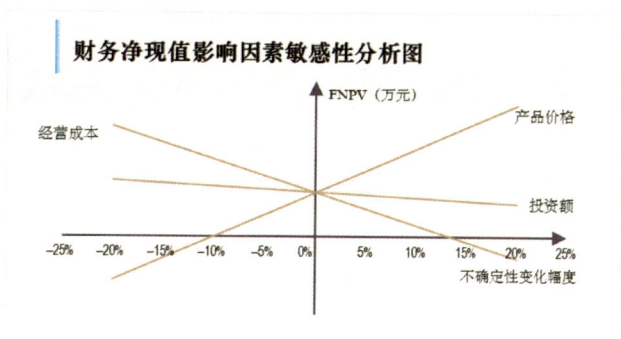

图 7-29　敏感性分析图

Excel 没有专门的敏感性分析图模板，不过我们可以将敏感性分析数据表制作成散点图，并隐藏散点，再为散点图添加趋势线，这样就可实现案例中的效果，关键步骤如下。

Step 01：选中敏感性分析数据表中的数据，如图 7-30 所示。将敏感性分析数据列在表中，并将 A2:H5 单元格区域的数据插入散点图。

图 7-30　选中敏感性分析数据表中的数据

Step 02：添加线性趋势线，如图 7-31 所示。

❶ 选中"产品价格"散点系列，单击"添加图表元素"按钮。

❷ 选择"线性"选项，添加线性趋势线。

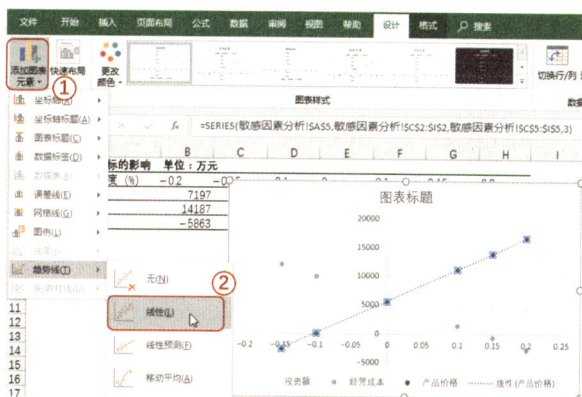

图 7-31　添加线性趋势线

Step 03：隐藏散点，如图 7-32 所示。

❶ 选中"产品价格"散点系列，在"设置数据系列格式"窗格中切换到"标记"菜单中。

❷ 数据标记选项选择"无"，从而隐藏散点。

用同样的方法为其他因素添加线性趋势线，并隐藏散点。

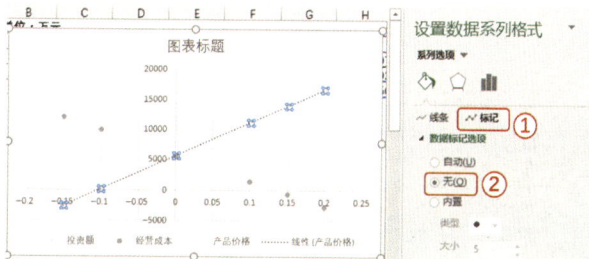

图 7-32　隐藏散点

Step 03：设置坐标轴箭头格式。设置坐标轴的标签格式为"无"，并隐藏标签。之后的操作如图 7-33 所示。

❶ 选中 y 轴。

❷ 在"坐标轴选项"菜单中，结尾箭头类型选择"箭头"。之后用同样的方法为 x 轴设置向右的箭头。

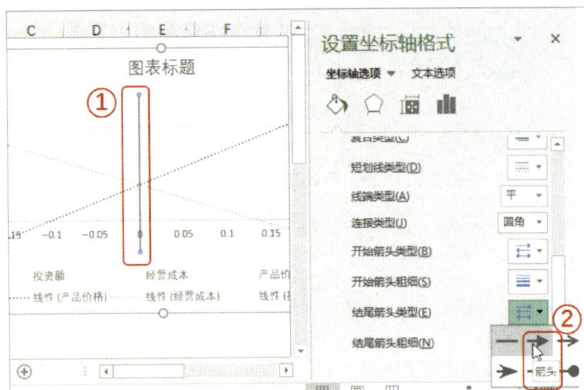

图 7-33　设置坐标轴箭头格式

7.5　用色块图体现两项因素的共同作用：文章字数、图片数与转发量关系图

大脑在处理信息时，对颜色的敏感度要高于数字。因此，如果我们通过颜色来反映数值大小，可以实现数据可视化效果。在 Excel 中，虽然不能直接制作色块图表，但是可以利用单元格的特点来制作，即用横向数据和纵向数据分别代表 x 轴、y 轴，用单元格值代表 x 轴、y 轴共同作用下的数值，再根据数值设置单元格填充色，这样就可以实现色块图效果了。

应用场景：

❶ 两项因素共同作用产生一个结果，若因素取值不同，则结果值也不同；

❷ 当需要分析的数据量超过 30 项，而且数据值比较大时，我们难以快速对纯数值进行比较。

示例文件为 7.5 字数、图片数与转发量关系图。

制表目标：❶用适当的图表体现微信文章字数、配图数与转发量之间的关系；❷使读图者利用图表分析出文章转发量在什么情况下最高。

根据分析，我们将微信文章在字数、图片数不同时的转发量填到单元格中，再根据数据值的大小设置单元格颜色，最终效果如图 7-34 所示。

扫码看视频

读图者从图中可分析出，并不是微信文章的字数越多，转发量就越高的；而图片数多有利于转发量的增加；当字数为 1000 左右、图片数为 6 时，转发量达到最高。

图 7-34 敏感性分析图

在制作案例中的效果时，我们使用的不是图表，而是 Excel 的"条件格式"功能，具体方法如下。

Step 01：打开"条件格式规则"对话框，如图 7-35 所示。

❶ 在表格中输入基本数据，选中受字数、图片数共同影响的转发量数据值，即 A3:J9 单元格区域。

❷ 单击"条件格式"按钮。

❸ 选择"新建规则"选项。

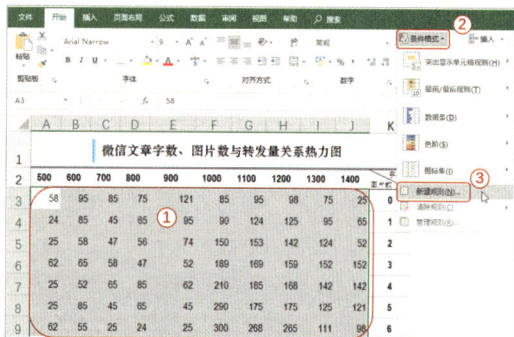

图 7-35 打开"条件格式规则"对话框

Step 02：设置颜色规则，如图 7-36 所示。

❶ 选择"基于各自值设置所有单元格的格式"规则。

❷ 选择"双色刻度"，并设置最小值和最大值的颜色。

❸ 单击"确定"按钮。

设置完毕后，被选中的单元格会根据值的大小自动填充对应的颜色，之后我们只需要在图表右边添加上表示各种颜色的转发量标准值。

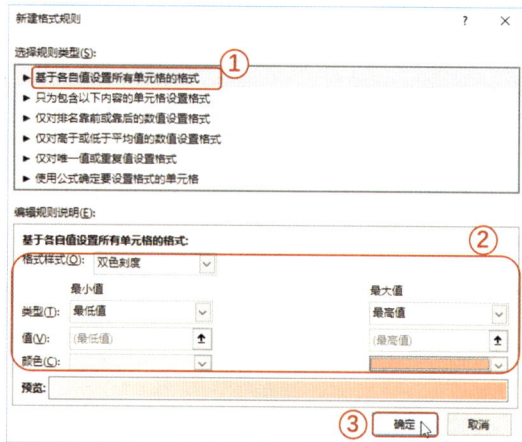

图 7-36 设置颜色规则

▶ 制表小技巧——用"条件格式"功能快速为单元格添加表示数值大小的数据条

Excel 的"条件格式"功能是快捷且用途广泛的功能，它可以通过制定规则快速对数据进行形象分析。

柱形图和条形图是用于比较数据大小的图表，但是并非所有数据都需要制作成图表才能进行分析。当我们因单元格中的数据较大而无法快速读数，又需要在表格中分析数据时，可为单元格添加数据条，如图 7-37 所示。

❶ 选中 B2:B13 单元格中的销量数据。

❷ 选择"数据条"规则。

❸ 选择一种颜色样式，此时数据条会根据数据大小出现在单元格中，以便读图者直观判断数据大小。

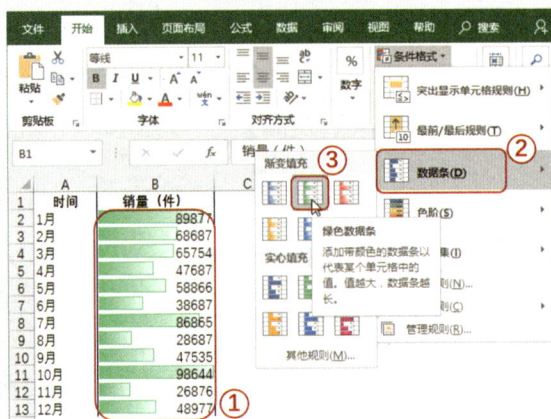

图 7-37　为单元格添加数据条

第8章

数据分布分析及经典应用场景

　　观察数据分布特征是数据分析的重要思路,我们可通过将数据可视化来实现数据分布特征的具象化。我们可以通过分析图表中图形的位置、大小(高低)、颜色来判断数据在不同区间的分布频率、累计频率,并分析数据关键指标的位置情况,从而客观判断这组数据的稳定性。

　　分析数据分布有重要意义。在实际工作中,我们可通过分析数据分布来确定数据集中的范围,找到关键原因,并根据特征为数据分组,以实现精准管理、分析关键数据,从而确定质量或人员的稳定性。

本章将介绍如何用 5 类图表使数据的分布情况可视化。

1. 分析数据在各区间出现的频率：直方图

我们可用直方图将数据按不同的区间分组，并统计这些区间中数据出现的频率，从而分析数据集中出现在哪些区间，如图 8-1 所示。

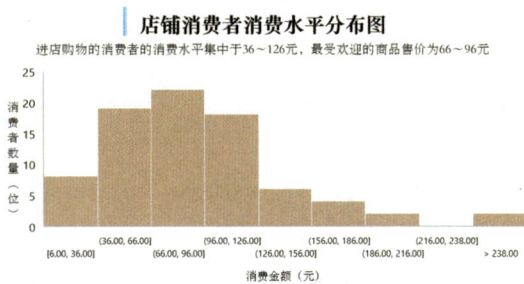

图 8-1　直方图

2. 确定关键影响因素：帕累托图

80% 的结果是由 20% 的关键因素影响造成的。在帕累托图中，我们可通过 80% 累计百分比线来找到最关键的影响因素，如图 8-2 所示。

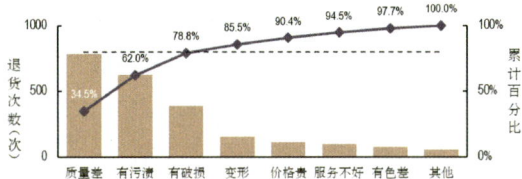

图 8-2　帕累托图

3. 分析双变量数据分布：象限散点图

在象限散点图中，我们将散点划分到 4 个象限中，并根据象限的特点，精确分析数据分布特征，如图 8-3 所示。

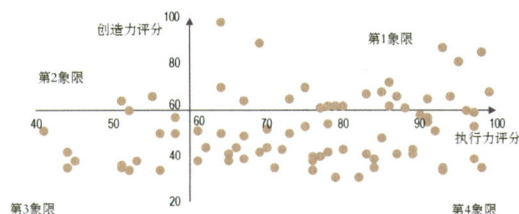

图 8-3　象限散点图

4. 分析三变量数据分布：象限气泡图

我们将代表三个变量的气泡放到 4 个象限中，并根据象限特点，精确分析数据分布特征，如图 8-4 所示。

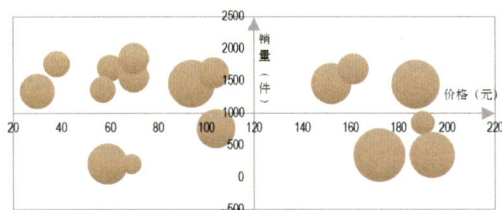

图 8-4　象限气泡图

5. 分析关键数据指标分布：箱形图

箱形图体现了一组数据中最大值、最小值、上四分位数、下四分位数、平均值、中位数、异常值的分布，如图 8-5 所示。我们通过观察这些关键值的位置，可找出异常值并分析数据稳定性。

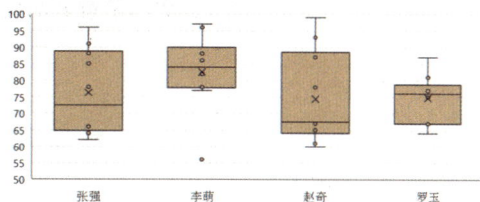

图 8-5　箱形图

8.1　用直方图分析数据在各区间出现的频率：消费水平调查图

直方图与柱形图看起来很相似，其实两者的意义完全不同。柱形图只是单纯地展示了每个项目的大小，而直方图展示了项目数据出现的频率。在直方图中，横坐标轴展示数据分组的区间，纵坐标轴展示对应区间数据出现的频数。我们通过直方图可直观分析出一组统计数据的分布情况。

应用场景：

❶ 当我们需要统计样本数据在不同数据区间的分布情况时，可观察直方图中的数据分组频数。

❷ 当我们需要找出异常数据时，可观察直方图中孤立的数据分组。

示例文件为 8.1 消费水平分布图。

制表目标：❶用适当的图表体现消费者购物金额的调查结果；❷使读图者能直观分析出不同消费区间的频率。

扫码看视频

我们经过分析，制作出如图 8-6 所示的直方图。图表将消费者的购物金额分区间展示，读图者可快速发现(36.00,66.00]、(66.00,96.00]、(96.00,126.00]这三个区间的整体面积最大，由此可见，消费水平在这三个区间最为集中。其中，(66.00,96.00]的频率是最高的，可见这个区间的商品价格最受欢迎。

▶ 重点速记——直方图样本数>50

直方图的样本数应大于 50，否则统计的数据太少，不利于我们客观分析数据情况，而且会降低图表可信度。这也是直方图与柱形图的一个区别，直方图适合用于体现大量数据，而柱形图适合用于体现少量数据。

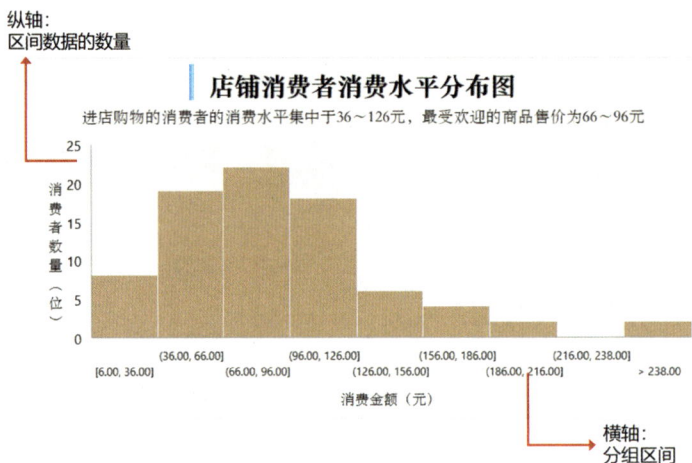

图 8-6　消费水平直方图

我们在 Excel 2016 及更高版本中可轻松制作直方图，只需要使原始数据量大于 50，不需要进行排序或分组，可直接选中数据、插入图表，并在图表中灵活设置数据分组区间，方法如下。

Step 01：插入直方图，如图 8-7 所示。

❶ 选中表格中的原始数据。

❷ 单击"直方图"按钮，即可插入直方图。

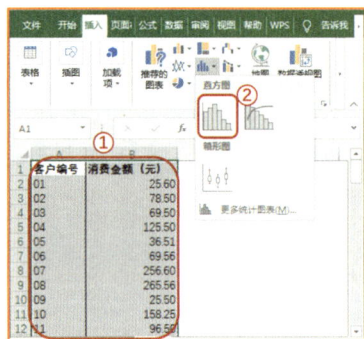

图 8-7　插入直方图

Step 02：设置横坐标轴分组区间，如图 8-8 所示。

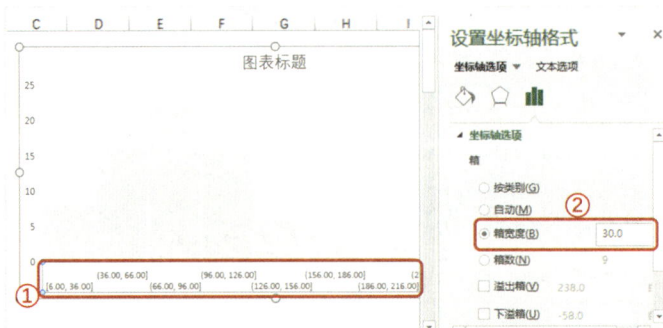

图 8-8　设置横坐标轴分组区间

❶ 双击横坐标轴，打开"设置坐标轴格式"窗格。

❷ 我们在窗格中能够以不同的方式设置"箱"参数，在图 8-8 中以 30 为数据区间进行横轴分组设置。

在设置"箱"参数时，"按类别"指的是按横坐标轴数据名称分组；"箱数"指的是将样本数据分为固定的组数；"溢出箱"和"下溢箱"分别指横坐标轴的最大值和最小值。

需要注意的是，使用直方图时，对"箱宽度""溢出箱""下溢箱"的设置将极大地影响数据的呈现，恰当的设置能正确地反映频率的分布。例如，按图 8-9 中的设置，我们可得到不一样的结果。通常情况下，"溢出箱"和"下溢箱"设置为包含样本数据的数据范围。如果只想分析特定范围的样本数据，那么我们也可以通过设置"溢出箱"来调整直方图的数据范围。

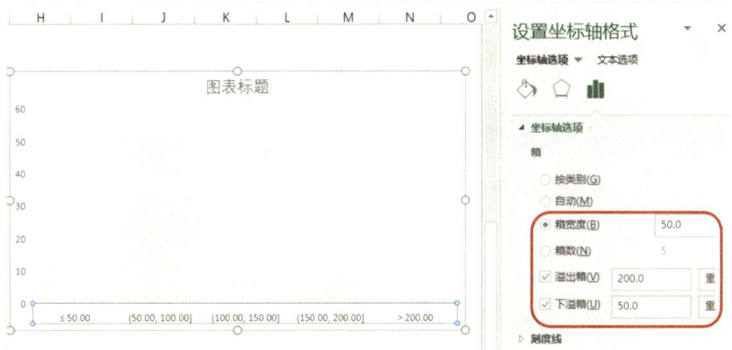

图 8-9 不一样的"箱"参数设置效果

8.2 用帕累托图确定关键影响因素：产品退货原因分析图

著名的经济法则"二八定律"不仅指 20%的人掌握了 80%的财富，还指许多不平衡的现象，即在影响结果的全部影响因素中，最关键的一些影响因素占了大部分，而其余多数的影响因素只占一小部分。"二八定律"的另一个名称是"帕累托法则"。帕累托图的主要作用是确定各影响因素发生的频率，并使读图者通过频率的累计来分析、判断最关键的影响因素。

应用场景：

我们在确定产生某种结果的一系列影响因素并计算各项影响因素的发生频率时，可选用帕累托图，以观察最关键的影响因素。

示例文件为 8.2 产品退货原因分析图。

制表目标：❶用适当的图表体现产品的不同退货原因的出现次数；❷利用图表找到造成产品退货的主要原因。

我们将产品退货原因制作成如图 8-10 所示的帕累托图后，可从图表中直观分析出不同原因导致的退货次数及各原因的累计频率。我们通过分析 *扫码看视频* 右纵坐标轴上 80%的频率点可发现，质量差、有污渍、有破损这三个原因的累计频率达到 80%，因此这是最主要的退货原因。

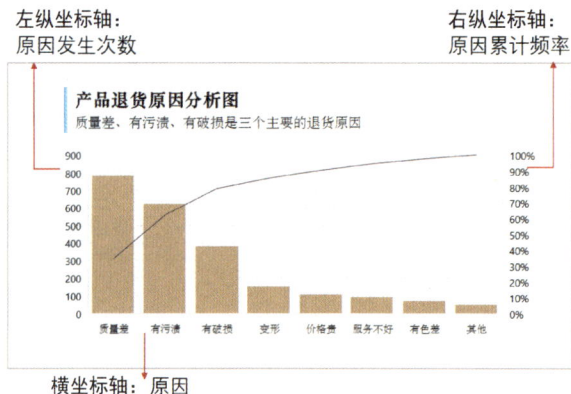

图 8-10　帕累托图

不熟悉帕累托图的初学者可通过辅助线来确定 80%的累计频率，如图 8-11 所示。

这种带 80%的水平辅助线的图表无法通过 Excel 直接创建。我们需要先在表格中计算出累计百分比，然后通过柱形图+折线图的方式创建这种图表。

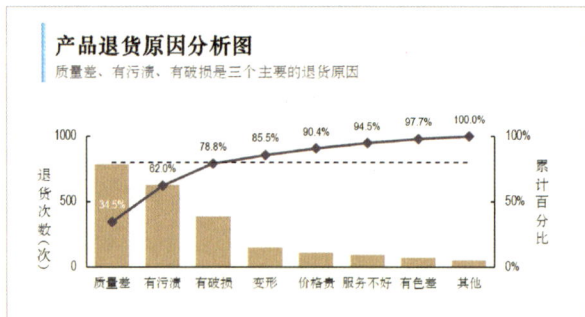

图 8-11　带 80%的水平辅助线的帕累托图

▶ **重点速记——帕累托图和直方图的区别**

在 Excel 中，帕累托图即排列图，与直方图同属一个图表类型。这两种图表本质上的区别是，直方图的纵坐标轴表示频数，而帕累托图的纵坐标轴表示累计频率。

在 Excel 2016 及以上版本中，我们可通过"排列图"按钮一键创建帕累托图，而且不需要对原始数据进行排序及频率计算。创建帕累托图的步骤如图 8-12 所示。

❶ 输入因素及次数，不需要排序或计算频率，
选中输入的数据。

❷ 插入排列图。

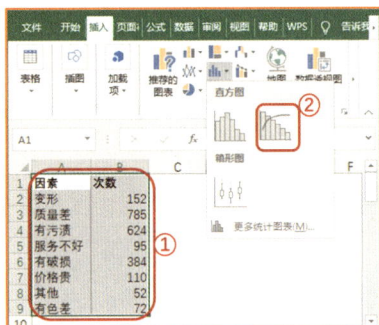

图 8-12　创建帕累托图的步骤

拓展：帕累托图变形为 ABC 分类图

常规的帕累托图的关注点在 80% 的累计频率上，它强调的是找问题的关键影响因素。我们在将帕累托图中的累计频率进一步划分后，可得到 ABC 分类图。二者的分析方法是相通的，只不过 ABC 分类图根据累计频率将因素分为 A、B、C 三类，以强调主次。

A 类因素的累计频率为 0%～80%，为主要影响因素；B 类因素的累计频率为 80%～90%，为次要影响因素；C 类因素的累计频率为 90%～100%，为一般影响因素。

我们可利用 ABC 分类图对事件分类，从而进行精细化管理。在现实生活中，ABC 分类图广泛应用于库存管理、企业管理、质量管理中。

示例文件为 8.2 ABC 分类图。

制表目标：❶用适当的图表体现各种退货原因的累计频率；❷使读图者能直观分析哪些因素是主要因素，哪些因素是次要因素，哪些因素是一般因素。

扫码看视频

我们经过分析，制作出如图 8-13 所示的 ABC 分类图，通过图中的 A 类原因、B 类原因、C 类原因的区间分割线，可快速判断出不同退货原因的重要程度。

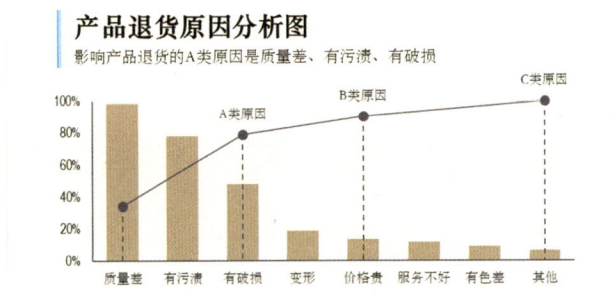

图 8-13　利用 ABC 分类图分析退货原因

案例中的图表其实是通过在柱形图+带标记的折线图中设置折线图的"垂直线"来实现 A 类原因、B 类原因、C 类原因的区间划分效果的。具体方法可通过扫描相应的二维码来观看视频进行学习。

示例文件为 8.2 ABC 库存分类图。

制表目标：❶用适当的图表体现仓库内商品的进货金额百分比；❷使读图者能直观分析哪些商品是主要商品、哪些商品是次要商品、哪些商品是一般商品。

我们经过分析制作出如图 8-14 所示的 ABC 库存分类图，并通过图表来直观地分析哪些商品是重点商品、需要重点管理，以及哪些商品可以减少管理成本。

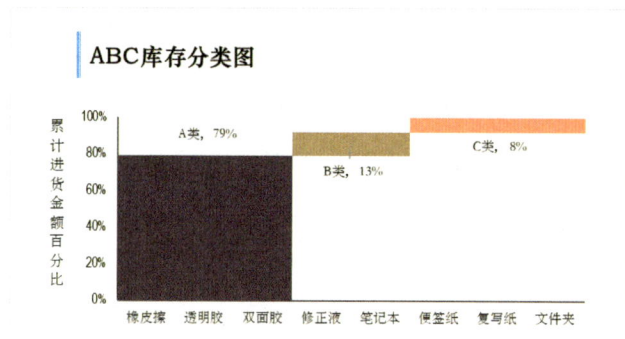

图 8-14　ABC 库存分类图

用该图表分析数据的原理是，对商品进货金额进行排序后，计算出进货金额占总库存金额的百分比；计算出累计百分比后，根据百分比对商品进行 A 类原因、B 类原因、C 类原因的区间划分；最后直接用累计百分比创建堆积柱形图。具体方法可通过扫描相应的二维码来观看视频进行学习。

8.3　用象限散点图分析双变量数据分布：员工能力象限图

在散点图中，每个点的位置由 x 轴和 y 轴对应的值共同控制，因此散点图可用来分析两个变量之间的关系。散点图的这一作用在第 7 章已详细讲解。本节将讲解散点图的另一作用，即分析数据的分布情况。如果将散点图制作成象限图，那么我们可以将数据放到 4 个象限中，以便精确分析并归纳数据特征，从而掌握当前概况、找到可改进的点，为企业管理、销售方案提供数据支持。

应用场景：

若某对象有两个指标，而且每个指标都能反映对象的一个特征，我们需要根据特征分布了解对象的整体情况，或者需要根据特征将对象分类管理，则可使用象限散点图。

我们通过观察散点图中散点的分布情况可快速了解对象特征，如图8-15所示。我们将女性和男性的身高及体重调查数据制作成散点图后，可直观分析出女性和男性的身高及体重的集中分布区间，从而进一步了解该地区居民的身体情况。

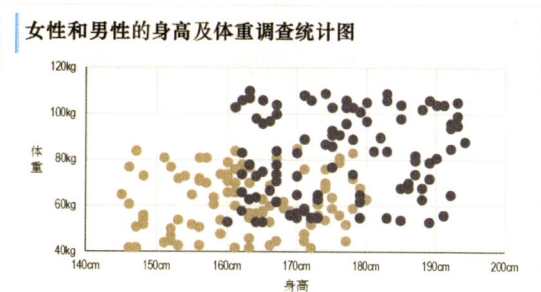

女性和男性的身高及体重调查统计图

图 8-15 散点图分析数据分布

常规散点图有一定的局限性，如果我们以某种标准有意识地划分散点区域，那么可进一步分析数据特征。

示例文件为 8.3 员工能力象限图。

制表目标：❶用适当的图表展示企业所有员工的执行力和创造力评分；❷使读图者能直观分析出企业员工的能力概况，从而找到他们的不足之处。

扫码看视频

我们可将企业员工的两项能力的指标数据直接制作成散点图，如图 8-16 所示。图中的散点按照坐标轴值分布，这使我们很难看出规律。

如果改变坐标轴位置，以平均分 60 分为坐标轴交叉点，那么象限散点图如图 8-17 所示。

企业员工能力分析图

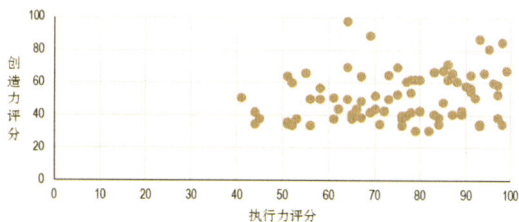

图 8-16 常规散点图

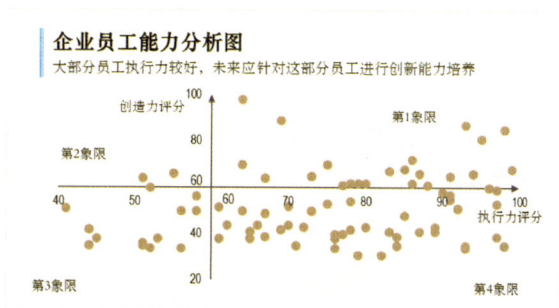

企业员工能力分析图
大部分员工执行力较好，未来应针对这部分员工进行创新能力培养

图 8-17 象限散点图

第 1 象限的散点代表创造力和执行力都优秀的员工，这部分员工较少，可见企业的综合性人才不足；第 2 象限的散点代表创造力较好却缺乏执行力的员工，这部分员工可进行一对一谈话，以提升做事积极性；第 3 象限的散点代表创造力和执行力都不足的员工，这部分员工应进行调整，否则他们对企业作用不大；第 4 象限的散点代表执行力较好创造力不足的员工，这部分员工最多，可见企业的员工的基本能力是优秀的，但创新不足，未来企业可着重对这部分员工进行创新培养。

将常规散点图变形为象限散点图的要点是，调整坐标轴的边界值、设置坐标轴的交叉点，具体方法如下。

Step 01：在 Excel 中插入散点图后，设置坐标轴边界值，如图 8-18 所示。

❶ 双击横坐标轴，打开"设置坐标轴格式"窗格。

❷ 在窗格中设置边界值。通常情况下，边界值根据原始指标数据的最大值和最小值来决定。员工执行力最低分为 41，最高分为 99，因此边界值为 40～100。纵坐标轴的边界值的设置方法和原理与横坐标轴相同。

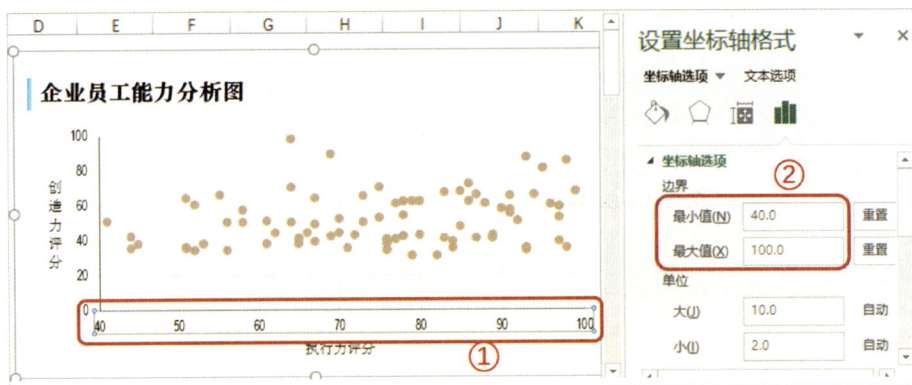

图 8-18　设置坐标轴边界值

Step 02：设置坐标轴交叉值，如图 8-19 所示。

❶ 选中横坐标轴。

❷ 在"设置坐标轴格式"窗格中的"纵坐标轴交叉"方式下的"坐标轴值"处输入 60，这表示纵坐标轴会在横坐标轴值为 60 的地方交叉，而不是在默认的 0 值处交叉。用同样的方法设置纵坐标轴的交叉方式。

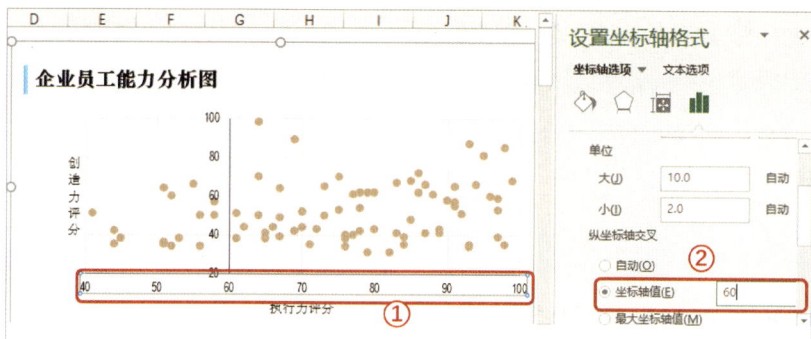

图 8-19   设置坐标轴交叉值

8.4   用象限气泡图分析三变量数据分布：竞争产品调查图

与散点图一样，气泡图不仅能用来分析三个变量之间的关系，还可以用来分析三个变量的数据分布。如果进一步将气泡图进行象限划分，那么我们可将数据对象分为 4 类进行管理。

应用场景：

当三个变量的数据的分布特点需要分析时，我们可使用气泡图。当数据有一定的划分标准时，我们可用象限气泡图。

示例文件为 8.4 竞争产品调查图。

制表目标：❶用适当的图表展示竞争产品的售价、销量、卖家数量；❷使读图者能直观地分析竞争产品的规律特征。

将竞争产品数据制作成象限气泡图，如图 8-20 所示。我们在图中将 17 件竞争产品根据价格和销量分到 4 个象限中。

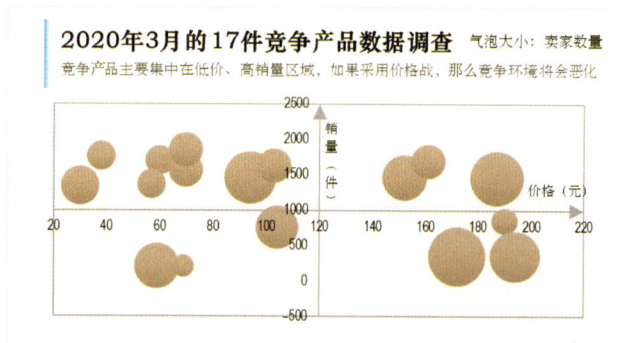

图 8-20   象限气泡图

左上角的气泡表示价格高、销量高的产品；右上角的气泡表示价格低、销量高的产品；右下角的气泡表示价格低、销量低的产品；左下角的气泡表示价格高、销量低的产品。

我们通过分析图表可发现大部分竞争产品都价格偏低，因此要想赢得市场，仅靠低价策略是不行的。

8.5 用箱形图分析关键数据分布：业绩考核分析图

箱形图是一种通过箱子的形状来显示数据分布情况的图表。图表中的箱形显示了一组数据的关键值，包括最大值、最小值、上四分位数、下四分位数、平均值、中位数、异常值。

箱形图的优点在于不受异常值影响，能够以稳定的方式描述数据分布情况。因此，在实际工作中，箱形图常用于品质管理、人事测评等方面，以分析项目的稳定性、识别异常值。

分析箱形图的方法是观察图形中各关键数据指标的位置。图 8-21 是六项重要的数据指标。

异常值：孤立的点，不是每个箱形图都会存在异常值的。

最大值和最小值：两者之间的距离越大，说明数据波动越大。

平均值：体现这组数据的平均水平，当最大值和最小值相差较大时，平均值会受到影响。

中位数：最大值和最小值相差较大时，中位数能客观反映这组数的一般水平。

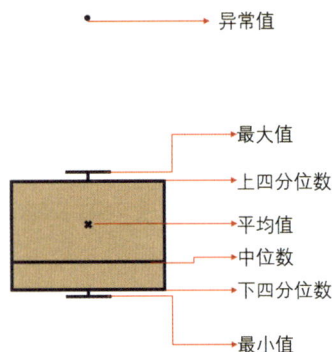

图 8-21 六项重要的数据指标

上四分位数和下四分位数：上四分位数表示这组数据在从小到大排列后的 75%位置的数字；下四分位数表示这组数据在从小到大排列后的 25%位置的数字。四分位数不受极端值的影响，能更客观地体现数据值的分布。

应用场景：

当我们需要通过分析数据的分布情况来判断项目的稳定性，或者找出异常值时，可用箱形图来分析。

例如，车间品质管理员统计了一批产品在一段时间内的质量参数，并通过箱形图分析这批产品的质量稳定性，从而找出品质的异常情况；人事专员统计了不同员工的多次考核成绩，并通过箱形图分析员工成绩，从而找出成绩稳定且评分较高的优秀员工。

示例文件为 8.5 业绩考核分析图。

制表目标：用适当的图表展示 4 位业务员在一年中的 10 次业绩考核评分，并对员工业务能力进行综合客观评价。

扫码看视频

我们将员工的 10 次考核成绩制作成如图 8-22 所示的箱形图，从图中可观察到，李萌的最大值和最小值的距离最小，而且她的中位数、平均值均较高，这说明她是一位业务成绩稳定且优秀的员工。

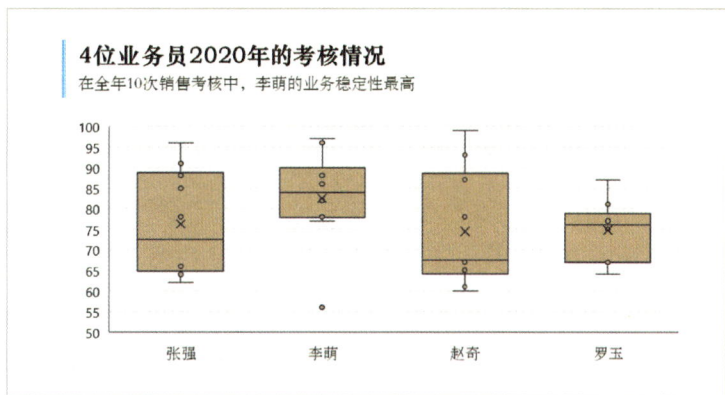

图 8-22　箱形图

在 Excel 中，我们只需要将不同数据组的数据列出来，再插入箱形图，关键步骤如图 8-23 所示。

❶ 选中原始数据。

❷ 单击"箱形图"图表类型即可。

我们在"设置数据系列格式"窗格中可以设置箱形图显示的关键数据，如图 8-24 所示。

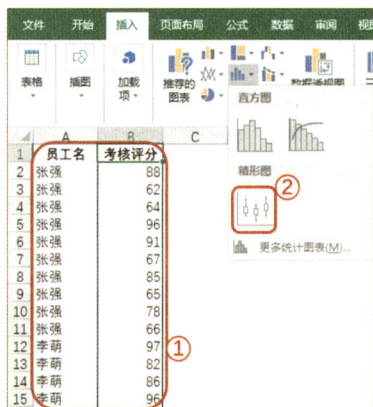

图 8-23　插入箱形图

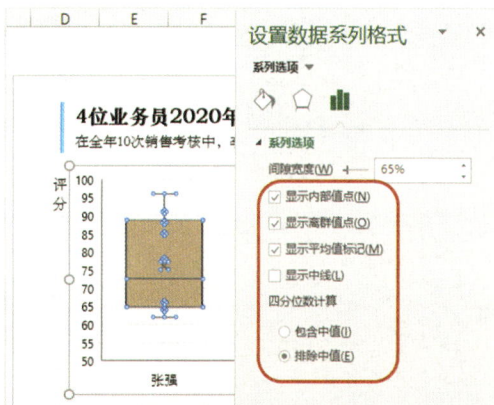

图 8-24　设置箱形图显示的关键数据

工具妙用：用 Data Charts 一键生成高大上图表

随着版本迭代，Excel 的功能日益完善。但对于很多图表初学者来说，Excel 功能较为复杂，不同图表有不同的元素需要设置编辑，这往往导致很多初学者难以快速制作配色、布局精美且专业的高大上图表。

面对这样的问题，初学者可以借助图表插件 Data Charts 中的图表和数据模板来实现图表的快速制作。

应用场景：

当我们需要制作精美的折线图、柱形图、饼图、散点图、雷达图、关系图、象形图、极坐标图、文字云时，可使用 Data Charts 中的图表模板。

Date Charts 可以在 2010/2013/2016/2019 版本的 Excel 软件中安装。它要求系统环境为 Microsoft .NET Framework 4.5.2 及以上。安装好插件后，利用模板快速生成图表的方法如下。

Step 01：在"数据模板"下选择不同的图表模板，如图 8-25 所示。

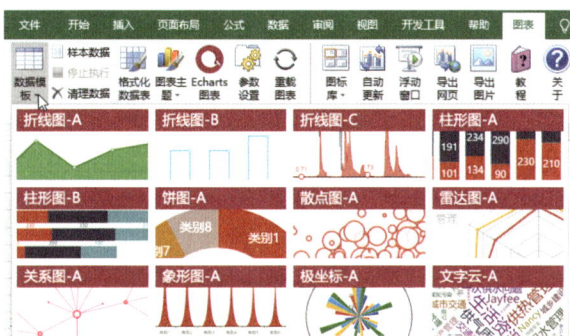

图 8-25　选择图表模板

Step 02：在"图表主题"下选择一种图表主题，如图 8-26 所示。

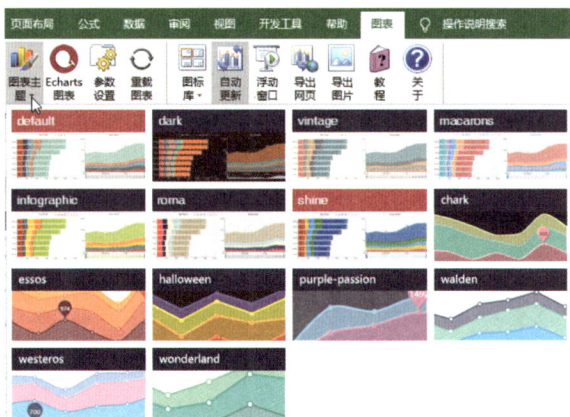

图 8-26　选择图表主题

Step 03：选择好模板和主题后，
根据实际需求修改 Excel 表格中的
模板数据，这样就可以快速生成图
表了，如图 8-27 所示。我们对生成
的图表可以使用"导出图片"功能，
将图表导出为清晰图片，以便将其
放到 PPT 中展示或将图表图片发送
给他人。

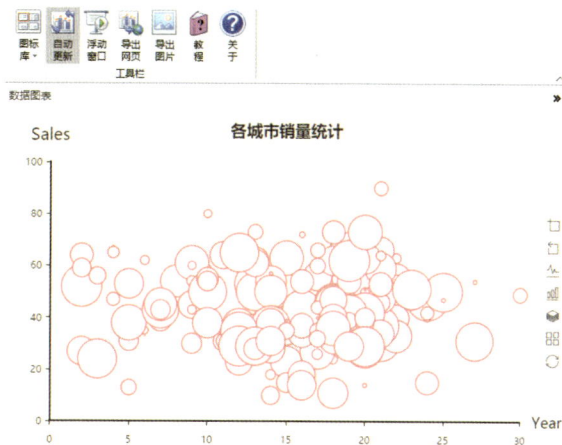

图 8-27　生成图表

第 9 章
进度分析及经典应用场景

　　Excel 中没有专门用来体现进度及完成度的图表，这就需要我们在制表时充分发挥想象、合理设计图表，并通过编辑图表属性来实现进度含义的表达。

　　在网页海报、书刊中常见的进度图表的用法包括以下几种：用圆环图展示当前进展到百分之几；用百分比堆积柱形图或百分比堆积条形图体现"未完成"和"已完成"的概念；用组合图表子弹图体现两个项目类型的进度。

本章将介绍如何用 5 类图表实现进度体现、进度比较，使数据可视化。

1. 体现一个项目的进度：带轨道的圆环进度图

一个完整圆环代表 100% 的进度。我们可通过巧妙设计圆环图的弧线填充格式来让圆环只显示其中一段，从而直观地体现当前进度，如图 9-1 所示。

图 9-1　带轨道的圆环进度图

2. 对比多个项目的进度：百分比堆积柱形图

将百分比堆积柱形图分为上、下两部分，它们分别代表"未完成"和"已完成"的进度。这种图表可用于直观对比各项目的当前进度，如图 9-2 所示。

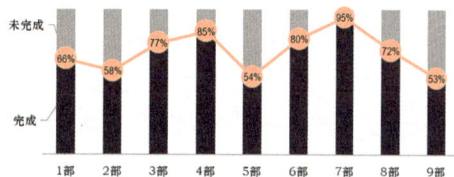

图 9-2　百分比堆积柱形图

3. 对比多个项目进度的细节：百分比堆积条形图

将百分比堆积条形图分为多个"小方块"，一个"小方块"代表一个数量单位。我们可通过观察"小方块"的填充颜色来判断项目进度的细节，如图 9-3 所示。

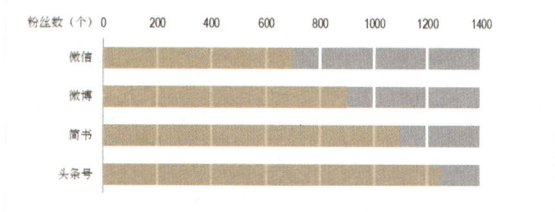

图 9-3　百分比堆积条形图

4. 对比多个项目的进度和等级：子弹图

由百分比堆积条形图和散点图构成的子弹图表可体现两种类型的数据，如图 9-4 所示。

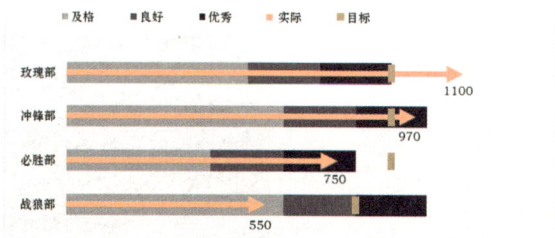

图 9-4　子弹图

5. 用图表秀制作有趣的进度图：仪表盘、水晶球

我们可以通过图表秀在线制表网站来修改图表模板数据，这样就可以快速制作出形象有趣的进度图，如图 9-5 和图 9-6 所示。

图 9-5　仪表盘　　　　图 9-6　水晶球

9.1　用圆环图制作带轨道的进度图：**项目完成进度图**

各类杂志、网页常常用圆环图来体现项目的进度。这是因为圆环类图表的闭环圆圈有 100% 的含义，我们可通过设置圆环填充格式来体现项目当前的完成度。

应用场景：

当需要强调某一项目当前的完成度时，我们可使用圆环轨道进度图，还可以在圆环旁边增加一条线，用它表示当前项目的剩余时间，以同时体现项目进度及可用时间。

1. 简单的项目完成进度图

圆环图的设计特点是，一个完整的圆环可由多段弧线构成，每段弧线的填充色、轮廓宽度均可单独设计。利用圆环图的这种属性，我们可以单独将一段弧线加粗，并对其填充特别的颜色，以表示项目的当前完成进度。

示例文件为 9.1 项目完成进度图（简单）。

制表目标：用适当的图表展示项目当前的完成度。

扫码看视频

我们经过分析，制作出如图 9-7 所示的圆环轨道图。图 9-7 体现出的含义是，该项目正在进行，像一列轨道上的火车，当前跑到了 61% 的位置。

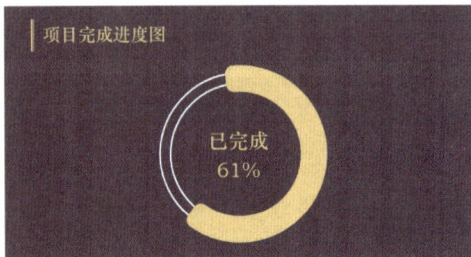

图 9-7　简单的项目完成进度图

圆环轨道图的制表思路是，使辅助数据为 100%的完整圆环在主坐标轴上显示，使待完成数据和已完成数据组成另外一个圆环并在次坐标轴上显示，隐藏待完成数据，设置已完成数据弧形格式，具体方法如下。

Step 01：生成待完成数据和已完成数据的圆环图，如图 9-8 所示。

❶ 选中数据。

❷ 插入圆环图。

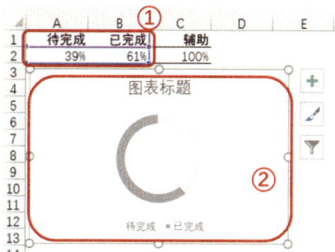

图 9-8　生成待完成数据和已完成数据的圆环图

Step 02：添加辅助数据，如图 9-9 所示。

❶ 打开"选择数据源"对话框后，在"添加"选项卡下，勾选"辅助"复选框。

❷ 单击"确定"按钮。

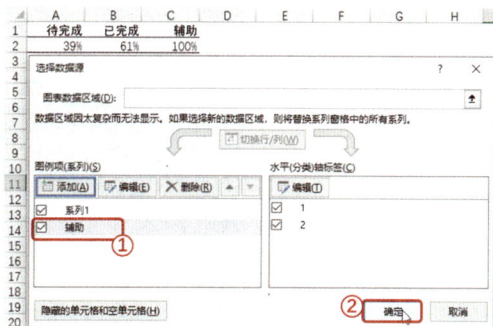

图 9-9　添加辅助数据

Step 03：设置次坐标轴数据，如图 9-10 所示。

❶ 打开"更改图表类型"对话框，将"待完成"和"已完成"的数据系列设置在次坐标轴上。

❷ 单击"确定"按钮。

此时，辅助数据位于下方，设置弧形的填充格式即可完成这张简单的项目完成进度图。

本图表也可不使用辅助数据系列，用一个圆环即可完成。具体方法如下。

将"待完成"数据系列设置为无填充、有边框。再将"已完成"数据系列设置为有填充，其边框粗细设置为 8 磅左右。

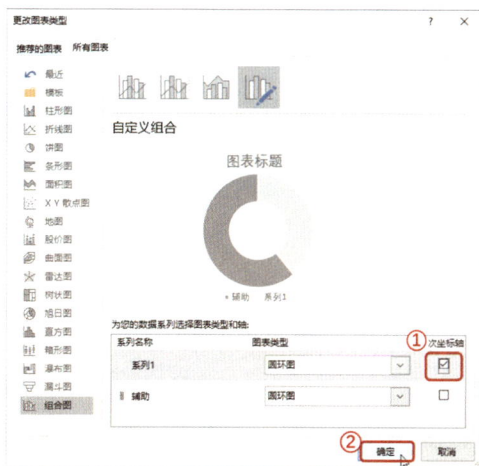

图 9-10　设置次坐标轴数据

这种方法比较简单，但由于边框较粗，所以这种方法表示的进度不够精确。

2. 复杂的带时间线的轨道进度图

由多层圆环组成的圆环图通过将弧形设置为"无填充""无线条"格式，并让填充色和背景色相同，可实现隐藏圆环某段弧线的效果。我们用这样的思路可制作出带时间线的轨道进度图。

示例文件为 9.1 项目完成进度图（复杂）。

制表目标：❶用适当的图表表示项目完成进度；❷用图表体现项目剩余时间。

扫码看视频

图 9-11 中的圆环图既能体现当前项目的进度，又能体现项目剩余的时间。

图 9-11 带时间线的轨道进度图

带时间线的轨道进度图增加了一层圆环，这层圆环用来体现剩余时间。制作该图表时，应巧妙设置各圆环的层次及位置，并巧妙设置组成圆环的弧线的填充色、轮廓，以实现理想效果，关键步骤如下。

Step 01：设置圆环图坐标轴，如图 9-12 所示。

❶ 将表格中的数据制作成有三层圆环的圆环图。

❷ 在"更改图表类型"对话框中，将"项目"数据设置在次坐标轴上。

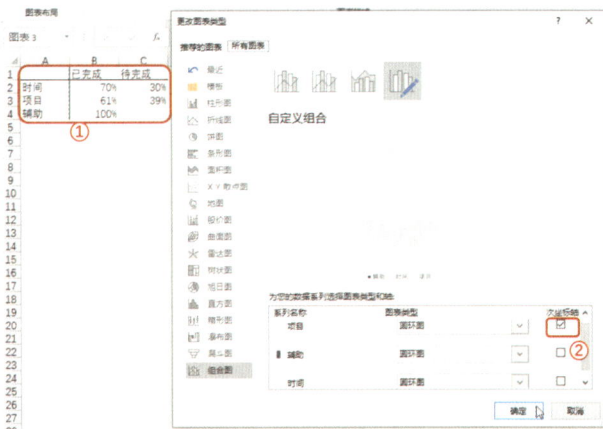

图 9-12 设置圆环图坐标轴

将"项目"数据的"已完成"弧形设置为"无填充""无轮廓"格式。此时，圆环图的组成结构如图 9-13 所示。为了准确选中要设置的圆环，我们可通过"系列选项"来进行选择。

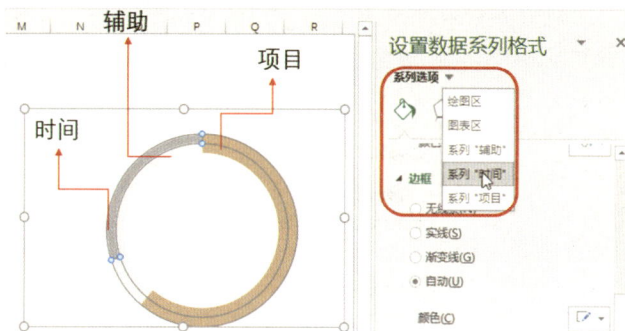

图 9-13　圆环图的组成结构

Step 02：设置"辅助"数据格式，如图 9-14 所示。

❶ 将"辅助"数据圆环的填充颜色设置为浅灰色。

❷ 将边框格式设置为"实线"，并使其颜色和背景色一样，宽度设置为"6 磅"。最终效果为"辅助"数据圆环变细。

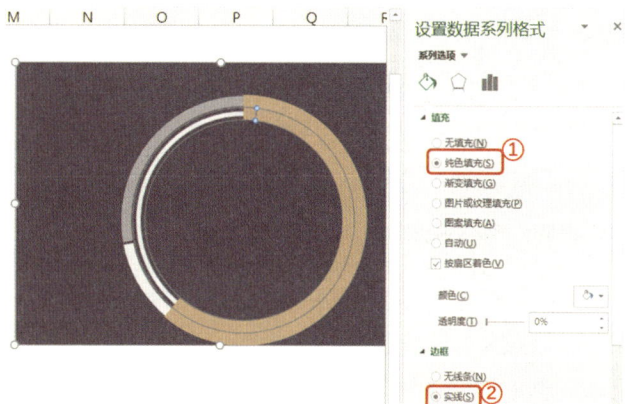

图 9-14　设置"辅助"数据格式

Step 03：设置"时间"数据格式，如图 9-15 所示。

❶ 设置"时间"数据圆环的填充色。

❷ 设置边框格式。

此时"时间"数据圆环也变细。最后单独选中"已完成"的 70% 的弧形，将其设置为"无填充"格式，即可隐藏"时间"数据圆环不需要的部分。

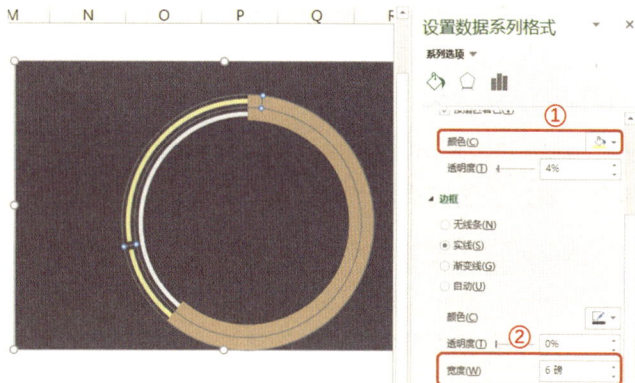

图 9-15　设置"时间"数据格式

▶ 制表小技巧——当圆环图有多层圆环时，改变圆环的里外位置

在制作带时间线的轨道进度图时，"时间"数据圆环和"辅助"数据圆环的里外位置会影响图表效果。

在"选择数据源"对话框中，选中相应的数据系列，通过"上移"按钮或"下移"按钮来移动圆环的里外位置，如图 9-16 所示。例如，"时间"数据系列的位置在最下面，因此图表中的"时间"数据圆环位于最外层。

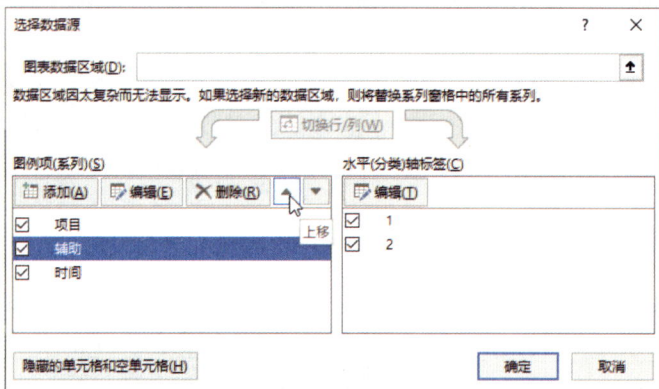

图 9-16　改变圆环的里外位置

拓展：用柱形图对比目标完成进度

"小天才"手表是一款儿童使用的智能手表，上面的音乐播放器十分美观，像一个水晶球进度图。

我们可在 Excel 中仿照手表的音乐播放器制作出如图 9-17 所示的效果。

在图 9-17 中，中心的圆形为饼图，外层进度条是圆环图，表示进度的白色圆点是散点图。其制作难点在于应用正弦知识及余弦知识控制圆点的位置。

请根据以上思路动手制作该图表。如果遇到问题，请在"Excel 偷懒的技术"微信公众号中发送关键词"手表进度图"以获取相关内容。

图 9-17　仿"小天才"手表进度图

9.2　用柱形图制作多项目进度对比图：各部门任务完成进度图

柱形图是用于体现数据对比情况的优秀图表，结合百分比堆积柱形图的特性，可用于制作多项目进度对比图。

应用场景：

❶ 当图表需要体现多个项目的进度时，可使用这种图表。

❷ 当需要直观比较项目间的进度领先情况时，可使用这种图表。

示例文件为 9.2 各部门任务完成进度图。

制表目标：❶用恰当的图表展示不同部门的任务完成进度；❷使读图者能直观地进行进度对比；❸用图表突出已完成的业绩。

扫码看视频

图 9-18 中间的折线图及数据标签可直观地体现各部门的销售任务完成情况。柱形下方的填充色更深，是为了强调已完成的业绩。

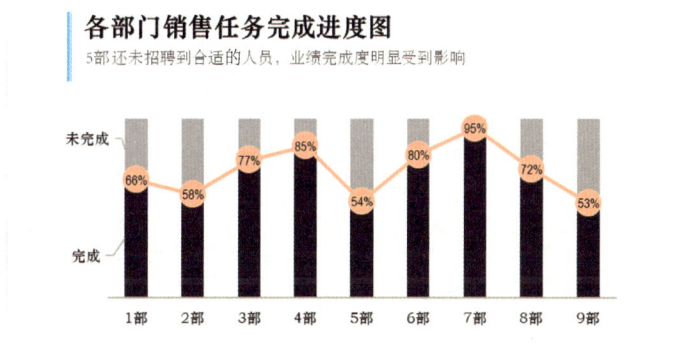

图 9-18　各部门任务完成进度图

本案例中的图表的制作方法比较简单，图表的原始数据如图 9-19 所示。

	A	B	C
1	部门	完成	未完成
2	1部	66%	34%
3	2部	58%	42%
4	3部	77%	23%
5	4部	85%	15%
6	5部	54%	46%
7	6部	80%	20%
8	7部	95%	5%
9	8部	72%	28%
10	9部	53%	47%

图 9-19　图表的原始数据

选中数据，插入图表，图表结构如图 9-20 所示，"完成"数据和"未完成"数据是百分比堆积柱形图下面的部分和上面的部分。之后将"完成"数据制作成带数据标记的折线图，并将其添加到图表中。

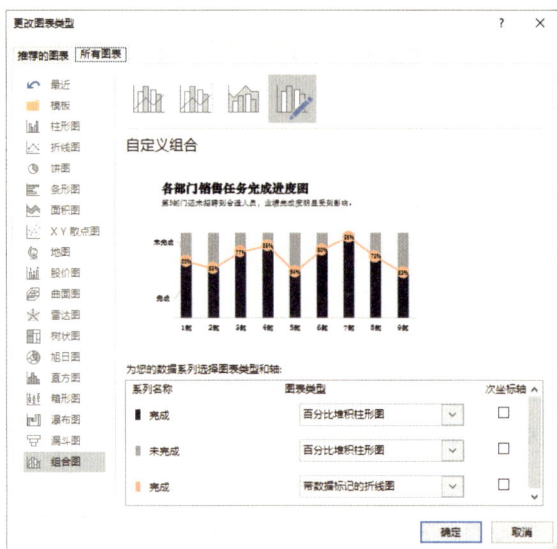

图 9-20　图表结构

▶ **重点速记——用圆环图可以制作多项目进度对比图吗**

　　从制表技术上来看，多层圆环图可以用来体现多项目的进度，如图 9-21 所示。但是我们需要注意以下两点。

　　❶ 圆环进度图的项目数量应小于 4，否则图表会太拥挤，进度的体现将不直观。

　　❷ 圆环图的侧重点是展示项目进度，而堆积柱形图的侧重点是对比项目进度。堆积柱形图可通过一条水平线来直观地比较进度。

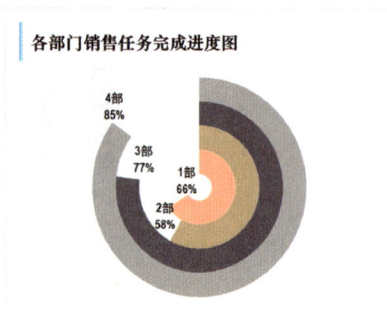

图 9-21　用圆环图制作多项目进度对比图

拓展：用柱形图对比目标完成进度

　　第 4 章讲解过柱形图的次坐标轴的应用。我们可利用柱形图的特征，将两个数据系列重合，从而制作出对比目标完成进度的图表。

　　示例文件为 9.2　目标完成进度图。

　　制表目标：❶用适当的图表体现各部门的销售额完成进度；❷使读图者能直观地对比当前的目标完成进度。

　　我们可以从如图 9-22 所示的图表中直观地看出各部门的销售额完成进度。

　　图 9-22 的对比重点在于实际销售额与目标销售额的对比，而图 9-18 的重点在于各部门当前进度的对比。

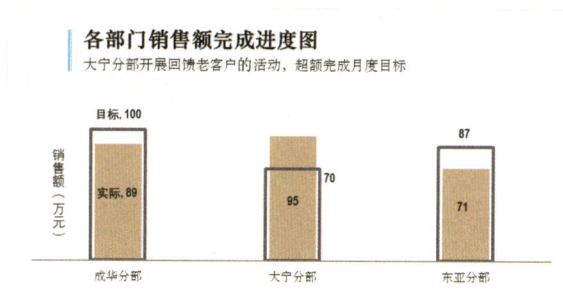

图 9-22　对比目标完成度

9.3　用条形图制作完成度对比图：平台粉丝增长进度图

数据对于大脑来说是抽象的信息，因此我们在制表时要根据实际情况让信息具象化。前面讲到的用圆环图、柱形图制作的进度图会直接显示当前的项目进度，如显示进度为 61%，但是 61% 的进度究竟进展到了哪一个阶段？与其他项目的具体差距有多少？这些问题尚不能体现，因此这些图表的内容还不够具体和细化。

应用场景：

当需要具体地体现项目进度细节时，我们可用百分比堆积条形图制作进度图。

示例文件为 9.3 平台粉丝增长进度图。

制表目标：❶用适当的图表表示不同平台的涨粉进度；❷以 200 为一个数量级，用图表体现平台当前涨粉的阶段；❸使图表从细节上体现各平台的粉丝数差距。

扫码看视频

将簇状条形图按 200 的数量进行分段后，平台涨粉的进度变得更加具体和细化，如图 9-23 所示。

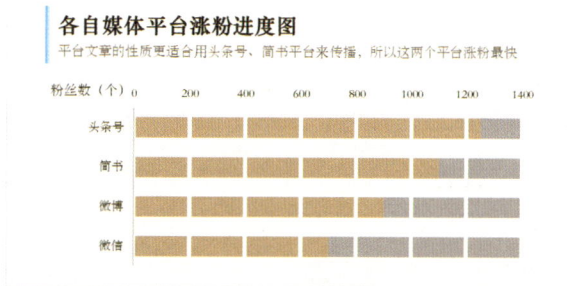

图 9-23　平台粉丝增长进度图

图 9-23 看上去是由百分比堆积条形图制作而成的,其实是普通的簇状条形图通过设置填充格式得到的效果。其制作思路为,当设置好原始数据后,将"计划"数据放在主坐标轴上、"实际"数据放在次坐标轴,再用不同颜色填充两个数据系列的条形,并设置缩放参数,关键步骤如下。

Step 01:设置组合图表,如图 9-24 所示。

❶ 在表格中输入原始数据,并插入簇状柱形图。

❷ 打开"更改图表类型"对话框,将"实际"数据设置在次坐标轴上,其目的是让"实际"数据位于"计划"数据上。

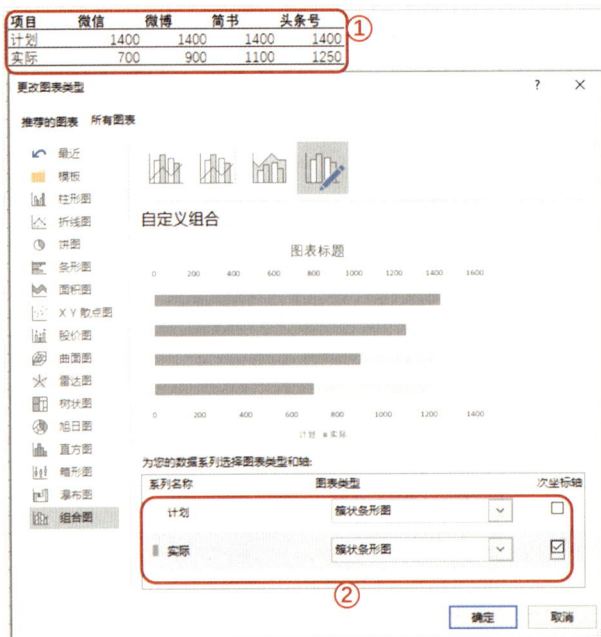

图 9-24 设置组合图表

Step 02:设置填充格式,如图 9-25 所示。

❶ 用"形状"中的"矩形"绘制一个灰色矩形,将"形状轮廓"设置为白色,将"粗细"设置为 3 磅。

❷ 选中绘制的矩形,按"Ctrl+C"组合键进行复制,再选中图表中的"计划"数据系列,按"Ctrl+V"组合键进行粘贴。此时,条形图被设置为图片填充格式。

❸ 将填充格式设置为"层叠并缩放",将"单位/图片"设置为 200。如此一来,下面的"计划"数据就能实现以 200 为单位长度的填充效果。

复制灰色矩形,并将其填充为褐色,用同样的方法将褐色矩形复制粘贴到"实际"数据上,并设置以 200 为单位长度的填充效果,即可完成本案例中的图表制作。

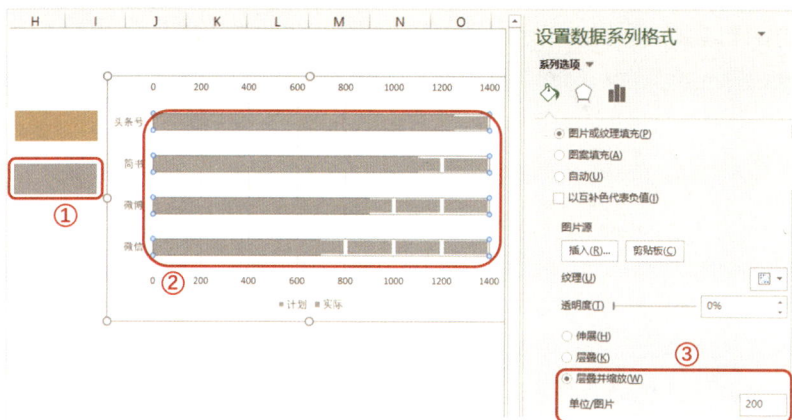

图 9-25　设置填充格式

9.4　用子弹图对比多个项目的进度和等级：业绩指标对比图

图表中相同的形状和颜色代表相同的信息。因此，前面讲到的几种图表通常用来体现相同项目的进度。当项目类型不同时，我们很难用普通的图表实现数据可视化。在特殊情况下，我们需要考虑使用组合图表，即用不同颜色、不同类型的图表来表示不同的项目进度。

应用场景：

当不同类型的项目需要体现进度时，我们可使用子弹图。

示例文件为 9.4 部门业绩指标对比图。

制表目标：❶用适当的图表表示各部门的业绩的及格、良好、优秀情况；❷用图表体现实际完成进度和目标完成进度的差距。

我们可通过条形图的不同填充色来对比不同部门的业绩达标情况，可通过箭头与目标矩形间的距离表示整个部门的目标完成进度，如图 9-26 所示。

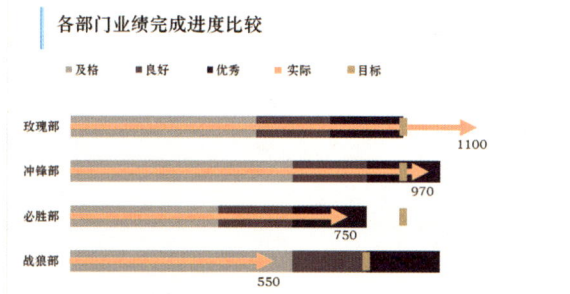

扫码看视频

图 9-26　用子弹图体现不同项目进度

该案例中的组合图表是由百分比堆积条形图和散点图构成的，其制作难点在于如何将散点图添加到百分比堆积条形图中，以及如何将散点图的误差线变成箭头。关键步骤如下。

Step 01：选中原始数据中的"及格"数据、"良好"数据、"优秀"数据，以及部门名称，插入百分比堆积条形图，如图 9-27 所示。

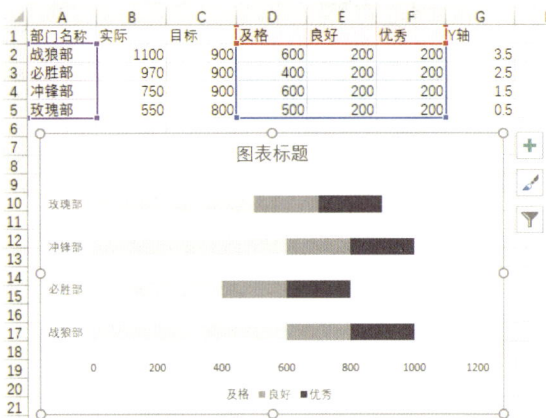

图 9-27　插入百分比堆积条形图

Step 02：添加数据，如图 9-28 所示。打开"编辑数据系列"对话框，在"系列值"中同时选择 B2:B5 单元格区域和 G2:G5 单元格区域的数据。

该操作的目的是将"实际"数据添加进来，其中 G2:G5 单元格区域的数据是散点图的 y 轴坐标。

用同样的方法将"目标"数据也添加进来。

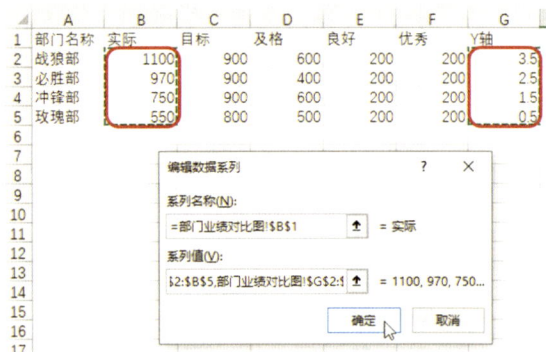

图 9-28　添加数据

Step 03：设置图表类型，如图 9-29 所示，分别设置数据系列的图表类型。

需要注意的是，在完成类型设置后，如果图表效果不理想，那么我们需要打开"选择数据源"对话框，重新选择"实际"散点图和"目标"散点图的数据区域。

图 9-29　设置图表类型

Step 04：设置误差线，如图 9-30 所示。

❶ 为"实际"散点图添加"负偏差"误差线。

❷ 在"自定义错误栏"对话框中设置误差数据。

❸ 选择表格中的"实际"数据，即 B2:B5 单元格区域为误差值。

接下来我们只需要将误差线设置成箭头，再完善图表的其他细节，就可以完成这张多指标进度图了。

关于更多美观专业的进度分析图表，请在"Excel 偷懒的技术"微信公众号中发送关键词"更多进度图"，以获取相关内容。

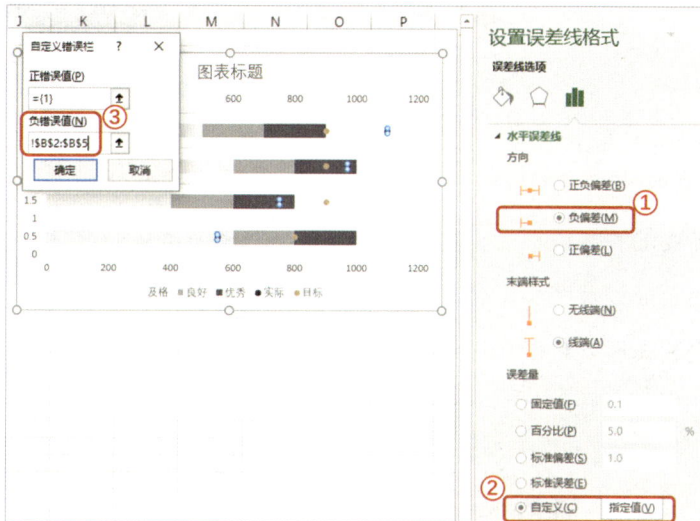

图 9-30 设置误差线

工具妙用：用图表秀制作仪表盘、水晶球进度图

图表秀是一个在线制作图表的工具网站，用户在网站中只需要根据模板修改数据就能快速得到图表。该网站提供了一些 Excel 中没有或需要复杂编辑才能实现的图表效果，如仪表盘和水晶球形状的进度图。

将业绩完成进度制作成仪表盘进度图象征着部门是一辆疾驰的车，仪表盘上的指针表示当前的进度。这种图表将业绩完成的效率和冲劲表现得十分到位。

网页海报用水晶球里的水量表示有多少用户完成了网课学习，用水来象征知识量，这种表现方法生动有趣。

应用场景：

当我们需要制作样式新颖、效果有趣的进度图（如仪表盘进度图、水晶球进度图）时，可用图表秀进行在线制作。

图 9-31 和图 9-32 分别是用图表秀制作的仪表盘进度图和水晶球进度图。

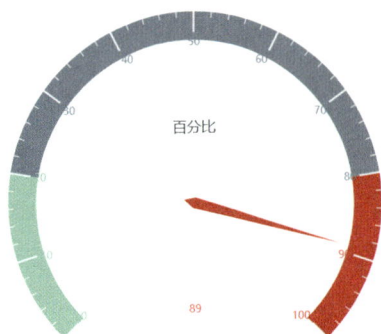

图 9-31　图表秀-仪表盘进度图

图 9-32　图表秀-水晶球进度图

用图表秀在线制作图表的方法十分直观和人性化，如图 9-33 所示。

❶ 选择好需要的图表模板后，单击"编辑数据"按钮即可修改图表原始数据。

❷ 在右边的面板设置图表颜色、文字等属性。

❸ 完成图表编辑后可将图表以清晰的图片形式导出，以便将其放到 PowerPoint 中进行展示汇报。

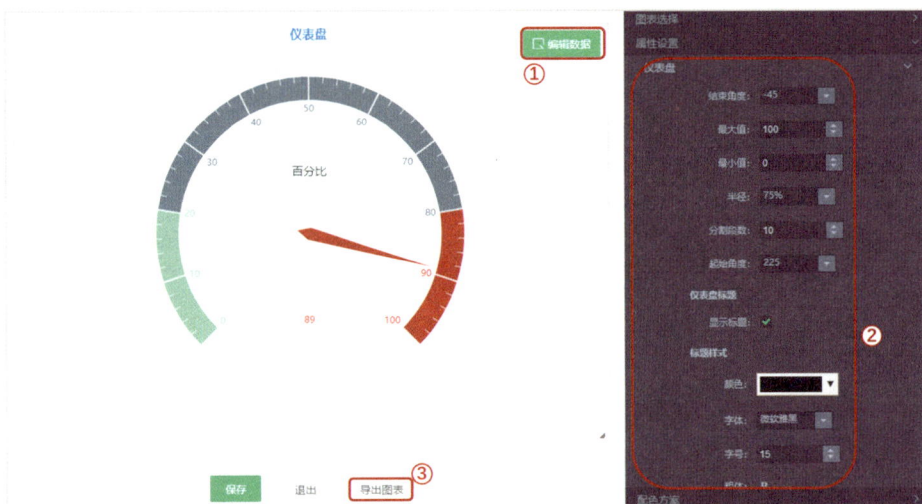

图 9-33　用图表秀在线制作图表的方法

第 10 章

精彩数据，制作商业智能仪表盘

　　在大数据时代，单一的图表往往无法满足数据分析的需求。将图表和数据指标组合在一起得到的数据大屏是一种高效且让人惊喜的数据展示方式。

　　美观又实用的数据大屏完全可以用 Excel 实现。我们只要了解其背后的逻辑、掌握关键技术，就可以用动态智能仪表盘深度分析数据、汇报工作。

10.1 Dashboard 思路剖析

Dashboard 即商业智能仪表盘（Business Intelligence Dashboard，BI Dashboard）的简称，其功能是将系统的数据以可视化的模块呈现，使人们通过分析可视化仪表盘对数据进行整体性、结构性的观察和分析。

说通俗点，仪表盘就是将多张可视化图表按照一定的逻辑顺序排列在一起得到的图表看板。我们在仪表盘中可以对数据时间、项目等内容进行选择，根据不同的选择，仪表盘中的图表会同步动态变化。

在 Excel 中制作的 Dashboard 如图 10-1 所示，其左边为功能选项，页面中的指标、图表会根据选项同步变化。

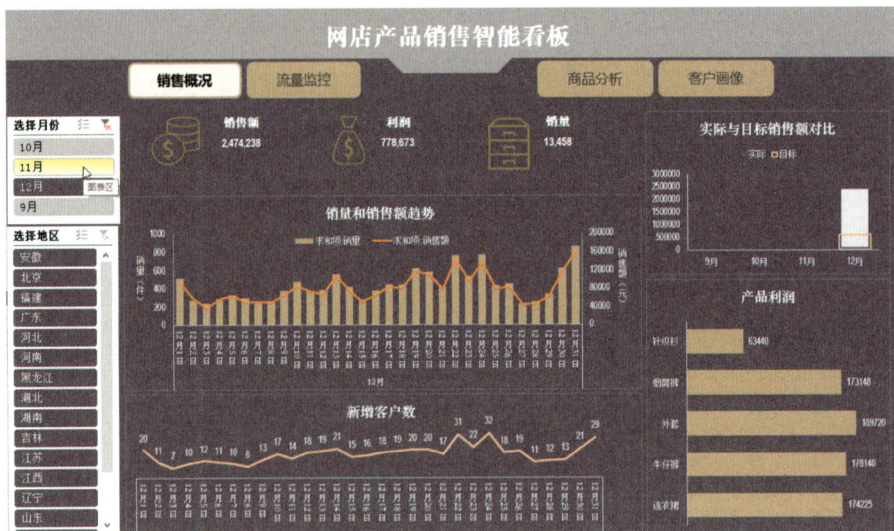

图 10-1　在 Excel 中制作的 Dashboard

无论是用 Excel 制作的 Dashboard，还是公司内部的数据看板、淘宝网店后台数据监控，都会有制作工具和呈现平台等方面的差异，但它们的实质是相同的。其目的都是将数据有条理地可视化，呈现数据更深层次的价值。下面将通过分析 Dashboard 的核心功能模板来剖析制作思路。

1. 重点数据监控功能

Dashboard 作为观察分析数据的平台，可以监控重点数据，最好能实时更新重点数据。

图 10-2 是淘宝后台数据监控工具"生意参谋"的数据大屏，该屏幕显示了当前最重要

的数据指标。

图 10-2　淘宝后台数据监控工具"生意参谋"的数据大屏

在 Excel 中用数据的形式体现重要指标的常用方法是，用"="将 Dashboard 数据监控台的单元格连接到其他表的单元格。当其他表的单元格改变或选项改变时，Dashboard 中的数据也将同步变化。

2. 数据筛选功能

在 Dashboard 中分析数据时，我们需要手动筛选数据，并从不同的层面动态观察数据。图 10-3 是某平台销售数据，当日期、核心指标发生改变时，下方的折线图会同步变化。

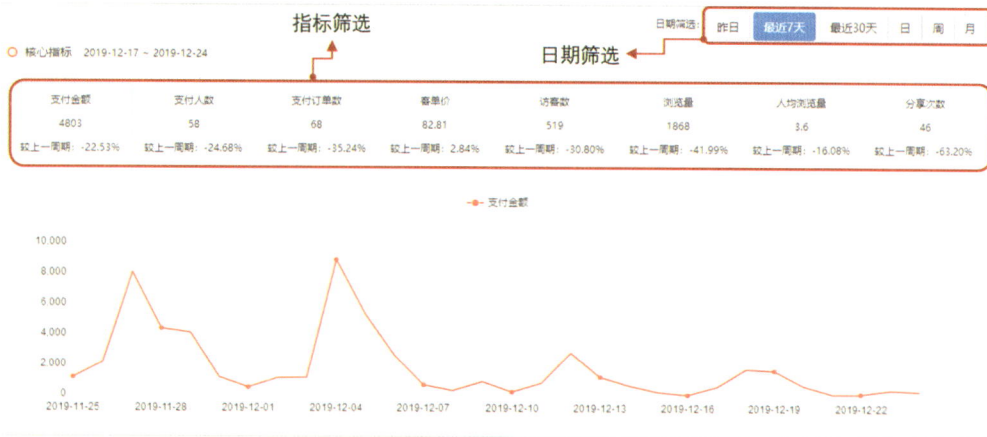

图 10-3　某平台销售数据

在 Excel 中筛选数据时，常用到的功能是切片器、日程表及开发工具中的控件。

3. 数据联动功能

Dashboard 中有多张图表、多项数据指标，当我们对数据进行时间、项目等层面的选择时，页面中的图表、数据指标应同步改变，即 Dashboard 具有数据联动功能。这就需要我们实现数据的同步控制。

常用的方法有：用切片器将不同的数据透视图表连接起来；用一张表制作不同的图表，并通过对表中的数据进行筛选来实现图表的同步变化；用函数和控件控制数据源，以实现数据源改变后，图表也同步改变。

4. 目标明确、主次分明地展示数据

虽然 Dashboard 的后台数据比较复杂，但应该让第一次使用的人可以快速明白数据含义，并能轻松地查看和分析数据。这就要求设计者在设计之初充分考虑 Dashboard 的制作目标，对现有数据的核心指标和维度进行划分，厘清数据间的关系，在挖掘出重点数据需求后，将其以可视化方式呈现出来。

在呈现数据时，应合理控制、安排页面信息。这需要设计者充分考虑页面布局，将数据以合理的方式，主次分明且分区域地进行展示。Dashboard 布局整齐简洁，而且每张图表顶端都有小标题，因此各区域显示的是什么数据一目了然，如图 10-4 所示。

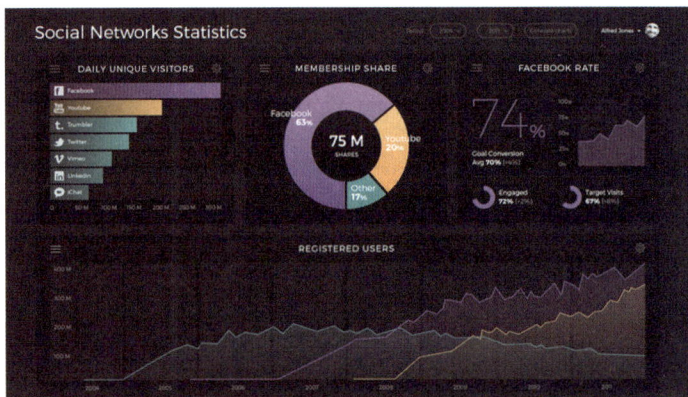

图 10-4 条理分明的布局

10.2 制作 Dashboard 的三大要点

Dashboard 是用于直观分析数据结果的工具，初学者容易被 Dashboard 看似复杂高端的界面唬住，其实只要理解其背后的原理，踏踏实实地从数据出发，就可以将枯燥的数据制作成漂亮的数据看板。

10.2.1 逻辑清晰，让报告更有说服力

制作 Dashboard 时，我们首先要考虑的不是美观性，而是数据的呈现方式，Dashboard 应让人看懂并具有实用性。漂亮美观的 Dashboard 背后是逻辑缜密的数据。

图 10-5 是将数据制作成 Dashboard 的过程。我们应从需求出发，审视原始数据，并对原始数据进行挖掘整理，从而得到数据模块（每个数据模块表达的主题不同）；然后我们将每个模块的数据可视化，得到 Dashboard 雏形；再通过切片器、函数和控件等功能来构建每个模块的联系，从而实现数据联动；最后优化布局设计，这便是用 Excel 制作 Dashboard 的基本思路。

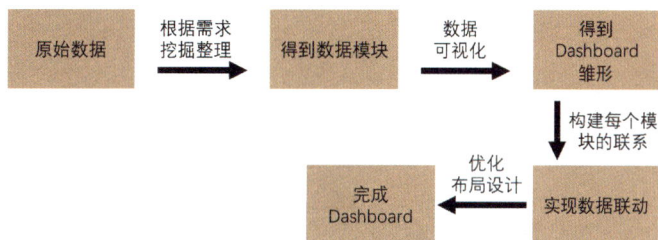

图 10-5 将数据制作成 Dashboard 的过程

从制作思路来看，Dashboard 的制作过程其实是一个从需求出发，对数据进行信息提炼的过程。面对高密度的信息，我们必须时刻围绕核心需求来提炼数据。设计目标是分析企业人力资源，我们应先将目标进行拆分，找到与需求相符合的表达层面，再继续往下剖析、拆分，如图 10-6 所示。

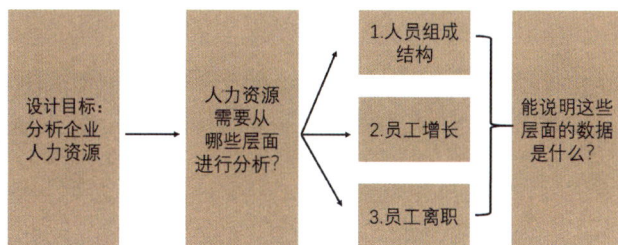

图 10-6 围绕核心需求来提炼数据

事实上，我们在将目标拆分后，即可得到初步的数据模型。接下来，我们只需要细化模型，并根据模型挖掘、整理数据。

图 10-7 是各层面信息所需要的数据支持。在 Excel 中，我们通过把这些数据归类统计到一起，得到了 Dashboard 的数据基础。

对数据进行提炼后，后续工作便是思考选用什么图表来体现这些数据，即数据可视化的过程。但是无论如何，一定要记住，前期逻辑清晰的数据才是根本。

图 10-7 各层面信息所需要的数据支持

通过上面的分析不难发现，Dashboard 原始数据的整理过程其实是一个抽丝剥茧的过程，该过程提炼的数据能够准确地反映目标。

10.2.2 布局合理，让数据井井有条

在确定 Dashboard 设计需求后，我们需要让图表、数字等信息以恰当的方式展示在页面中。合理的页面布局能清楚地将繁复的信息按一定逻辑展示出来，让人们能一眼看到关键信息并知道如何使用 Dashboard。

1. 布局需要考虑的元素

在布局前，我们需要充分考虑页面中可能存在的元素，并根据不同元素的特点，对整体布局进行规划。

（1）选项卡/连接。

当 Dashboard 有多个页面时，我们需要通过选项卡，即带连接的文字或图标来进行页面切换。选项卡的内容表明了当前页面的数据主题、其他页面的数据主题，是引导他人阅读、使用 Dashboard 的关键信息，因此应位于视线的起点位置。

人们的阅读习惯是从上到下、从左到右的，因此视线的起点位置为页面左上角。我们可以将选项卡放在页面左侧或顶端，如图 10-8 所示。

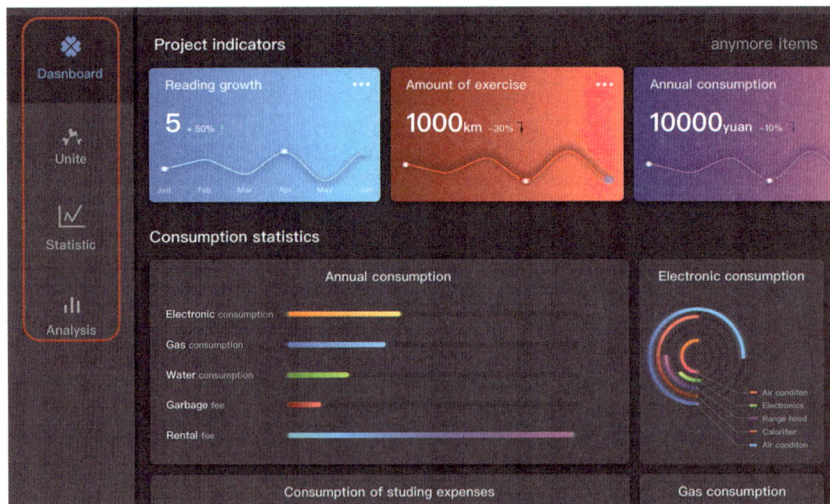

图 10-8 选项卡在页面左边的 Dashboard

（2）功能操作区。

功能操作区的功能主要包括筛选、刷新，人们可以通过它对 Dashboard 中的数据进行动态查看。如果功能操作区针对的是整个页面，则它和选项卡一样，需要放在页面左侧或顶端；在特殊情况下，一个页面可能被分为多个部分，每部分由一个单独的功能操作区控

制，此时功能操作区应紧贴数据，放在每个部分的左侧或顶端。

图 10-9 中的功能操作区位于图表顶端，这可以使第一次使用该图表的人快速明白如何操作。

图 10-9　紧贴图表的功能操作区

3）标题

若一个 Dashboard 的页面由不同的数据模块组成，为了让他人明白每个数据模块展示的内容，我们需要为数据添加标题。标题字数不用太多，应言简意赅。我们也可以使用 Excel 的图表标题来标明每个数据模块展示的内容。

图 10-10 的页面中不同的数据模块顶端都有简短的标题，这可以让页面在有较多数据时能清晰展示数据，使人们不至于混淆数据。

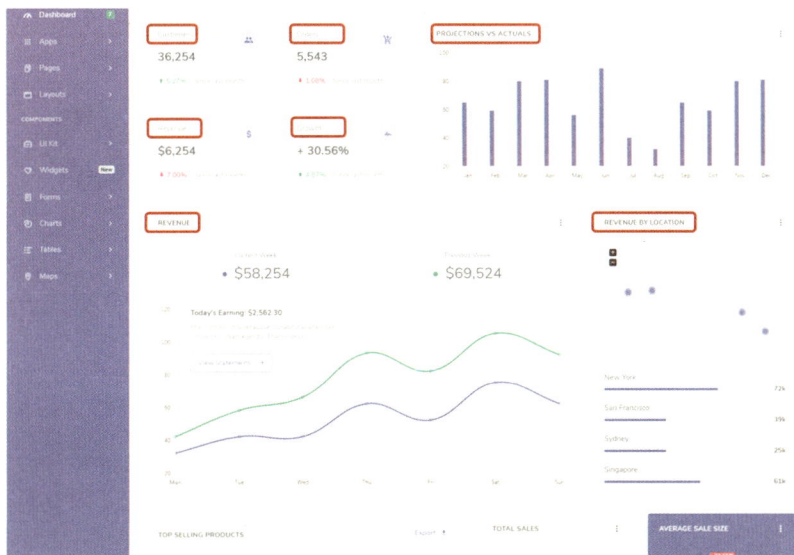

图 10-10　为每个数据模块添加标题

（4）图表。

图表是 Dashboard 的重要组成元素。我们在对图表进行布局时，要根据图表类型来设计其位置和大小。折线图和饼图布局如图 10-11 所示，左边的折线图比较宽，这有助于人们观察折线趋势，而右边的饼图呈正方形。

图 10-11　折线图和饼图布局

（5）数据指标。

页面通常需要展现最重要的数据指标，它们是需要引起首要关注的信息。数据指标不能太多，2～7 项即可，数据指标太多会让人抓不住重点。

数据指标是重要信息，通常放在页面顶端，这也是数据指标最常用的布局方式。页面顶端的数据指标可以让人们快速抓住数据重点，如图 10-12 所示。

图 10-12　数据指标通常位于页面顶端

此外，页面中间的位置也能吸引关注，可以让人们在短暂停留视线后掌握重要的数据信息。

2. 单页布局

单页布局的 Dashboard 比较简单，只有一个页面的信息。我们不用考虑其选项卡的设计，只需要按照数据内在逻辑，将数据在页面中整理排列。在此过程中，我们需要注意页面信息密度，使页面围绕需求来呈现核心数据。

Dashboard 单页布局的最重要的原则是对齐原则。我们通过观察很多优秀案例，不难发现页面中的内容能在水平方向上对齐，或者在垂直方向上对齐，还可以在水平方向及垂直方向上均对齐。

左右两边分别对齐的布局如图 10-13 所示，整个页面虽然信息较多，但是十分整洁，而且区域分明。

从表面上看，如图 10-13 所示的页面左右两边的图表似乎是随意排列的，但仔细观察会发现，页面左右的内容都在一条垂直的竖线上对齐。这条竖线维持了页面秩序。

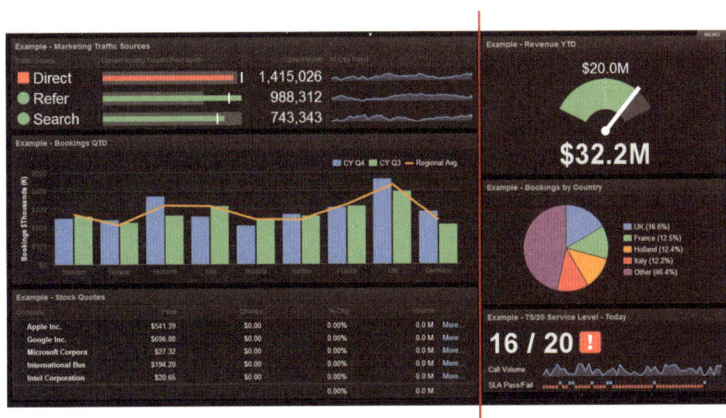

图 10-13　左右两边分别对齐的布局

元素在水平方向和垂直方向上均对齐的布局如图 10-14 所示，页面分为四个区域，页面中的元素在水平方向和垂直方向上均对齐，十分工整。

图 10-14　元素在水平方向和垂直方向上均对齐的布局

通过分析案例，我们可以得到的启发是，无论页面中的元素有多少，都要保证内在的对齐秩序。图 10-15 是常见的布局方式，我们根据这些布局方式，可以对 Dashboard 的页面进行分区设计，从而有效提升页面美感。

图 10-15　常见的布局方式

3. 多页布局

多页布局与单页布局的不同点在于，多页布局需要合理设计选项卡，从而引导人们为了实现目标而快速切换页面、浏览信息。选项卡作为引导元素，应放在页面的左侧或顶端，其他内容的布局与单页布局相同。

图 10-16 是在页面的左侧和顶端增加选项卡元素的布局方式。需要注意的是，多页布局的 Dashboard 的各页面的布局可以有所不同，但是选项卡的位置应统一。

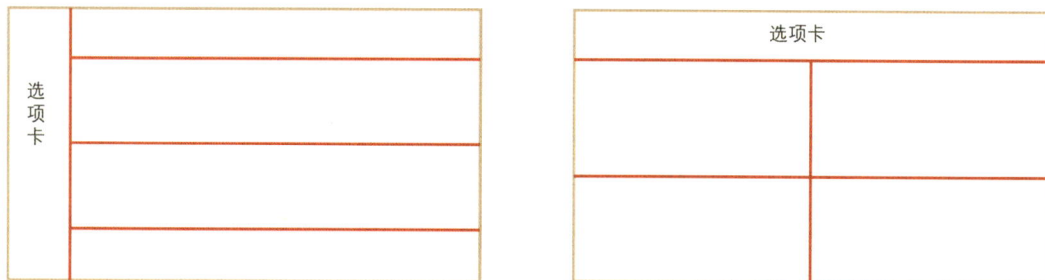

图 10-16　在页面的左侧和顶端增加选项卡元素的布局方式

10.2.3　配色美观，让报告更吸引眼球

Dashboard 的配色会影响第一视觉感受，我们除了需要考虑单独图表的配色，还需要考虑整体颜色的协调性。

1. 背景可用深色或图片

配色的基本原则是：使背景与内容的颜色反差大一些，如深蓝色背景+橙色内容。我们根据实践经验发现当 Dashboard 被投到大屏幕中时，深色背景更好看，有一种严肃、大气的美感。因此，在设计 Dashboard 时，深蓝色、深灰色的背景都是很好的选择。

如果制作者觉得单一的背景色太单调，或者想表达某种主题，那么可用背景图片。背景图片同样应选用深色图片，而且图片中的内容需要弱化，目的是让图片内容不影响数据展示，我们也可以直接选择内容较简单的图片。

背景图片处理如图 10-17 所示，为原始背景图片添加一个透明的遮罩可以弱化图片内容。将这种图片作为 Dashboard 的背景时，整体效果神秘又大气。

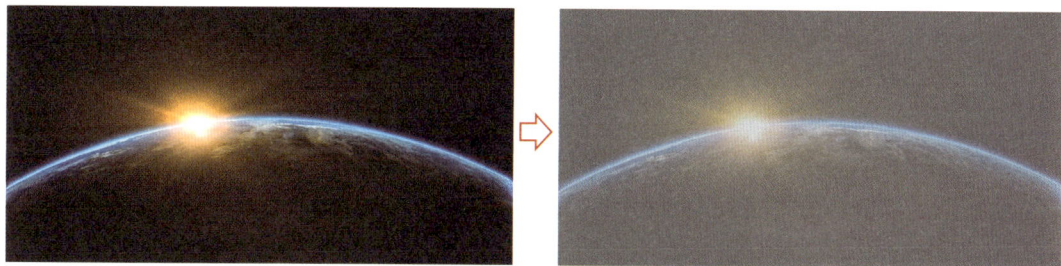

图 10-17　背景图片处理

2. 统一颜色的表达含义

第 3 章讲到颜色具有主题含义，如用红色代表赤字、亏损，用绿色代表盈利。在设计 Dashboard 时，我们同样需要考虑到颜色的主题含义。

此外，我们还需要统一 Dashboard 中各颜色的意义。例如，当我们用黄色代表销量时，在所有页面中的图表中，销量的数据系列都应该用黄色代表。

图 10-18 页面统一用绿色代表收入、用红色代表支出、用蓝色代表净收入。

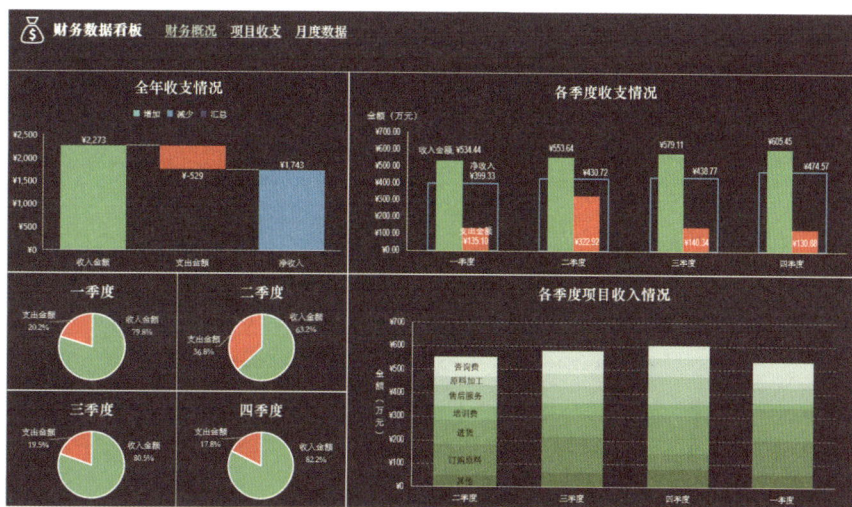

图 10-18　统一颜色意义

10.3 Dashboard 制作技术揭秘

通过对第 10.2 节的学习，我们应该具备了 Dashboard 的基本制作思路，在面对原始数据时，应自觉地根据目标整理数据。但是在数据模块形成后，我们还会遇到其他问题，即如何将每个模块的数据制作成"会动"的图表？如何利用一个"控制中心"让所有图表同时动起来？

10.3.1 使用切片器快速切换图表数据

切片器是 Excel 中最方便的筛选神器，它可以对数据进行多维度筛选。切片器的另一个好处是，可以轻松将相同数据源的图表连接起来，实现数据联动。

应用场景：

当页面中的图表满足下面的条件时，切片器是首选。

❶ 页面中的所有图表的数据源相同，可以是透视表，也可以是超级表。

❷ 不同的图表中有相同的数据系列，可以通过切片器对这个数据系列进行筛选。

1. 在数据透视表中使用切片器

示例文件为 10.3.1 数据透视表切片器。

制表目标：❶将业务数据制作成多张图表；❷在一个切片器中选择不同的业务员时，所有图表的数据会切换到对应的业务员。

扫码看视频

将数据制作成四张不同的图表，通过左上方的切片器选项来控制图表中数据的显示，如图 10-19 所示。

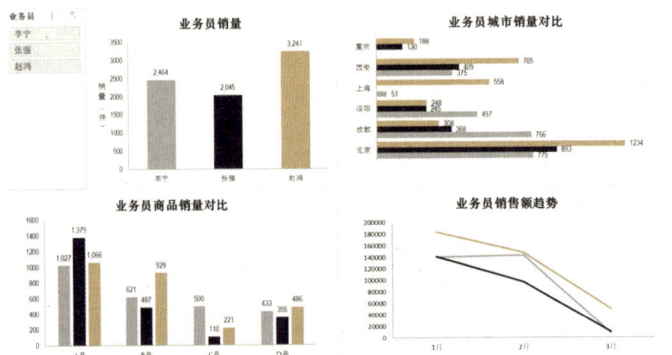

图 10-19 通过一个切片器来控制四个图表

▶ **重点速记——用切片器控制图表的原理**

为了避免失误，我们需要深度理解用切片器控制图表的原理。

❶ 切片器控制的其实是数据透视表，数据透视表的数据发生变化时，由数据透视表创建的图表会相应地发生变化。因此，一个数据透视表对应一张图表。

❷ 所有数据透视表的原始数据必须相同，以保证切片器能连接所有数据透视表。因此，应使用相同的原始数据来创建不同的数据透视表，再将不同的数据透视表制作成不同的图表。

在理解原理后，应按照如下思路制作切片器联动图表：把原始数据制作成不同的数据透视表➡用不同的数据透视表制作图表➡插入切片器➡设置切片器报表连接➡用切片器控制所有图表。

Step 01：创建数据透视表，如图 10-20 所示。

❶ 选中数据表中的任意单元格。

❷ 单击"数据透视表"按钮，就可以将数据创建成数据透视表了。

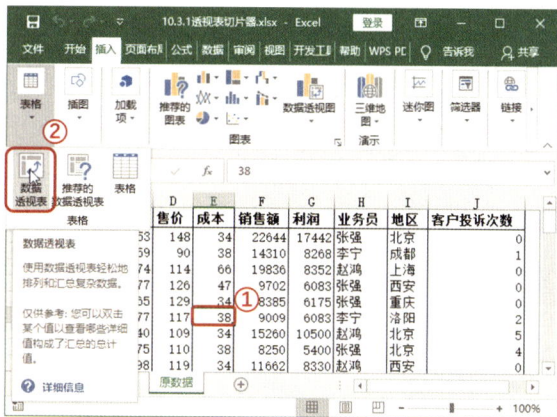

图 10-20 创建数据透视表

Step 02：设置数据透视表字段和名称，如图 10-21 所示。

❶ 根据需要选择数据透视表的字段。

❷ 为数据透视表重新命名，以免数据透视表在后面的报表连接中被混淆。

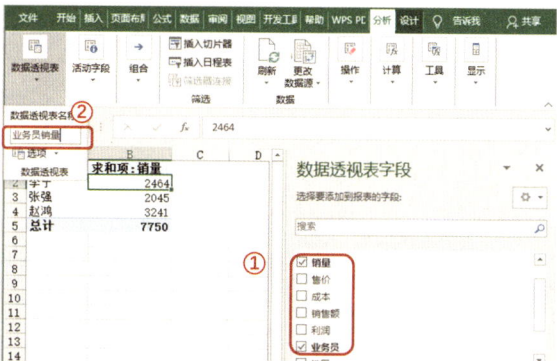

图 10-21 设置数据透视表字段和名称

Step 03：插入图表，如图 10-22 所示。

❶ 将数据透视表的数据制作成图表。

❷ 选中图表，在"字段按钮"菜单中选择"全部隐藏"。该操作的目的是将图表中的筛选按钮隐藏，使之变成普通图表。

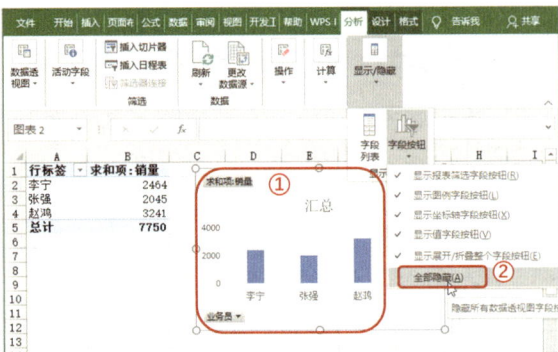

图 10-22　插入图表

Step 04：用多张数据透视表制作图表。用同样的方法插入不同的数据透视表后，再将它们制作成不同的图表。数据透视表可以放在一张工作表中，也可以放在多张工作表中，注意命名和分区即可，效果如图 10-23 所示。

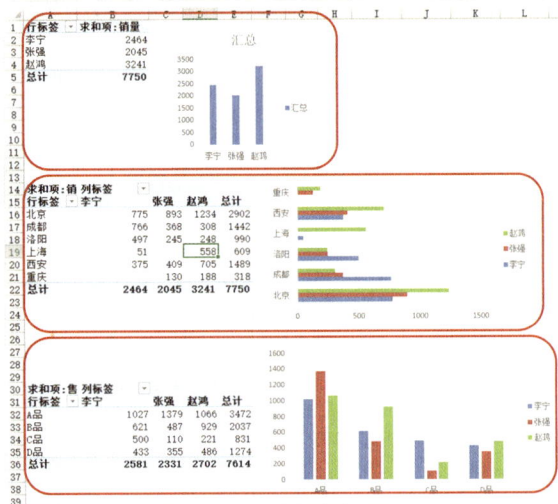

图 10-23　用多张数据透视表制作图表

Step 05：插入切片器，如图 10-24 所示。

❶ 单击"插入切片器"按钮。

❷ 选择需要的切片器选项，如在该图表中选择"业务员"，这表示我们需要通过选择不同的业务员来查看图表数据。

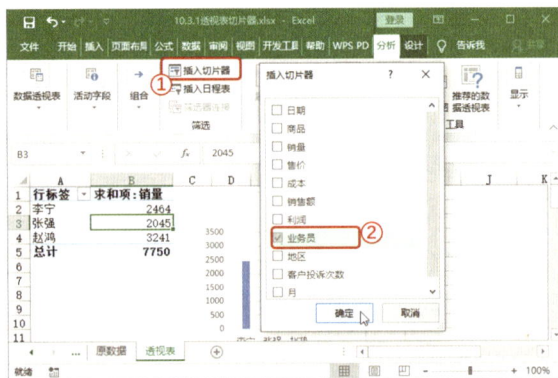

图 10-24　插入切片器

Step 06：连接报表。选中插入的切片器，右击，选择"报表连接"，就能打开如图 10-25 所示的对话框，选择切片器需要控制的所有数据透视表，单击"确定"按钮，即可实现数据透视表连接，从而实现通过一个切片器控制所有图表的动态显示的效果。

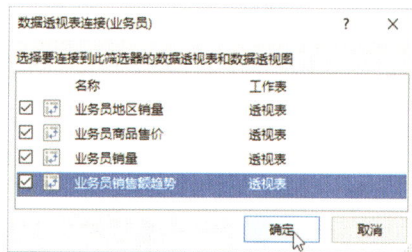

图 10-25　连接报表

2．在超级表中使用切片器

Excel 默认的表格区域是普通区域，如果将表格区域变成超级表，那么它将具备更强大的功能，可以轻松地对数据进行筛选、排序，并快速统计数据，还能通过插入切片器来控制数据。

▶ **重点速记——在数据透视表和超级表中使用切片器的异同**

无论是在数据透视表中还是在超级表中，切片器控制的都是表格中的数据显示。只不过数据透视表的切片器可以连接多张数据透视表，而超级表的切片器无法连接多张超级表。

因此，当超级表的切片器控制多张图表时，这些图表只能是由一张超级表创建的，这有一定的局限性，只适合情况比较简单的 Dashboard。

示例文件为 10.3.1 超级表切片器。

制表目标：❶将一张表中的销量和销售额数据制作成两张图表；❷利用一个切片器选择不同的时间以查看相应的图表数据。

超级表中的切片器控制图表如图 10-26 所示，在切片器中选择不同的时间后，图表会发生相应的数据变化。

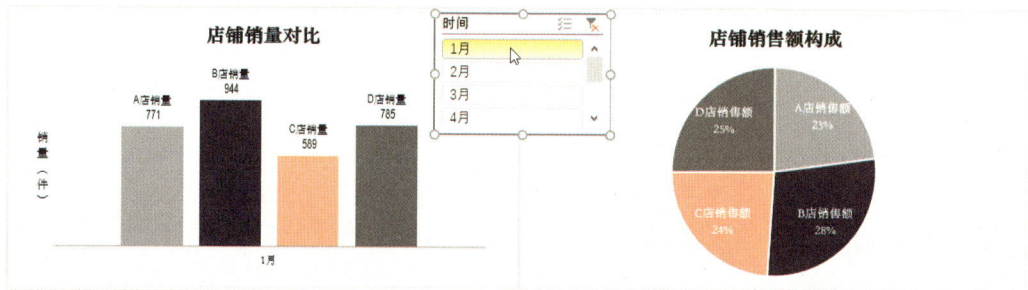

图 10-26　超级表中的切片器控制图表

将普通表格区域变成超级表后，我们需要精心设计表格中不同的数据对应的图表，关键步骤如下。

Step 01：插入超级表，如图 10-27 所示。

❶ 选中任意表格数据。

❷ 单击"插入"选项卡下的"表格"按钮，将数据区域变成超级表。

图 10-27　插入超级表

Step 02：将表格中的数据制作成不同的图表，如图 10-28 所示。

❶ 将 A1:E7 单元格区域的数据制作成柱形图。

❷ 将 F1:I7 单元格区域的数据制作成饼图，之后再美化图表。

图 10-28　将表格中的数据制作成不同的图表

Step 03：插入切片器，如图 10-29 所示。

❶ 单击"插入切片器"按钮。

❷ 选择切片器选项，如在该图表中选择"时间"选项。

Step 04：使用切片器，如图 10-30 所示。我们通过使用切片器，发现切片器控制了超级表的数据显示，图表随选择的时间发生相应的变化。

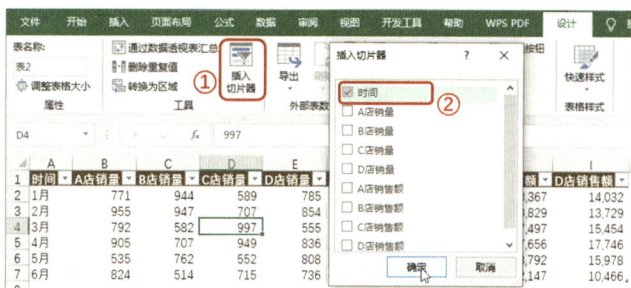

图 10-29　插入切片器

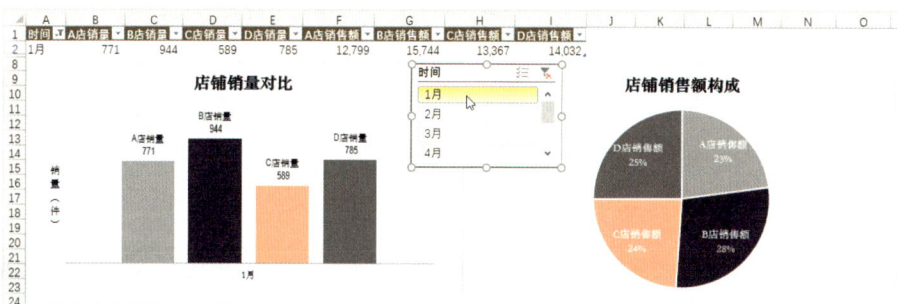

图 10-30　使用切片器

10.3.2　使用函数公式动态引用指定数据

Excel 提供了大量的函数，我们可通过函数来控制单元格数据。当单元格数据发生变化时，用单元格数据创建的图表也会发生变化。制作动态图表时常用的函数是查找引用函数，使用频率较高的函数如表 10-1 所示。

表 10-1　使用频率较高的函数

函　　数	作　　用	应 用 场 景
INDEX	返回某一单元格的值	用来引用单元格的值
OFFSET	返回某一单元格区域的值	用来引用单元格区域
MATCH	返回数值所在的单元格位置	用来查找位置
VLOOKUP	纵向查找值	根据指定内容查找对应的其他内容
HLOOKUP	横向查找值	根据指定内容查找对应的其他内容
INDIRECT	返回定义名称后的值	用来批量引用定义名称的内容

示例文件为 10.3.2 函数控制图表。

制表目标：❶用适当的图表体现车间 6 个月的产量趋势；❷在单元格中选择不同的车间时，图表会发生动态变化。

函数动态图表如图 10-31 所示，在单元格的下拉菜单中选择不同的车间后，图表会发生动态变化。

扫码看视频

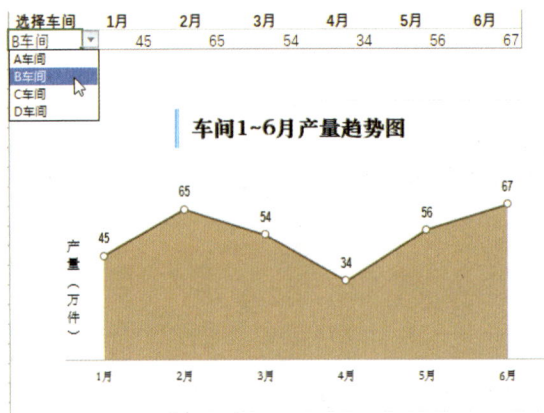

图 10-31　函数动态图表

　　用函数控制图表的动态变化的原理是控制单元格中的数据。而单元格中的数据是由引用函数控制的，选择的车间不同，被引用的数据也不同。关键步骤如下。

Step 01：设置单元格数据验证，如图 10-32 所示。

❶ 选中 A11 单元格。

❷ 单击"数据"选项卡下的"数据验证"选项。

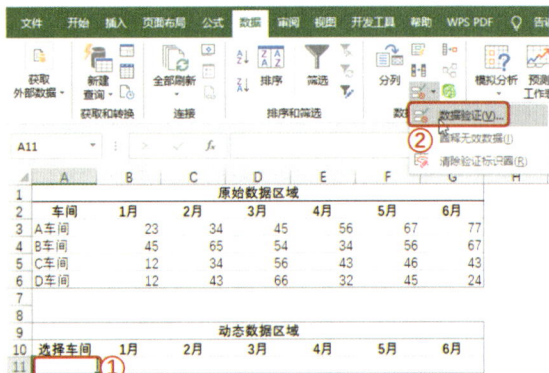

图 10-32　设置单元格数据验证

Step 02：设置验证规则，如图 10-33 所示。

❶ 将验证方式设置为"序列"。

❷ 输入序列为不同的车间名称，各车间名称之间应使用英文逗号来分隔。另外，也可在"来源"输入框中直接输入公式"=$A$3:$A$6"。

　　这样我们就能在单元格中通过下拉菜单的方式来选择车间名称了。

图 10-33　设置验证规则

Step 03：输入函数，如图 10-34 所示。在 B11 单元格中输入函数 "=INDEX($A$3:$G$6, MATCH($A$11,$A$3:$A$6,0),2)"，该函数表示在 A3:G6 单元格区域中查找 A11 的内容所在的行，并返回该行第 2 列的数据，即对应的车间 1 月的数据。

用同样的思路设置 2 月对应的函数，返回的是第 3 列的数据。以此类推，后面的月份分别返回第 4 列、第 5 列、第 6 列、第 7 列的数据。

完成函数输入后，在 A11 单元格中选择不同的车间，后面的数据会随之发生变化。然后将 A10:G11 单元格区域的数据制作成图表，进而实现动态图表效果。

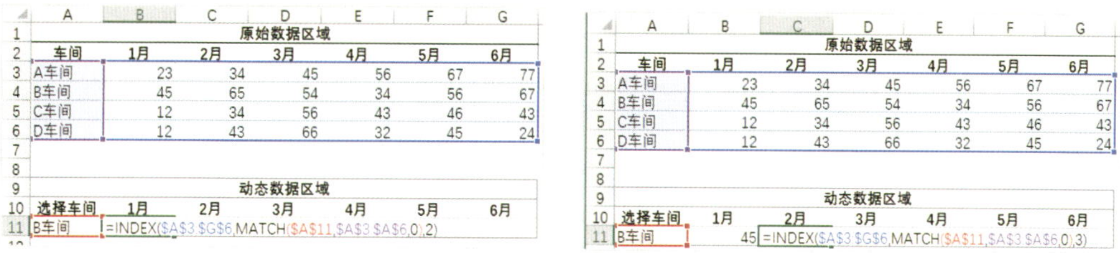

图 10-34　输入函数

10.3.3　使用控件制作筛选列表/按钮

Excel 的"开发工具"中的控件功能非常强大，我们通过不同类型的控件，可以制作下拉菜单、单选按钮、列表框等选择器从而控制图表。

需要注意的是，如果 Excel 的选项卡中没有"开发工具"，那么我们需要先在"选项"对话框的"自定义功能区"中选择"开发工具"，才能调用此功能。

应用场景：

❶ 当图表数据的选择方式需要更加多样化时，我们可以考虑使用控件。

❷ 当需要制作的图表无法用数据透视表来制作时，如树状图、散点图、漏斗图、直方图等，我们可以用控件控制图表的动态展示。

用于制作动态图表的控件如表 10-2 所示。

表 10-2　用于制作动态图表的控件

控 件	设 置 方 法	作 用	应 用 场 景
数值调整钮 ▲ ▼	设置最大值、最小值、步长值、单元格连接	通过单击按钮中向上或向下的箭头来控制单元格的值增加或减小	用于微调图表数据或让图表按顺序选择数据
滚动条 ‹ ›	设置最大值、最小值、步长值、单元格连接	通过单击按钮中向左或向右的箭头来控制单元格的值增加或减小	用于微调图表数据或让图表按顺序选择数据

续表

控 件	设 置 方 法	作 用	应 用 场 景
列表框	设置数据源区域、单元格连接	选择列表框中的选项，使单元格的值发生变化	用来制作图表的选择器
组合框	设置数据源区域、单元格连接	选择下拉菜单中的选项，使单元格的值发生变化	用来制作图表的选择菜单
选项按钮	单元格连接，可以为多组按钮分组	选择不同的选项，使单元格的值发生变化	用来制作图表的选择项，一组选项按钮只能选择一项，不能同时选择多项； 可制作多组选项按钮，用不同组的选项按钮控制不同的图表
复选框	单元格连接	可以同时选择多个选项	用来实现图表的多项选择

我们在使用控件制作动态图表时，往往需要结合函数。理解控件原理及函数逻辑十分重要。图 10-35 是用控件制作动态图表的基本逻辑，其原理如下。

❶ 将控件连接到 A1 单元格，在选择控件中的不同内容时，其所连接的单元格中的值也会随之变化。例如，我们选择"2 月"，即第 2 项，A1 单元格中的值为"2"。

❷ A1 单元格的值决定了 F5 单元格的值，因此当 A1 单元格中的值为"2"时，F5 单元格引用"2 月"。

❸ G5:I5 单元格区域通过函数引用了 F5 单元格的值。根据 F5 单元格的内容，引用不同月份的数据，即可完成动态数据区域的设置。

控件连接的 A1 单元格相当于枢纽站，是连接控件和数据区域的关键。

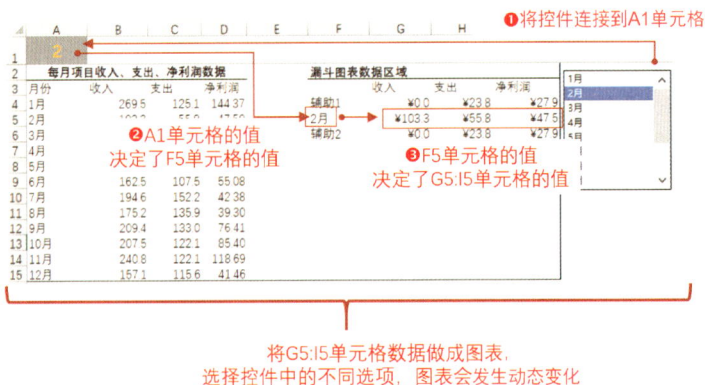

图 10-35　用控件制作动态图表的基本逻辑

示例文件为 10.3.3 控件动态图表。

制表目标：❶用图表体现 12 个月的收入数据、支出数据；❷用控件选择月份时，图表数据发生变化。

用控件制作动态图表如图 10-36 所示，我们用漏斗图体现净利润，用树状图体现每月收入、支出结构。

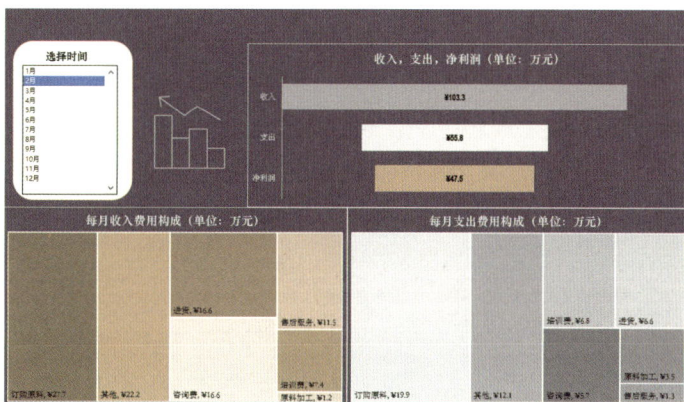

图 10-36　用控件制作动态图表

用控件控制多张图表时，一定要注意，控件连接的单元格也是多张图表的函数引用的单元格。关键步骤如下。

Step 01：插入控件并进入格式设置，如图 10-37 所示。插入一个列表框（窗体控件），选中该控件，右击，选择"设置控件格式"选项。

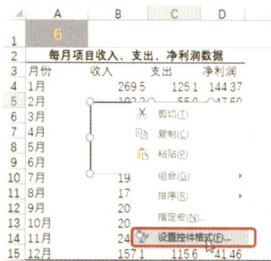

图 10-37　插入控件并进入格式设置

Step 02：设置数据源区域和单元格连接，如图 10-38 所示。将数据源区域设置为"$A$4:$A$15"区域，即设置控件的选择菜单中的月份。将单元格连接设置为"$A$1"。

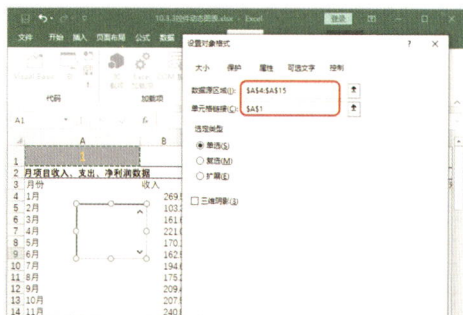

图 10-38　设置数据源区域和单元格连接

Step 03：测试控件效果，如图 10-39 所示。
在完成属性设置后，选择控件菜单中的选项，
若 A1 单元格的值随之发生变化，则说明控件
生效。此时将控件移到一边，开始设置图表的
动态区域。

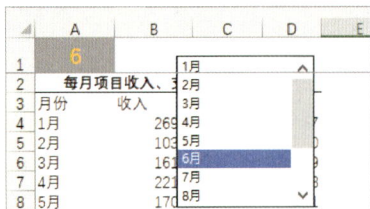

图 10-39　测试控件效果

Step 04：用函数引入月份数据，如图 10-40 所示。在 F5 单元格中输入函数"=OFFSET
(A3,A1,0,1,1)"，该函数表示以 A3 单元格为起点，根据 A1 单元格的值往下移动，引用 1
行 1 列的数据。当 A1 单元格的值为 6 时，即往下移动 6 行，引用的数据为"6 月"。

这一步的目的是，使图表数据区域与控件连接的单元格相关联。

图 10-40　用函数引入月份数据

Step 05：用函数引用其他数据，如图 10-41 所示。在 G5 单元格中输入函数
"=VLOOKUP($F$5,$A$4:$D$15,2,FALSE)"，它表示在 A4:D15 单元格区域中寻找 F5 单元
格的值，找到后返回第 2 列的值。H5 单元格的"支出"应返回第 3 列的值，I5 单元格的
"净利润"应返回第 4 列的值。

图 10-41　用函数引用其他数据

如果我们使用 Excel 2019 制作漏斗图，那么此时可以用动态数据区域来制作漏斗图。
但是用更低版本的 Excel 制作漏斗图时，则需要设置辅助数据。

Step 06：用公式计算辅助数据，如图 10-42 所示。在 G4 单元格和 G6 单元格中输入“0”；在 H4 单元格和 H6 单元格中输入“=(G5-H5)/2”；在 I4 单元格和 I6 单元格中输入“=H5/2”。

	A	B	C	D	E	F	G	H	I
1	6								
2	每月项目收入、支出、净利润数据					漏斗图表数据区域			
3	月份	收入	支出	净利润			收入	支出	净利润
4	1月	269.5	125.1	144.37		辅助1	¥0.0	=(G5-H5)/2	
5	2月	103.3	55.8	47.50		6月	¥162.5	¥107.5	¥55.1
6	3月	161.6	148.9	12.79		辅助2	¥0.0	¥27.5	¥53.7
7	4月	221.0	129.2	91.78					
8	5月	170.1	132.1	38.01					
9	6月	162.5	107.5	55.08					
10	7月	194.6	152.2	42.38					
11	8月	175.2	135.9	39.30					
12	9月	209.4	133.0	76.41					
13	10月	207.5	122.1	85.40					
14	11月	240.8	122.1	118.69					
15	12月	157.1	115.6	41.46					

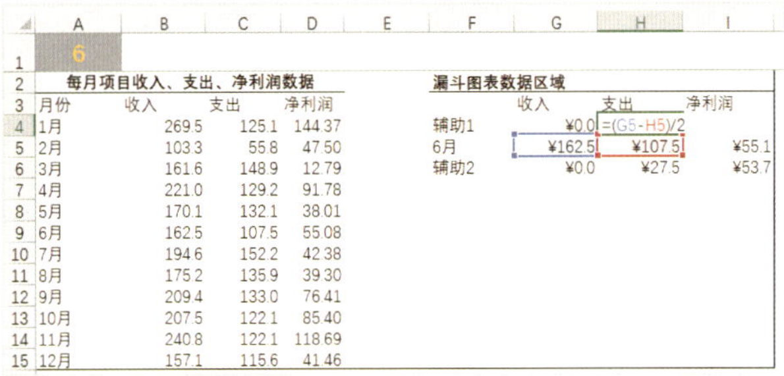

图 10-42　用公式计算辅助数据

Step 07：完成三张图表的制作。将前面的步骤生成的动态数据区域制作成堆积条形图，然后隐藏辅助数据区域。

用同样的方法制作另外两张树状图的动态数据区域。

三张图表的效果如图 10-43 所示。

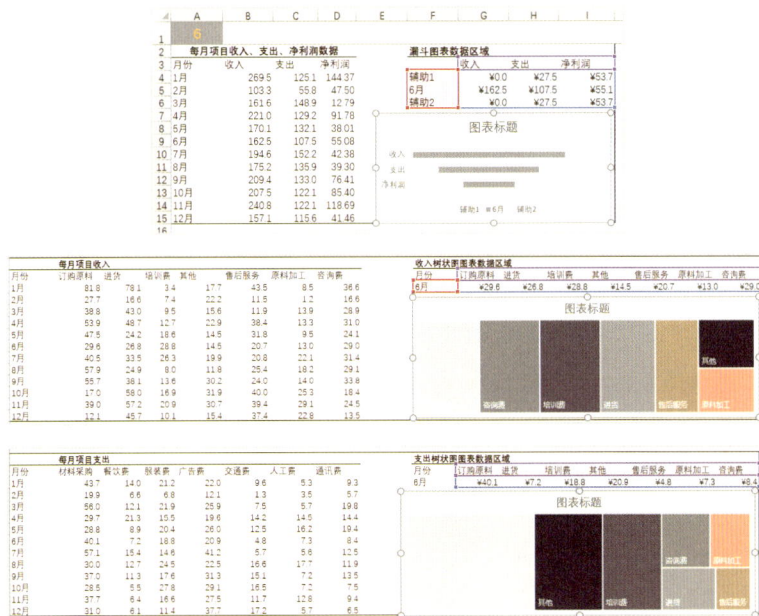

图 10-43　三张图表的效果

最后将三张图表和列表框复制或剪切到新的工作表中，并调整布局和细节设计，从而实现本案例的效果。

另外，我们还可通过使用控件并结合照相机来切换不同的图表类型。请在“Excel 偷懒的技术”微信公众号中发送关键词“照相机”，以获取相关内容。

10.3.4　使用定义名称让数据切换更简单

使用函数或控件制作动态图表都需要设置一个动态数据区域，因此有些麻烦。我们可以通过定义名称的方法来将数据存储在内存中，并将图表数据源设置为定义名称的数据源，从而实现动态图表的制作。

用定义名称制作动态图表的逻辑如图 10-44 所示。

❶ 通过控件来控制单元格的值的显示。

❷ 在定义数据区域名称时，通过函数来控制该名称中数据区域的选取。

❸ 最后让图表数据源为定义名称，即可实现动态图表效果。

用这种方式制作的动态图表在选择控件菜单中的选项时，会自动选择数据区域中的数据。

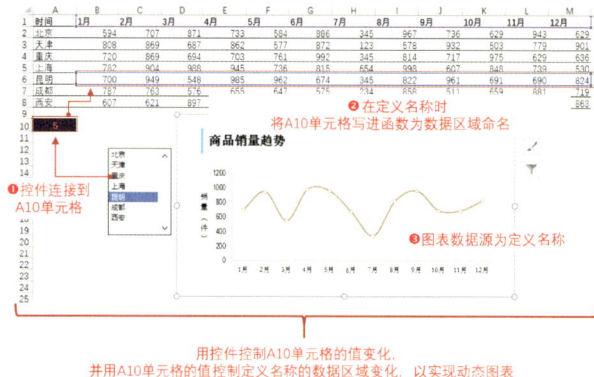

图 10-44　用定义名称制作动态图表的逻辑

示例文件为 10.3.4 定义名称动态图表。

制表目标：❶用图表体现不同城市的销量区域；❷选择菜单中的地区时，图表发生动态变化。

用定义名称制作动态图表如图 10-45 所示，选择控件中不同的城市，使图表发生动态变化。

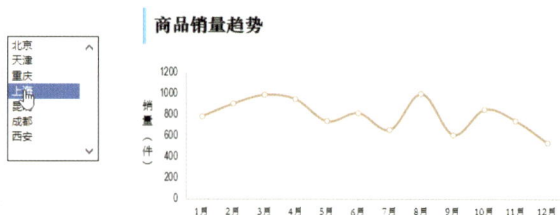

扫码看视频

图 10-45　用定义名称制作动态图表

用定义名称制作动态图表的关键是，在定义名称时要通过函数来实现数据区域的动态引用，其关键步骤如下。

Step 01：定义名称，如图 10-46 所示。

❶ 单击"公式"选项卡下的"定义名称"按钮。

❷ 在打开的"新建名称"对话框中，输入名称"城市"。

❸ 在"引用位置"文本框中输入函数"=OFFSET(Sheet1!$A$1,Sheet1!$A$10,1,1,12)"，该函数表示以 A1 单元格为起点，向下偏移 A10 单元格数值的行，再向右偏移 1 个单元格，然后引用对应位置处 1 行 12 列的值。例如，A10 单元格的值为 4，则以 A1 单元格为起点，往下偏移 4 行，往右偏移 1 列后，引用 B5:M5 单元格区域的值。

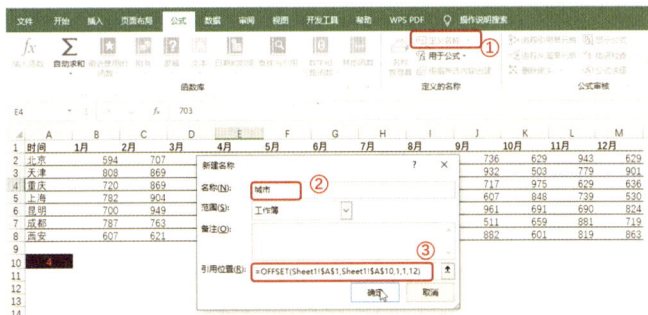

图 10-46　定义名称

Step 02：设置图表数据源，如图 10-47 所示。完成名称的定义后，插入折线图，打开图表的"编辑数据系列"对话框，在"系列值"中输入"='10.3.4 定义名称动态图表.xlsx'!城市"，即可让图表引用定义名称的数据区域。

图 10-47　设置图表数据源

10.4　Dashboard 经典案例制作

在理解 Dashboard 的制作思路并掌握必备的制作技术后，我们就可以动手制作完整的 Dashboard 了。本节将以网店后台销售数据、财务数据为原始数据来制作 Dashboard。

10.4.1　产品后台数据管理平台

示例文件为 10.4.1　网店产品销售 Dashboard。

制表目标：将网店产品销售的原始数据制作成 Dashboard，以便人们动态分析网店产品的销售情况、流量情况、商品数据、客户人群。

网店产品销售 Dashboard 如图 10-48 所示，它由四张页面组成，页面内容既有图表又有关键数据指标，而且它可通过切片器来控制数据的动态显示。

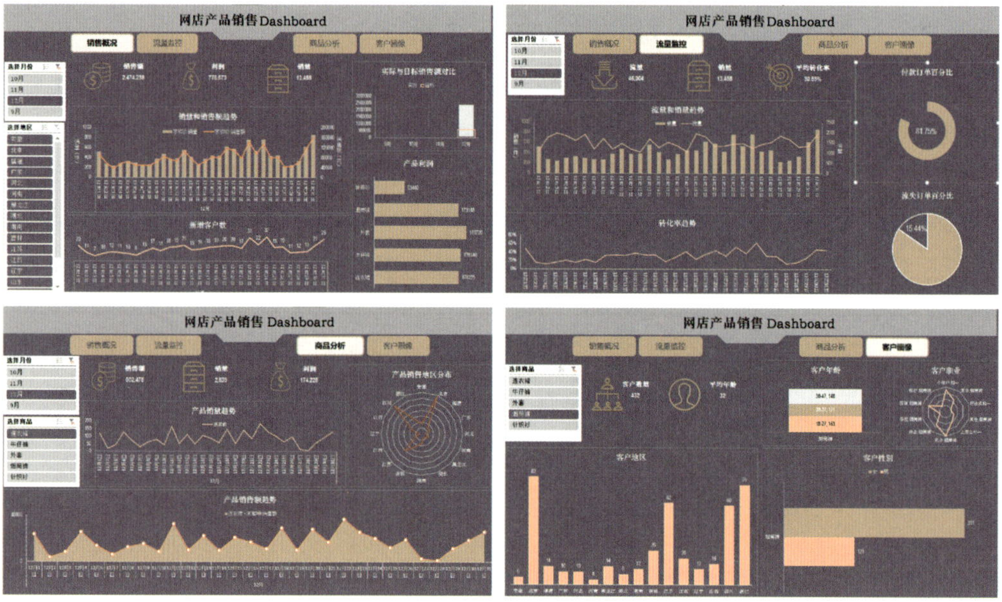

扫码看视频

图 10-48　网店产品销售 Dashboard

第 1 步：根据需求规划数据模块。

在制作网店产品销售 Dashboard 时，我们需要围绕需求分析原始数据，并将原始数据拆分成不同模块。

数据分析如图 10-49 所示，根据需求，结合原始数据情况，我们将原始数据拆分成四大模块，每个模块下又分为更细的数字指标、图表展示项，并设计有选择项。

需要注意的是，在分析 Dashboard 的制作需求时，我们需要时刻关注手中的原始数据，避免出现原始数据无法满足需求的情况。例如，我们在展示客户画像时，需要分析消费水平高的优质客户数，但是原始数据中没有这项统计，因此我们只能舍弃它。

图 10-49　数据分析

第 2 步：根据数据模块设置图表数据，并进行布局。

► **重点速记——Dashboard 数据多而不乱的诀窍**

❶ 为每一张数据透视表命名。

❷ 为每张图表的数据区域命名，并注意每张图表的数据位置划分，避免混淆不同图表的数据源。

在本案例中，我们可通过使用数据透视表和超级表的切片器来满足制作需求。因此，在规划数据模块时，我们需要充分考虑到数据透视表或超级表的特点。下面以"销售概况"页和"流量监控"页为例，讲解设置数据的思路。

图 10-50 是"销售概况"页的原始数据和图表数据区域。将原始数据创建成多张数据透视表，并为每张数据透视表命名。数据透视表的功能不同，它们分别是显示数据指标的数据透视表和显示不同图表数据的数据透视表。

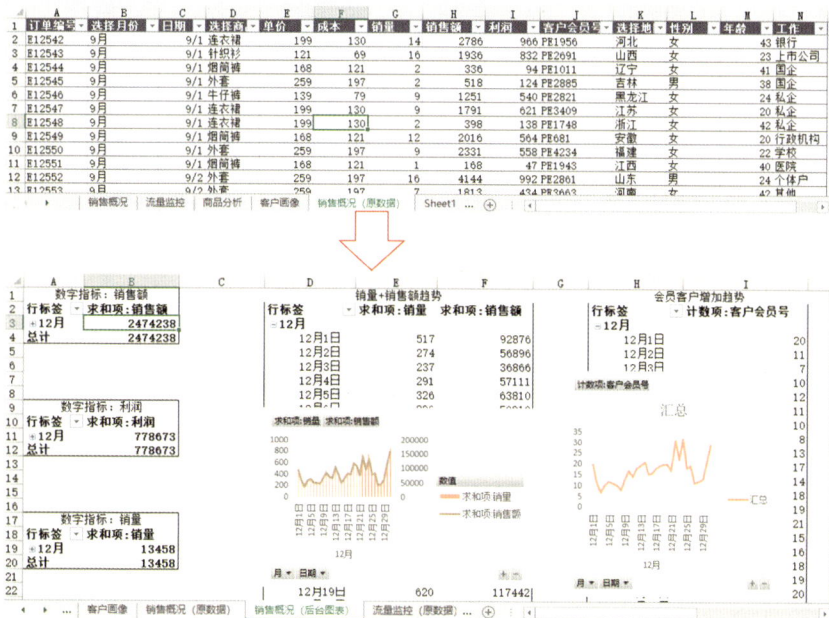

图 10-50 "销售概况"页的原始数据和图表数据区域

在完成上面的工作后，制作"销售概况"页就十分简单了，如图 10-51 所示。

❶ 通过数据透视表数据获取函数来直接提取数据透视表中的指标数据。

❷ 将上面步骤中的数据透视表制作成图表，并将图表复制到页面中进行布局设计。

❸ 插入切片器，并连接页面中涉及的数据透视表。这样就完成了"销售概况"页的制作。

"商品分析"页和"客户画像"页的制作思路及方法与"销售概况"页相同。如果读者无法实现案例中的效果，可通过扫描本节二维码来观看视频。

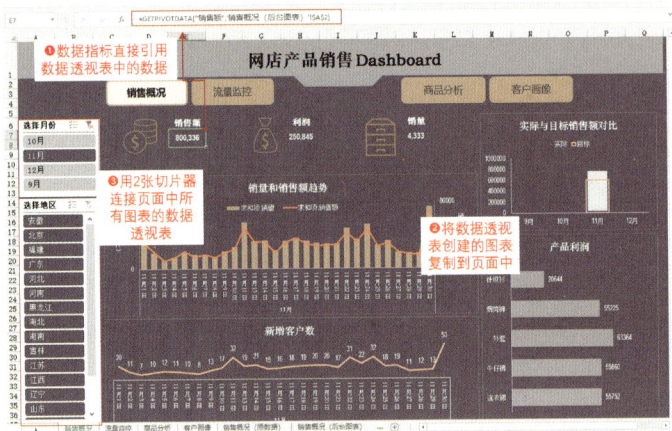

图 10-51 "销售概况"页

"流量监控"页是由超级表生成的图表。但是由于超级表无法满足所有图表需求，所以圆环图和饼图是由超级表中的数据再次生成的数据区域。其制作思路如下。

将原始的流量数据设置成超级表区域，如图 10-52 所示。

❶ 选择"表格工具-设计"选项卡下的"汇总行"选项，表格下方会出现"汇总"行。将"流量"数据、"销量"数据、"销售额"数据的汇总方式设置为"求和"。

❷ 将"转化率（流量/销量）"数据的汇总方式设置为"平均值"。

❸ 通过引用超级表中的数据来计算圆环图和饼图的动态原始数据。

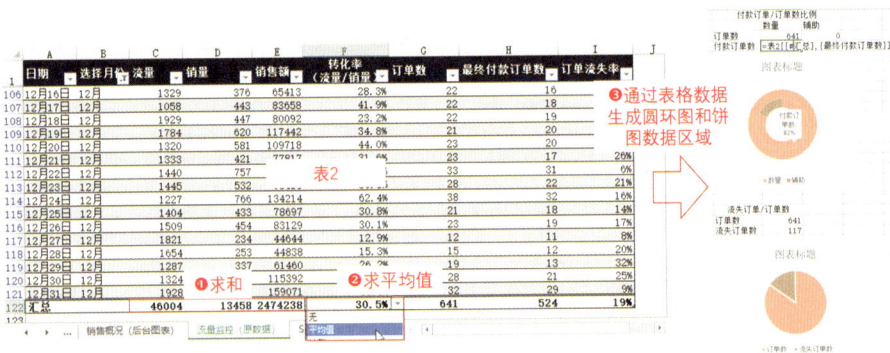

图 10-52 "流量监控"页的数据设置

对超级表中的数据进行处理后，我们就可以动手制作"流量监控"页了，如图 10-53 所示。

❶ 用公式引用超级表中的数据指标。

❷ 选中超级表中不同列的数据，将其制作成图表，并将图表复制到页面中。

❸ 将上面步骤中通过引用超级表数据制作的圆环图和饼图复制到页面中。

❹ 最后，插入切片器。

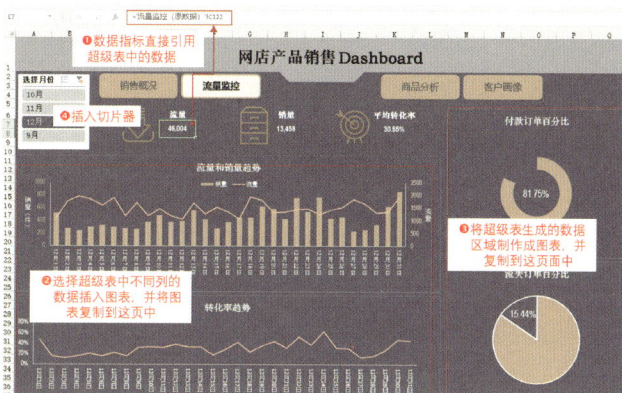

图 10-53 "流量监控"页

10.4.2 财务数据监控台

示例文件为 10.4.2 财务监控 Dashboard。

制表目标：根据财务数据制作 Dashboard，从而分析关键指标、预算完成、资金管理。

将财务数据制作成 Dashboard，如图 10-54 所示，它由三张页面组成。页面显示了重点财务指标及可视化的财务数据图表。

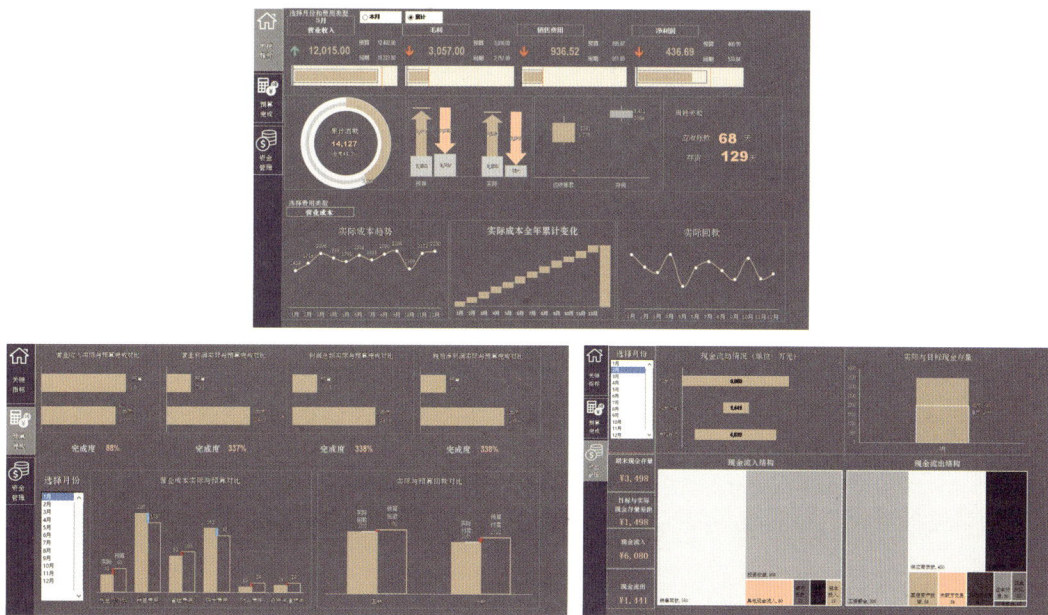

扫码看视频

图 10-54 财务监控 Dashboard

第 1 步：根据需求规划数据模块。

我们将原始财务数据和制作需求相结合，将数据分为三大模块，并在每个模块下规划相应的选择项和展示项（数字指标、图表展示），如图 10-55 所示。

图 10-55　财务数据模块拆分

第 2 步：根据数据模块设置图表数据，并进行布局。

在本案例中，我们使用了控件来实现图表的动态控制。接下来以"关键指标"页和"预算完成"页为例，讲解图表数据的设置和布局思路。

图 10-56 是"关键指标"页的指标数据和图表数据。这些数据是根据原始财务数据计算得到的。

将"关键指标"数据制作成 Dashboard 的要点如图 10-57 所示。

❶ "本月"和"累计"两个控件均连接到 E2 单元格。

❷ 四项指标由函数计算，函数表示根据 E2 单元格取值的不同，四项指标显示的数据也不同。

接下来我们只需要根据数据生成图表，就能实现需要的页面效果。

图 10-56 "关键指标"页的指标数据和图表数据

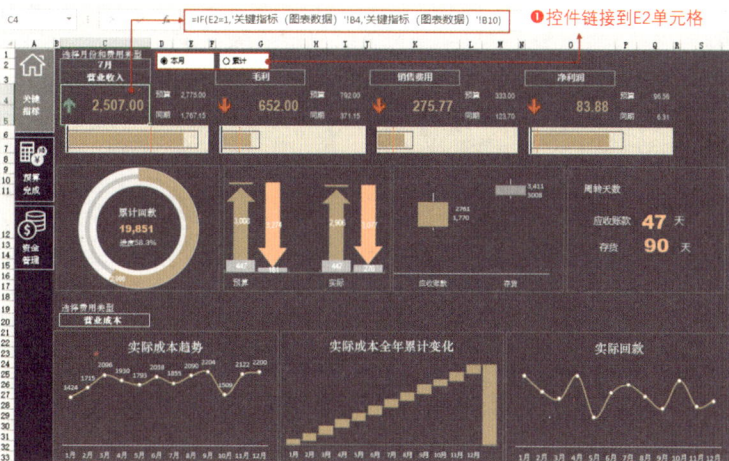

图 10-57 将"关键指标"数据制作成 Dashboard 的要点

图 10-58 是"预算完成"页的指标数据和图表数据。

我们需要注意以下两点。

❶ 控件连接的单元格。

❷ 控件数据源区域。

将"预算完成"数据制作成 Dashboard 的过程比较简单，效果如图 10-59 所示。

需要说明的是，页面下方的柱形图+散点图可利用散点图的误差线来体现实际与预算的差距，制作思路及方法在第 4.6 节讲解过，如果无法实现该效果，则可通过扫描相应的二维码观看视频讲解。

图 10-58 "预算完成"页的指标数据和图表数据

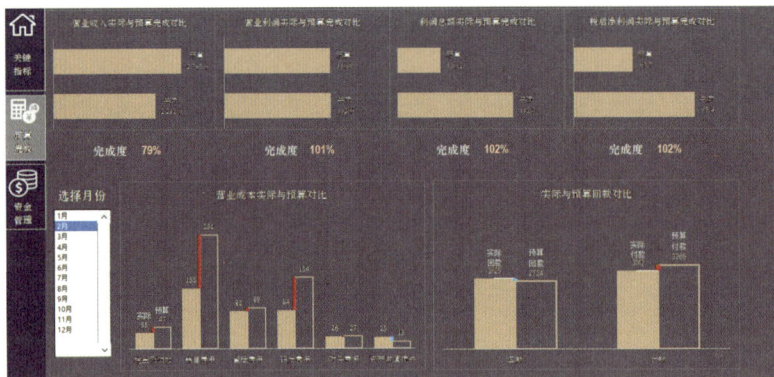

图 10-59 "预算完成"页

工具妙用：用 Power BI 交互式分析、汇报数据

用 Excel 制作 Dashboard 时，初学者既要掌握透视表、函数、控件，又要梳理数据逻辑，这对他们而言有点费时费力。此时初学者可考虑使用一款更强大的分析工具——Power BI，该工具可以快速生成美观报表，实用性极强。

Power BI 与 Office 同属微软产品，Power BI 的主要功能是制作与发布报表，主要特点如下。

1. 连接多种数据源

Power BI 能连接多种数据源，从而生成数据报表。数据源包括 Excel、SQL Server、Oracle、MySQL、IBM DB2 等，以及从 R 语言脚本、Hdfs 文件系统、Spark 平台等系统导入的数据。Power BI 甚至能从网页中抓取数据进行分析。

2. 更美观多样的图表类型

Excel 仅提供常用图表，特殊一些的图表往往需要设计者费时费力地设置原始数据、调整图表细节。但是在 Power BI 中，很多美观的特殊图表只需要几分钟就能完成美化。

Power BI 图表如图 10-60 所示，这是微软官方提供的示例，我们可以看到图表风格及效果与 Excel 中的默认图表有所不同。

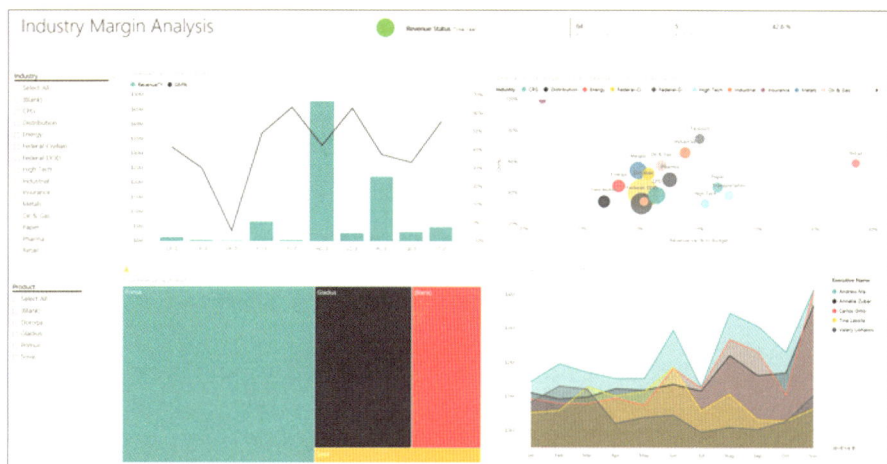

图 10-60　Power BI 图表

3. 科学结合 Power BI 和 Excel

Excel 更适合用来进行统计、分析、挖掘数据，可以用于前期工作。而 Power BI 更擅长将数据可视化，可以用于后期的数据展示和汇报。